实体门店

流量暴增的六个变现系统

欧海·著

中国商业出版社

图书在版编目（CIP）数据

实体门店流量暴增的六个变现系统 / 欧海著.
北京 ： 中国商业出版社, 2024. 10. -- ISBN 978-7
-5208-3192-5

Ⅰ. F713.50

中国国家版本馆CIP数据核字第2024XP4765号

责任编辑：袁　娜

中国商业出版社出版发行

（www.zgsycb.com　100053　北京广安门内报国寺1号）

总编室：010-63180647　编辑室：010-83128926

发行部：010-83120835/8286

新华书店经销

天津和萱印刷有限公司印刷

★

787毫米×1092毫米　16开　15.25 印张　250千字

2024年 10月第 1 版　　2024年 10月第 1 次印刷

定价：128.00 元

★★★★

（如有印装质量问题可更换）

目录

第一章　实体门店经营的瓶颈与自动变现的系统 1

第一节　实体门店必须突破的六个瓶颈 2

第二节　实体门店自动变现的六大系统 7

第二章　定位系统的六大法门 15

第一节　创新转移定位 16

第二节　对标扩展定位 22

第三节　小众需求定位 30

第四节　筛选身份定位 40

第五节　市场划分定位 45

第六节　跨行业融合定位 53

第三章　引流系统的七大策略 63

第一节　借势捆绑引流 64

第二节　利益前置引流 72

第三节　旧物换新引流 80

第四节　扫码私域引流 88

第五节　竞赛游戏引流 97

第六节　事件视觉引流 104

第七节　搭建混圈引流 111

第四章　筛选系统的四大方法 119

第一节　指令行为筛选 120

第二节　条件交换筛选……127
第三节　押金退还筛选……135
第四节　问题筛选……143

第五章　培育系统的三个途径……151
第一节　深挖痛苦需求……152
第二节　语言塑造产品价值……162
第三节　客户案例呈现……172

第六章　成交系统的三个流程……181
第一节　身份影响打造……182
第二节　演讲价值输出……188
第三节　制订解决方案……198

第七章　裂变系统的三个维度……211
第一节　销售团队建设……212
第二节　“命运共同体”裂变……222
第三节　利益共同体裂变……229

第一章

实体门店经营的瓶颈与自动变现的系统

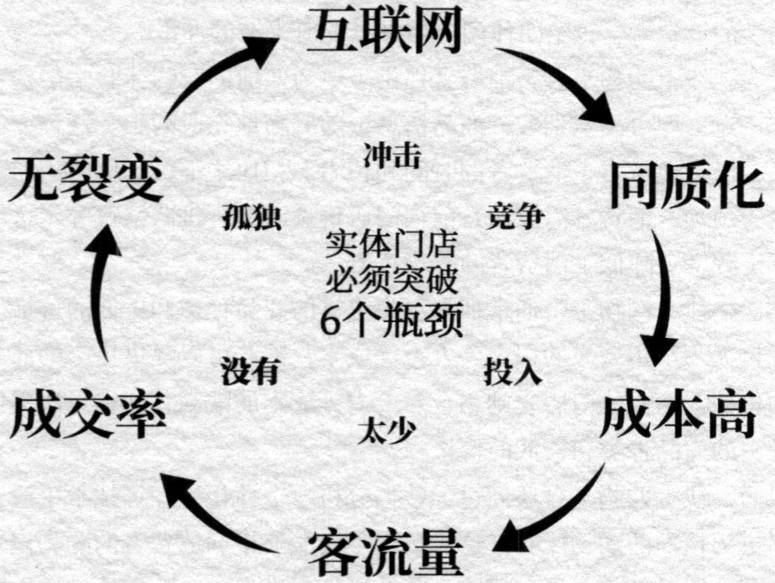

任何的行业都会遇到瓶颈，
谁能先找到自己行业的瓶颈，
谁就能平步青云。

——欧海老师

第一节　实体门店必须突破的六个瓶颈

一、互联网冲击下的实体门店困境

随着互联网技术的飞速发展，线上购物逐渐成为人们生活的重要组成部分。从最初的简单商品展示到如今的虚拟现实体验，线上购物平台不断创新，吸引了越来越多的消费者，也给实体门店带来了前所未有的冲击。

首先，线上购物平台为消费者提供了更为便捷的购物体验。消费者只需在家中轻轻一点，即可浏览到各种商品信息，随时随地完成购买。这种方便快捷的购物方式，极大地节省了消费者的时间和精力。相比之下，实体门店的购物体验就显得较为烦琐，消费者需要亲自前往门店挑选商品、排队结账等，这些烦琐的步骤在一定程度上降低了消费者的购物意愿。

其次，线上购物平台通常拥有更为丰富的商品种类和更低的价格。由于线上购物平台无须承担高昂的租金、人力等成本，因此可以提供更多的商品种类和更优惠的价格。而实体门店受到租金、人力等成本的限制，往往无法提供与线上平台相媲美的商品种类和较低的价格。

最后，线上购物平台还通过大数据分析、个性化推荐等技术手段，为消费者提供了更为精准的购物体验。这些技术手段能够根据消费者的购物记录和偏好，为其推荐合适的商品，提高了购物的针对性和满意度。而实体门店在获取消费者信息和提供个性化服务方面，往往存在一定的局限性。

在互联网的冲击下，实体门店出现了严重的衰退趋势。许多实体门店的客流量逐渐减少，销售额不断下滑，甚至出现了关门倒闭的现象。面对这一困境，实体门店必须积极寻找应对之策，以适应互联网时代的发展需求。

二、产品同质化导致市场竞争加剧

在当今的市场环境中，产品同质化现象已经成为一个普遍存在的问题。无论是传统的实体门店还是线上购物平台，许多产品的功能、外观甚至营销策略都具有高度的相似性，这不仅使消费者在选择时难以区分，也增加了市场的竞争压力。

造成同质化的原因有两个方面：一方面是技术发展和信息传播的快速化，使得商家能够快速地获取到最新的市场信息和产品设计思路，但同时也增加了创新难度。另一方面是部分商家为了追求短期利益，忽视了产品创新的重要性。他们选择模仿市场上的热销产品，以此来降低研发成本和市场风险。

同质化的竞争模式对于市场的长期发展并不利。首先，它限制了商家的差异化竞争策略，使“价格战”成为主要的竞争手段，这无疑会压缩商家的利润空间，甚至导致整个行业的利润水平下降。其次，同质化产品也会降低消费者的购买欲望，因为他们无法从众多相似的产品中找到真正符合自己需求的产品。

因此，对于实体门店来说，要想在激烈的市场竞争中脱颖而出，就必须注重产品创新。商家应该加大研发投入，不断探索新的产品设计和功能，以满足消费者日益增长的个性化需求。同时，商家还可以通过与消费者的互动和反馈，不断优化产品，以提高产品的市场竞争力和消费者满意度。

随着经济的发展和社会的进步，消费者的消费观念和购买需求也在不断变化。如今，越来越多的消费者开始追求个性化、差异化的产品和服务，他们希望在购买过程中享受到独特的购物体验和满足感。这种个性化需求对于实体门店来说既是机遇也是挑战。一方面，个性化需求为实体门店提供了更多的市场空间和发展机会。另一方面，个性化需求对实体门店的运营能力和服务水平提出了更高的要求。商家需要不断提升自身的专业素养和服务水平，以满足消费者的个性化需求。只有这样，实体门店才能在激烈的市场竞争中立于不败之地。

三、营销同质化的影响与挑战

随着市场竞争的日益激烈，实体门店面临着营销同质化的严峻挑战。许多实体门店在营销策略上缺乏创新，常常采用传统的打折、满减、赠品等方式吸引消费者。然而，这种单一的营销策略已经无法满足消费者的多样化需求，也难以在激烈的竞争中脱颖而出。

消费者对于千篇一律的营销策略已经产生了视觉疲劳，甚至有一定的抵触情绪。因此，实体门店需要反思现有的营销策略，寻找新的突破口，以更具创新和个性化的营销方式吸引消费者。

为了应对营销同质化的挑战，实体门店需要积极探索创新的营销策略。如可以尝试采用新媒体平台进行宣传推广，通过社交媒体、短视频等平台与消费者进行互动，提升品牌知名度和美誉度。同时，还可以结合产品的自身特点，开展定制化的营销活动，满足消费者的个性化需求。

此外，实体门店还可以借鉴其他行业的成功经验，引入新的营销理念和手段。例如，可以尝试采用会员制度、积分兑换等方式，增加消费者黏性和忠诚度。或者通过跨界合作、品牌联名等方式，提升品牌价值和影响力。

在营销同质化的背景下，消费者对于传统的营销活动产生了疲劳和抵触情绪。主要源于以下几个方面。

首先，消费者对过度营销和虚假宣传感到不满。一些实体门店为了追求短期利益，往往采用夸大其词、虚构事实的方式进行宣传，导致消费者对其产生了不信任感。

其次，消费者对重复、无意义的营销活动感到厌烦。许多实体门店在营销手段上缺乏创新，经常重复使用相同的营销方式，使得消费者对这些活动失去了兴趣。

最后，消费者对过度消费和浪费感到担忧。一些营销活动往往鼓励消费者进行过度消费，导致资源的浪费和环境的破坏，这与当前社会的绿色消费理念相悖。

为了应对消费者对营销活动的疲劳和抵触情绪，实体门店在进行营销时需要注重以下几个方面。

首先，要坚持诚信经营，避免过度营销和虚假宣传。实体门店应该真实、客观地展示产品的优点和特性，不夸大其词、不虚构事实，以赢得消费者的信任和认可。

其次，要注重营销活动的创新性和个性化。实体门店应该根据产品的自身特点和目标受众的需求，开展具有创新性和个性化的营销活动，以吸引消费者的目光和兴趣。

最后，要倡导绿色消费理念，引导消费者理性消费。实体门店可以通过推广环保产品、开展绿色营销等方式，引导消费者关注环境保护和资源节约，推动绿色消费发展。

综上所述，实体门店在应对营销同质化的挑战时，需要注重营销策略的创新性和个性化，同时关注消费者的消费需求和情感变化，以获得消费者的认可。

四、高成本上升带来的压力

在现今商业环境下，实体门店面临着租金、人力等成本不断上升的压力。这些成本上升的原因是多方面的，其中包括经济发展、市场竞争、政策调控等。

首先，随着城市化和经济发展的加速，商业地产价格不断攀升，导致租金成本持续上涨。尤其是在热门商圈和繁华地段，租金更是让许多实体门店不堪重负。此外，随着商业竞争的加剧，一些商家为了争夺优质店面位置，不惜支付高昂租金，这进一步提高了租金成本。

其次，随着劳动力市场的不断变化，招聘难度不断加大，员工薪酬福利要求也不断提高。同时，随着社会经济水平的提高，人们的消费观念也在发生变化，对实体门店的服务质量和员工素质的要求也越来越高。为了满足消费者的高要求，实体门店不得不加大对员工的培训力度，提高员工的专业素质和服务水平，这也导致了人力成本在不断增加。

最后，政策调控也对实体门店的成本产生了影响。政府加大对房地产市场的调控，使商业地产的供应受到了一定程度的限制，租金成本更加难以控制。尽管政府也在逐步制定相关产业政策，如鼓励企业降低用工成本、提高生产效率等，但这些政策在短期内很难完全缓解实体门店的成本压力。实体门店必须降低成本或是提高销量，提高效率和市场竞争力，才能在激烈的市场中立于不败之地。

五、客流量下降与成交率不高的问题

随着互联网的发展和线上购物的兴起，越来越多的消费者选择通过在线平台完成购物需求，这对实体门店的客流量产生了直接影响。此外，实体门店在营销方式上也存在诸多不足，如营销策略缺乏创新、手段单一等，使消费者对其的兴趣逐渐降低。

除了外部因素外，实体门店自身的经营问题也是导致客流量下降的重要原因。一些门店的产品同质化严重，缺乏独特的卖点和竞争力，难以吸引消费者购买。同时，实体门店的服务质量也是影响客流量的关键因素之一。如果门店人员的服务态度不佳、效率低下，消费者就不愿意再次光顾。

此外，实体门店的地理位置、宣传方式以及店面形象等因素也会对客流量产生影响。如果门店的选址不合理，或者宣传方式陈旧，就很难吸引消费者。

针对客流量下降的问题，实体门店需要采取一系列措施来改善。首先，门店应加强线上线下的融合，利用互联网的优势吸引更多的潜在消费者。可以通过建立官方网站、社交媒体账号等，发布相关产品信息、优惠活动等，增加消费者的关注度和购买意愿。

其次，门店应注重产品创新和服务质量的提升。通过开发独特的产品、提供个性化的服务等，增强消费者的购物体验，提高他们对门店的忠诚度和信任度。同时，门店还可以通过加强员工培训，提高门店服务水平和效率，为消费者提供更加优质的服务。

再次，门店可以通过开展促销、会员积分兑换等活动，吸引消费者前来购物；也可以通过赠品等方式刺激消费者的购买欲望，提高成交率；还可以建立会员制，为消费者提供私人化的服务，增加消费者的黏性。

最后，门店应注重店面形象的塑造和宣传方式的创新。通过设计独特的店面形象、打造舒适的购物环境等方式，提升门店的吸引力。同时，也可以利用新媒体、短视频等方式进行宣传推广，吸引更多年轻消费者的关注。

六、缺乏裂变式增长的动力与机遇

裂变式增长，是指企业或品牌在短期内实现快速增长和规模扩张的现象。这种增长方式具有速度快、效率高、影响力广等特点，能够迅速提升企业或品牌的市场竞争力和知名度。对于实体门店来说，裂变式增长意味着在短时间内吸引大量客流，提升门店的销售额和市场份额，从而实现经营效益的快速提升。

在竞争激烈的市场环境中，裂变式增长对于实体门店的重要性不言而喻。首先，裂变式增长能够帮助门店打破传统营销方式的束缚，形成创新的营销模式和增长路径。其次，裂变式增长能够提升门店的品牌形象和知名度，吸引更多潜在消费者的关注。最后，裂变式增长能够为门店带来更多的客流和销售机会，提升门店的经营效益。

此外，裂变式增长也为实体门店带来了挑战。门店需要不断创新和优化，才能在激烈的市场竞争中脱颖而出，实现裂变式增长的目标。

第二节　实体门店自动变现的六大系统

一、门店定位系统：精准定位，确定目标顾客群体

门店定位策略是实体门店在市场竞争中立足的关键。一个成功的定位策略能够帮助门店明确自己的市场地位和发展方向，从而在市场中崭露头角。

在确定目标顾客群体时，门店需要综合考虑市场细分、顾客需求和自身资源等因素。通过细分市场，门店可以找到最具有潜力和价值的顾客群体，并针对顾客的需求制定有针对性的产品和服务。同时，门店还需要考虑自身的资源和能力，确保能够满足目标顾客的需求并能够为其提供优质的服务。

核心竞争力是门店在市场中独特且难以被模仿的优势。为了构建核心竞争力，门店可以从多个方面入手。例如，提高产品质量和性能，满足顾客对高品质生活的追求；优化服务流程和体验，提高顾客满意度和忠诚度；加强品牌营销和宣传推广，提高门店的知名度和影响力等。

此外，门店还可以通过与其他企业或机构合作，共同打造具有竞争力的商业模式和生态圈。例如，与电商平台合作，开展线上线下融合的销售模式；与物流企业合作，实现快速配送等。这样，不仅能够提高门店的竞争力，还能够为顾客提供更加便捷、丰富的购物体验。

通过确定目标顾客群体和构建核心竞争力，门店能够在市场中占据有利地位。因此，需要门店不断关注市场动态和顾客需求变化，不断调整和优化定位策略，以保持持续的发展和竞争优势。

本书中的定位系统的六大法门，可以帮你轻松精准定位。

二、引流系统：吸引顾客，提高门店曝光度

社交媒体平台是线上引流的重要渠道之一。我们可以在主流的社交媒体平台上开设官方账号，定期发布有关门店的新闻、活动、优惠等信息，吸引用户关注并互动。同时，我们还可以根据目标顾客群体的特征和兴趣定向在平台上投放广告，通过广告提高账号点击率和用户转化率。

网络平台也是线上引流的重要手段之一。我们可以利用电商平台、社区团购平台等渠道，将门店的产品推向更广阔的市场。此外，我们还可以与其他网络平

台进行合作，共同开展线上活动，扩大门店的知名度和影响力。

在进行线上引流时，我们还需注重内容的质量和形式。优质的内容能够吸引用户的眼球，激发他们的购买欲望。因此，我们需要精心策划和制作有吸引力的内容，如精美的图片、有趣的视频、生动的文字描述等。同时，我们还应关注用户的反馈和需求，及时调整内容策略，提高用户的满意度和忠诚度。

除了线上引流外，线下引流同样重要。通过举办营销活动，我们可以吸引更多顾客走进门店，直接体验产品和服务，从而提高门店的知名度和满意度。

首先，我们可以结合节假日或特定主题举办各种活动，如新品发布会、会员日、亲子活动等。这些活动不仅可以增加门店的客流量，还能提升顾客对门店的认可度。在活动策划过程中，我们需要注重活动的创意和特色，确保活动能够引起目标顾客群体的关注。

其次，我们还可以通过与其他企业或组织进行合作。如与周边商户、社区组织等建立合作关系，共同开展宣传活动或举办联合活动，扩大门店的影响力。

总之，通过线上线下相结合的引流手段，我们可以有效地吸引更多顾客走进门店，提高门店的曝光度。在引流过程中，我们需要不断关注市场动态和顾客需求，及时调整，确保引流效果的持续优化和提升。

本书讲到的引流系统的七大策略，随便一个都会让你的客流不断。

三、筛选系统：精准筛选，提高顾客转化率

在实体门店的运营中，精准筛选是提高顾客转化率的关键步骤。而顾客画像的建立，则是筛选工作的基石。顾客画像，是通过对目标顾客群体的深入剖析，构建出一个个生动、具体的人物形象，不仅包括顾客的基本信息，如年龄、性别、职业等，更包括他们的兴趣爱好、消费习惯、心理需求等深层次信息。

为了建立精准的顾客画像，门店首先需要进行深入的市场调研。通过问卷调查、访谈、数据分析等多种方式，收集关于目标顾客群体的第一手资料。这些资料可以帮助门店更好地了解顾客的喜好、需求和痛点，为后续的产品设计、服务优化提供有力支持。

在收集到足够数据后，门店还需要运用大数据和人工智能技术进行数据分析。通过对数据的分析，可以了解顾客的购买偏好、消费习惯及潜在需求。这些分析结果将为门店提供宝贵的资料，指导门店在商品选品、陈列布局、营销策略

等方面作出更加精准的决策。

最终，通过综合运用市场调研和数据分析的结果，门店可以建立鲜活、立体的顾客画像。这些画像将成为门店筛选顾客的重要依据，帮助门店精准识别出潜在的高价值顾客，为后续的转化工作奠定坚实的基础。

建立精准画像后，门店还需要制定相应的筛选策略，以确保信息能够被精准推送给目标顾客，并实现高效转化。

首先，门店需要根据顾客画像中的购买特征，对顾客进行细分。这些特征包括顾客的购买频率、消费金额、商品品类等。通过深入剖析，门店可以将顾客划分为不同的价值层级，为后续的筛选工作提供指导。

其次，门店需要制定个性化的推送策略。针对不同价值层级的顾客，门店可以设计不同的推送内容、方式和频率。对于高价值顾客，门店可以定期推送新品信息、优惠活动以及专属服务等；对于低价值顾客，门店则可以通过优惠券、折扣等方式激发他们的购买欲望。

总之，通过构建精准的顾客画像并制定有效的筛选策略，实体门店可以更加精准地识别并吸引潜在顾客，提高顾客转化率，从而获得持续稳定的增长和发展。

本书讲到的筛选系统的四大方法，每一个方法都会让引流的客户更精准。

四、培育系统：建立信任，提高顾客忠诚度

在实体门店管理中，顾客关系管理是一项至关重要的工作。建立长期稳定的顾客关系，不仅能够提高顾客的门店忠诚度，还能为门店的持续发展打下坚实的基础。

首先，门店应深入了解每位顾客的需求和偏好。通过收集顾客的购买记录、消费习惯以及反馈意见等信息，门店可以对顾客进行一定分析，从而更好地理解顾客的期望和需求，以便提供更加个性化的服务。

其次，门店应注重与顾客的沟通互动。通过定期的电话、短信或邮件的方式与顾客保持密切的联系，及时了解他们的需求变化，并为他们提供相关的优惠信息和活动通知。此外，门店还可以通过社交媒体平台，与顾客进行互动，增强彼此的信任和感情。

最后，门店应关注顾客的反馈和建议。当顾客提出意见或建议时，门店应积极回应并改进，让顾客感受到门店对他们的重视和关心。通过不断提高服务质

量，与顾客建立良好关系，为门店的长远发展奠定坚实的基础。

在实体门店的运营过程中，顾客体验是提升顾客忠诚度的关键因素之一。通过提供优质的服务和产品，门店可以赢得顾客的信任和支持，从而提高他们的满意度和忠诚度。

首先，门店应注重提升服务质量。门店工作人员应具备良好的职业素养和专业技能，能够热情、耐心地为顾客提供帮助和解答疑问。同时，门店还应关注服务流程的优化，确保顾客购物过程的顺畅与愉快。

其次，通过优化顾客体验，为门店的发展注入更多的活力和动力。在未来的发展中，门店还应持续关注顾客需求的变化和市场趋势的发展，不断创新和优化服务模式和产品结构，以满足更多消费者的需求和期望。

本书中培育系统的四个步骤，会让你的客户对你不离不弃。

五、成交系统：实现转化，提高销售业绩

随着市场竞争的加剧，门店想要提高销售业绩，必须制定出切实有效的营销策略。这些策略不仅要有创意，还要能够精准触达目标顾客群体，并激发其购买欲望。

首先，门店可以针对不同顾客群体制定差异化的营销策略。例如，对于年轻顾客群体，可以采用更时尚、更具创意的营销方式，如线上活动、社交媒体互动等；而对于中老年顾客群体，则可以采用更传统、更实用的营销方式，如优惠券、会员制度等。

其次，门店还可以利用节假日或特定时间节点，推出有针对性的促销活动。例如，在情人节期间推出情侣套餐或优惠活动，或者在年终大促时推出限时折扣等。这些活动可以有效提高门店的曝光度和关注度，从而吸引更多顾客前来购买。

此外，门店还可以通过提供优质服务和产品来提高顾客满意度，进而促进成交。优质的服务可以让顾客感受到门店的专业和用心，而高品质的产品则能够满足顾客的需求和期望。因此，门店在日常经营中应注重提高服务和产品质量，以树立良好的品牌形象。

在数字化时代，为了拓宽销售渠道，提高销售业绩，门店还需要积极探索线上线下相结合的模式。

首先，门店可以利用电商平台或自建官方网站等线上渠道，进行产品的在线

展示和销售。通过线上渠道，门店可以突破地域限制，将产品和服务推向更广泛的顾客群体。同时，线上渠道还可以提供更为便捷的购物体验，满足顾客的即时购买需求。

其次，门店也可以通过线下门店与线上渠道的融合，提升顾客的购物体验。例如，顾客可以在线下门店体验产品后，通过线上渠道进行购买；或者在线上了解产品信息后，到线下门店进行试穿或试用。这种线上线下结合的销售模式，可以有效提升顾客的购买意愿。

最后，门店还可以通过社交媒体、短视频平台等新渠道，提升品牌知名度和影响力。通过在平台上发布有趣、有用的内容，吸引潜在顾客的关注和互动，进而转化为实际的销售业绩。

总之，门店的成交系统需要综合运用多种营销策略和销售渠道，以实现顾客的有效转化和销售业绩的提升。通过精准定位目标顾客群体、制定差异化的营销策略、提供优质服务和产品、线上线下结合拓宽销售渠道等手段，门店可以实现持续稳健的发展。

本书讲到了成交系统的三个流程，掌握流程后，让客户主动找你购买。

六、裂变系统：顾客裂变，实现门店快速增长

在实体门店的经营中，口碑传播是一种低成本、高效率的裂变方式。通过鼓励顾客分享与推荐，我们可以轻松地将门店的优质服务和产品传递给更多的人，从而吸引更多的潜在顾客。

要实现口碑传播，首先要确保门店的服务和产品具有足够的吸引力。这包括提供独特的产品、优质的售后服务以及良好的购物环境等。只有当顾客对门店的产品和服务感到满意时，他们才愿意主动分享。

其次，我们需要通过一些策略来鼓励顾客进行分享和推荐。例如，可以设置一些奖励机制，如推荐朋友消费可享受折扣或积分等。此外，还可以通过社交媒体平台，如鼓励顾客在微信、微博等平台发布购物体验和评价，从而吸引更多的潜在顾客。

在口碑传播的过程中，我们还需要注意维护好与顾客的关系。当顾客分享或推荐门店时，我们要及时给予回应和感谢，让顾客感受到我们的关注和尊重。同时，我们还需要关注顾客的反馈和建议，及时改进和优化门店的经营和服务。

通过有效的口碑传播策略，我们可以轻松地将门店的影响力扩大到更多的潜在顾客中，从而实现裂变式增长。这不仅可以提升门店的品牌形象，还可以带来更大的客流量和更高的销售业绩。

裂变活动设计是实体门店客流量实现快速增长的关键一环。通过设计合理的激励机制，我们可以促使顾客自发地进行裂变，从而为门店带来更多的新顾客。

首先，我们需要明确裂变活动的目标和受众群体。根据门店的定位和市场需求，我们可以确定裂变活动的目标和受众群体，从而设计出更加符合他们需求的活动方案。

其次，我们需要设计有吸引力的裂变奖励机制，包括现金红包、优惠券、积分兑换等多种形式。通过给予推荐人一定的奖励，激发他们分享和推荐的积极性。同时，对于被推荐人，我们也可以提供一定的优惠或福利，以吸引他们到店消费。

通过精心设计的裂变活动，我们可以充分利用顾客的社交资源，实现门店的快速增长，为门店带来更多的商机和利润。因此，在未来的经营中，我们应该注重裂变活动的策划和实施，不断挖掘新的裂变方式，为门店的持续增长注入新的动力。

本书中裂变系统的三个维度，让所有与你成交的顾客，灵魂与你同在。

七、六大系统协同运作：打造自动变现闭环

在构建实体门店的自动变现六大系统时，确保各系统之间的顺畅沟通与协作至关重要。各系统不是孤立的，而是相互依存、相互促进的有机整体。只有通过紧密配合，才能实现门店的高效运营和持续发展。

为了实现系统间的协同，首先需要建立清晰的信息沟通渠道。各系统之间应有明确的信息传递方式和频率，确保信息在传递过程中不失真、不延误。此外，各系统负责人应定期召开沟通会议，共同讨论门店运营中遇到的问题，分享经验，寻找解决方案。

在协同过程中，还需要注重资源整合和共享。各系统应根据自身特点和优势，充分利用现有资源，提高资源利用率。同时，各系统之间应资源共享，避免资源浪费，降低门店运营成本，提高运营效率。

此外，建立激励机制也是实现系统协同的重要手段。通过设定合理的绩效考

核指标和奖励机制，激发各系统负责人的积极性和创造性，促使负责人更加关注门店的整体利益。

在自动变现的六大系统协同运作的基础上，实体门店还需要不断进行优化迭代，以适应市场变化和满足顾客需求。

为了实现优化迭代，首先需要建立持续的市场调研机制。通过定期收集和分析市场数据，了解市场的最新动态和趋势，为门店的发展提供有力支撑。同时，关注竞争对手的动态，了解他们的优势和不足，以便及时调整自身策略。

其次，重视顾客反馈是优化迭代的关键。顾客是门店的核心资产，他们的需求和意见对于门店的发展至关重要。通过收集和分析顾客的反馈数据，可以了解顾客对门店的满意度、需求和期望，从而有针对性地改进产品和服务。

在优化迭代过程中，还需要注重创新。创新是驱动门店持续发展的核心动力。通过引入新技术、新思维和新模式，不断提升门店的运营效率和顾客体验，增强门店的核心竞争力。

最后，需要注意的是，优化迭代并非一蹴而就的过程，而是需要长期坚持和不断努力。

总之，只有协同运作和不断优化迭代，实体门店才可以构建出高效、稳定、可持续的自动变现闭环，才能实现长期稳定的盈利和发展。

第二章

定位系统的六大法门

创新转移定位

对标扩展定位

小众需求定位

筛选身份定位

市场划分定位

跨行业融合定位

市场上永远不缺购买你的产品的顾客，
产品卖不出去是因为你不知道你的客户在哪里。
定位系统的六大法门，
可以让你瞬间找到你的客户群体。

——欧海老师

第一节　创新转移定位

一、理解创新转移定位的核心价值

创新转移定位的核心价值之一，就是从单纯的销售产品向提供卓越服务与体验的转变。传统的商业模式往往聚焦于产品本身，而忽视了顾客在购买过程中的全方位体验。然而，随着消费者需求的日益多样化与个性化，仅仅依靠产品本身已无法完全满足顾客的需求。

实体门店需要将重点从产品本身转向服务与体验。这意味着门店不仅要提供优质的商品，还要关注顾客在购物过程中的感受与体验。这包括店面环境的营造、服务人员的态度与技能、售后服务的质量等多个方面。通过优化与提升，实体门店能够提供独特且具有吸引力的服务，从而吸引并留住更多的顾客。

在创新转移定位中，实体门店需要关注顾客的需求变化与趋势。随着科技的不断发展与社会的进步，顾客的购物习惯与需求也在不断地发生变化。因此，门店需要时刻保持敏锐的市场洞察力，及时调整自身的经营策略与服务模式，以适应市场的变化并满足顾客的需求。

实体门店需要特别强调顾客感受。顾客感受是评价购物体验的重要指标之一，它涉及顾客在购物过程中的方方面面，包括店面环境的舒适度、服务人员的专业性、购物流程的便捷性等。因此，门店需要通过不断优化这些方面来提升顾客的购物感受。

同时，实体门店还应注重顾客价值的提升。这不仅包括商品本身的价值，更包括顾客在购物过程中所能获得的价值感与满足感。例如，门店可以通过提供个性化的服务、定制化的产品等方式，让顾客感受到自己的独特性与重要性，从而提升其购物的价值感。实体门店还可以通过与顾客建立长期稳定的关系来提升顾客价值。与顾客保持沟通与互动，了解他们的需求与反馈，并根据这些信息调整经营策略与服务模式，可以不断增强顾客对门店的信任，从而实现顾客价值的持续提升。

随着市场竞争的加剧，消费者对于个性化的需求也日益增长。为了满足这一需求，品牌需要开发更多的增值服务，提升顾客的消费体验。

增值服务的形式多种多样，可以根据品牌特点和顾客需求来确定。例如，针对高端品牌的消费者，可以提供私人定制服务，根据顾客的个人喜好和需求，为其量身定制专属的商品或服务；针对年轻消费者，可以为其提供丰富的娱乐和社交活动，让他们在购物的同时也能享受到更多乐趣。

品牌还可以开展线下互动活动，如主题派对、新品体验会等，邀请顾客到门店参加。这些活动不仅可以增强顾客对品牌的认知度，还能让他们更加深入地了解产品和服务，提升购物体验。

总之，创新概念的引入与实施是实体门店转型升级的关键一环。通过创设独特体验环境、开发增值服务以及开展互动活动等措施，品牌可以不断提升顾客的购物体验，增强品牌的竞争力和影响力。

二、知名品牌的创新实践

（一）星巴克：打造“第三空间”，强化社交体验

星巴克作为咖啡行业的领军企业，一直以来都在探索如何通过创新转移定位来提升顾客体验。在其众多的创新实践中，打造“第三空间”的效果尤为突出。

“第三空间”指的是介于家庭与工作场所之外的社交空间。在这个空间里，人们可以放松身心，享受片刻的宁静与惬意。星巴克通过独特的店面设计、舒适的座椅、柔和的灯光等元素，为顾客营造出一个温馨、舒适的社交环境。在这里，顾客不仅可以品尝到美味的咖啡，还可以与朋友聊天、阅读书籍、举行小型聚会等，感受轻松愉悦的社交氛围。

此外，星巴克还注重提供高品质的服务。员工们经过专业培训，具备良好的职业素养和服务意识。他们热情、耐心地为顾客解答疑问，推荐适合其口味的咖啡；在顾客需要帮助时，提供力所能及的帮助。这种优质的服务不仅让顾客感到温馨和尊重，还提高了顾客对品牌的忠诚度和信任感。

通过打造“第三空间”和提供高品质的服务，星巴克成功地将顾客从单纯的咖啡购买者转变为品牌的忠实拥护者，让顾客愿意花费更多的时间和金钱在星巴克享受咖啡和社交乐趣，从而带动品牌业绩的持续增长。

（二）苹果公司：创新产品设计，注重用户体验

苹果公司凭借其创新的产品设计和出色的用户体验吸引了众多消费者。而注重产品设计与用户体验的融合是苹果公司成功的关键。

苹果公司在产品设计方面始终坚持简约、时尚、易用的原则。无论是iPhone、iPad还是Mac等系列产品，都具有简约的外观设计、流畅的操作体验和卓越的性能表现。这种设计不仅符合现代人的审美需求，还大大提高了产品的易用性和实用性。

苹果公司非常注重用户体验的提升。他们通过深入了解用户需求和行为习惯，不断优化产品功能和操作流程。例如，在iOS系统中，苹果公司不断推出新的功能和界面设计，使用户能够更加方便地使用手机进行通信、娱乐、工作等。此外，苹果还通过推出Apple Care+等售后服务计划，为用户提供全方位的产品保障和支持。

创新产品设计，注重用户体验，令苹果公司成功地吸引了大量忠实消费者，他们愿意支付高昂的价格，享受其卓越的性能和优质的服务。同时，这也为苹果带来了可观的利润和市场份额。

（三）迪士尼：营造奇幻世界，实现梦想体验

迪士尼作为全球知名的娱乐公司，一直致力于为游客营造梦幻的奇幻世界。通过创新的转移定位，迪士尼成功地将单纯的游客转变为品牌的追随者。

迪士尼乐园是迪士尼创新实践的重要载体。每个迪士尼乐园都融合了不同的文化和主题，为游客带来了不同的奇幻体验。在迪士尼乐园中，游客们可以参观各种主题区，欣赏精彩的表演，参与各种游乐互动项目。此外，乐园还通过举办各种特色活动和节日庆典，为游客带来更多的惊喜和欢乐。

此外，迪士尼还注重提供全方位的服务和体验。他们为游客提供舒适的住宿环境、美味的餐饮服务以及便捷的购物体验。同时，迪士尼还通过推出迪士尼会员计划等方式，为游客提供定制化的服务。

通过营造奇幻世界和提供全方位的服务体验，迪士尼成功地让游客在游玩的过程中感受到梦想成真的喜悦和幸福。这种体验不仅让游客对迪士尼品牌产生了深厚的情感认同，而且带动了迪士尼乐园的持续发展和壮大。

三、创新转移定位在实体门店的应用

（一）引入跨界合作，丰富产品线

在实体门店创新转移定位的过程中，引入跨界合作是一种有效的手段。跨界合作能够帮助门店突破原有产品线的限制，引入新的元素和创意，为消费者带来更加多样化的选择。

例如，一些时尚服饰品牌通过与艺术家、设计师或文化机构的合作，将艺术元素融入产品设计中，打造出独具特色的服装款式。这种跨界合作不仅丰富了品牌的产品线，也提升了产品的附加值和文化内涵，吸引了更多追求个性和品位的消费者。

此外，跨界合作还可以实现品牌资源的共享和互补。通过与其他行业的合作，实体门店可以借助对方的专业知识和市场资源，拓宽销售渠道和扩大品牌影响力。例如，食品品牌可以与电影院、健身房等场所合作，推出联名产品或举办主题活动，从而吸引更多的潜在消费者。

（二）借助科技手段，提升购物便利性

在实体门店创新转移定位的过程中，科技手段的应用也具有关键作用。借助先进的科技手段，门店可以提升顾客购物的便利性，优化消费者的购物体验。

智能导购系统作为实体门店的新宠，通过语音交互等技术，能够准确识别消费者的需求和偏好，为他们提供个性化的购物建议和搭配方案。这不仅节省了消费者挑选商品的时间，也提升了购物的精准度和顾客的满意度。

（三）打造文化标签，增强品牌认同感

在实体门店创新转移定位的过程中，打造文化标签也是一种有效的策略。通过赋予品牌特定的文化内涵和价值观念，可以增强消费者对品牌的认同感和忠诚度。

品牌需要明确自己的定位和价值观。这需要对目标消费者群体进行深入分析，了解他们的需求和喜好；同时，也要结合品牌自身的特点和优势，提炼出独特的文化标签和价值观念。这些文化标签可以是某种生活方式、价值观念、艺术风格等，能够引发消费者的共鸣和情感认同。

通过打造文化标签，实体门店不仅能够提升品牌形象和知名度，也能够增强消费者对品牌的认同感。这种认同感能够促使消费者选择该品牌的商品和服务，并为品牌的长期发展奠定坚实的基础。

四、行业典范的成功经验

（一）蔚来汽车：创新服务模式，提供全方位体验

蔚来汽车作为新能源汽车领域的佼佼者，凭借其创新的服务模式和全方位的用户体验，成功地吸引了众多消费者的目光。蔚来汽车不仅注重产品的性能和质量，在服务模式上也进行了大胆的创新。

首先，蔚来汽车推出了蔚来用户中心，将传统的汽车销售模式转变为以用户为中心的服务模式。在蔚来用户中心，消费者可以享受一站式的购车服务，包括车辆咨询、试驾体验、金融方案等。同时，蔚来汽车还提供了多种增值服务，如充电设施建设、维修保养等，让用户在购车后也能得到全方位的指导。

其次，蔚来汽车注重与用户建立情感联系。通过举办各种线上线下活动，蔚来汽车成功打造了一个充满活力的社区氛围。用户不仅可以在这里分享自己的用车经验，还可以参加蔚来汽车组织的各种公益活动，有利于增强顾客对品牌的信任。

最后，蔚来汽车在智能驾驶领域也进行了深入的探索和实践。蔚来汽车采用先进的智能驾驶技术，为用户提供更加安全、便捷、智能的驾驶体验。这种创新的服务模式不仅提升了蔚来汽车的品牌形象，也赢得了更多的市场份额。

（二）喜茶：打造品牌文化，引领潮流风尚

喜茶作为茶饮行业的领军企业，以其独特的品牌文化和创新的经营模式赢得了消费者的青睐。喜茶成功地将品牌文化与年轻消费者的需求紧密结合，在茶饮市场上形成了一股新风尚。

首先，喜茶注重产品的创新，不断推出新品，以满足不同消费者的口味需求。同时，喜茶还注重产品的品质，从原材料的选择到制作工艺的把控，都力求做到最好。这种对产品品质的坚持，让喜茶在消费者心中树立了良好的口碑。

其次，喜茶通过打造独特的品牌文化，成功地吸引了年轻消费者的关注。喜

茶的品牌形象年轻、时尚、有活力，与年轻消费者的价值观高度契合。喜茶还通过各种线上线下活动，加强与年轻消费者的互动，让他们感受到品牌的温度。这种情感化的营销方式，让喜茶在消费者心中形成了独特的品牌印记。

最后，喜茶通过跨界合作等方式，拓宽品牌的影响力。喜茶与各大IP进行深度合作，推出联名款产品，让消费者在品尝美味的同时，也能感受到品牌的文化内涵。这种跨界合作的方式，不仅提升了喜茶的品牌形象，也为其在激烈的市场竞争中赢得了更多的优势。

（三）优衣库：简约设计，强调实用性与舒适性

优衣库作为国际知名的服装品牌，凭借其简约的设计风格、注重实用性和舒适性的理念，在全球范围内赢得了消费者的广泛认可。

首先，优衣库始终坚持简约的设计理念，强调以简约、大方的设计风格来满足不同消费者的审美需求。优衣库的服装设计既符合日常穿着的实用需求，又能展现出时尚感，让人们在穿着中感受到舒适与自信。

其次，优衣库注重产品的实用性和舒适性。优衣库在面料的选择上严格把控，选用舒适、耐穿、易打理的面料，以确保产品的高品质。同时，优衣库还针对不同场合和需求推出多样化的产品系列，满足不同消费者的穿着需求。

最后，优衣库通过精细化的管理，实现了高效的供应链运作和成本控制。这使得优衣库能够在保证产品品质的同时，制定具有竞争力的价格，进一步提升其在市场上的竞争力。

总之，蔚来汽车、喜茶和优衣库作为各自行业的典范，成功地吸引了消费者的关注并赢得了市场份额。这些成功经验对于其他实体门店来说具有重要的借鉴意义，有助于推动实体门店的创新发展。

由此可见，创新转移定位在实体门店发展中具有重要作用，只有深入理解和实施，实体门店才能成功地将焦点从单纯的产品销售转向提供独特的购物体验和价值。

在创新转移定位的过程中，实体门店应注重提升顾客感受和价值，通过打造独特的体验环境、开发增值服务和建立互动平台，满足顾客的个性化需求，增强顾客的参与感和归属感。这种转变可使实体门店在激烈的市场竞争中脱颖而出，吸引更多的顾客，提升销售额和品牌影响力。

此外，创新转移定位还可促进实体门店与顾客之间的情感联系。通过营造文化氛围、举办主题活动和强化品牌特色，实体门店可成功地塑造独特的品牌形象和价值观，与顾客建立深厚的情感纽带。这种情感联系可使顾客更加愿意支持和信赖实体门店，成为门店的口碑传播者。

第二节 对标扩展定位

一、实体门店对标扩展定位策略

对标扩展定位是一种市场营销策略，其核心在于通过对比和分析市场上领先企业的产品或服务，找出自身与这些标杆企业的差距和优势，进而调整和完善自身的市场定位，以实现更精准的市场覆盖。

对标扩展定位的重要性体现在以下多个方面。

首先，它有助于实体门店深入了解市场需求和竞争格局，从而更好地把握市场机遇。通过对标杆企业的深入研究，实体门店可以了解消费者对于产品或服务的真实需求，以及竞争对手的优势和劣势，从而制定出更符合市场需求和市场趋势的经营策略。

其次，对标扩展定位有助于实体门店明确自身的发展方向和目标。通过对标杆企业的对比和分析，实体门店可以清晰地认识到自身在市场中的位置和潜力，以及自身与标杆企业之间的差距和优势。这有助于实体门店制订更为明确和可行的发展计划，从而获得更快的成长。

最后，对标扩展定位还有助于实体门店提升品牌形象和市场竞争力。通过与标杆企业的对标和比较，实体门店可以不断提升自身的产品质量、服务水平和管理效率等能力，从而打造出更具吸引力和竞争力的品牌形象。同时，通过不断学习和借鉴标杆企业的成功经验，实体门店还可以不断提升自身的市场竞争力和市场地位。

随着消费者需求的不断变化和升级，实体门店需要不断调整和完善自身的产品和服务，以满足消费者的需求和期望。通过对标杆企业的对标和比较，实体门店可以深入了解消费者的真实需求和市场趋势，从而更好地把握市场机遇并满足消费者的需求。

在数字化时代背景下，传统实体门店面临着来自线上渠道的强烈冲击。为了保持竞争优势并吸引更多消费者，实体门店需要利用对标扩展定位策略，提升自身的品牌形象和服务水平，以打造独特的购物体验和品牌魅力。通过与标杆企业的对标和比较，实体门店可以学习到更多先进的管理理念和经营策略，为实体门店的进一步发展积蓄能量。

实体门店在经营中应用对标扩展定位策略是必要且有益的。通过对标扩展定位，实体门店可以更好地把握市场需求和市场趋势，降低经营成本和风险，从而实现更快的发展。

二、餐饮行业实体门店案例：海底捞

（一）海底捞对标扩展定位策略分析

海底捞的成功在很大程度上得益于其精准的对标扩展定位策略。海底捞在立足于传统火锅市场的基础上，深入分析行业趋势和消费者需求，寻找对标对象，从而制定一套具有独特性和创新性的定位策略。

首先，海底捞在选择对标对象时，并非盲目追求行业内的龙头企业，而是结合自身实际情况，选择与自己有相似之处但又具有一定优势的企业。它们通常是行业内具有创新性和引领性的企业，其产品、服务、管理等方面都具有一定的领先性。

其次，海底捞在对标扩展定位的过程中，注重挖掘自身的核心竞争力，即其独特的服务理念和优质的顾客体验。通过对标分析，海底捞发现自己在服务品质、菜品创新等方面与对标对象存在一定的差距，于是加大力度进行改进和提升，从而逐步形成了自己的品牌特色。

最后，海底捞充分考虑了市场环境的变化和消费者需求的多样性。随着火锅市场竞争的加剧，海底捞不断调整自身的定位策略，以满足不同消费者的需求。同时，海底捞还积极使用新技术和新模式，如利用大数据和人工智能等技术手段提高运营效率和服务质量，进一步巩固和扩大其市场份额。

（二）海底捞如何通过对标扩展定位实现客户增长

海底捞通过对标扩展定位策略，成功实现了客户增长和市场份额的扩大。具体有以下措施。

1. 提升服务品质

海底捞以“顾客至上”为服务理念，通过不断提升服务品质和顾客体验来吸引和留住顾客。例如，海底捞在店内设置了专门的等候区，为等待就餐的顾客提供免费的茶水、小吃和娱乐设施，让顾客在等待过程中感受到温馨和舒适。此外，海底捞还注重员工的培训和管理，确保每位员工都能为顾客提供专业、热情的服务。

2. 创新菜品和用餐环境

海底捞通过不断研发新的菜品和改进现有的菜品，满足了不同消费者的口味需求。同时，注重用餐环境的营造，通过独特的装修风格和舒适的用餐空间，让顾客在用餐过程中感到愉悦和放松。

3. 加强品牌宣传和推广

海底捞通过各种渠道加强品牌宣传和推广，提高品牌知名度和美誉度。例如，海底捞在社交媒体平台上积极开展营销活动，与消费者进行互动和沟通。同时，通过举办各种文化活动和公益活动来提升品牌形象和影响力。

（三）海底捞成功案例对实体门店的启示

海底捞的成功为其他实体门店提供了一定启示。

首先，实体门店要注重对标分析，寻找行业内具有创新性和引领性的企业作为对标对象，借鉴其成功的经验和做法。通过对标分析，实体门店可以发现自身在产品和服务等方面的不足之处，从而有针对性地进行改进和提升。

其次，实体门店要注重服务品质和顾客体验。优质的服务品质和良好的顾客体验是吸引和留住顾客的关键。实体门店应该注重提升员工的服务意识和专业能力，确保每位员工都能为顾客提供专业、热情的服务。同时，注重营造舒适、温馨的用餐环境，让顾客在用餐过程中感到愉悦和放松。

最后，实体门店要注重创新和营销。在激烈的市场竞争中，实体门店需要不断创新和拓展新的业务模式和营销方式，以满足消费者的多元化需求。例如，实体门店可以通过研发新的菜品、推出特色活动等方式吸引顾客；同时，还可以利用社交媒体等线上平台加强品牌宣传和推广，提高品牌的知名度和美誉度。

三、零售行业实体门店案例：宜家家居

（一）宜家家居对标扩展定位策略分析

宜家家居作为全球领先的家居零售品牌，其成功的对标扩展定位策略值得深入探讨。宜家家居首先明确了自己的目标客户群体，即追求简约、实用、环保生活方式的年轻人和家庭。在定位方面，宜家家居不仅关注家居产品的实用性和美观性，也重视消费者的购物体验和空间利用。

为了提升品牌影响力和市场份额，宜家家居采取了积极的对标扩展定位策略。它选择了与自己品牌定位相似的竞争对手进行分析，了解它们的产品、价格、服务等方面的优势与劣势，从而找到自己的突破口。宜家家居通过对市场的深入调研，发现了消费者对环保、健康家居的日益关注，于是将这一趋势融入自己的产品设计和营销策略中，成功引起了潜在客户的关注。

（二）宜家家居如何通过对标扩展定位提升品牌影响力

宜家家居通过对标扩展定位，成功提升了品牌影响力，并实现了市场份额的稳步增加。

一方面，宜家家居注重提升产品质量和设计水平，以符合年轻消费者的审美需求。它不断优化产品线，推出更多符合市场需求的家居产品，并注重与时尚潮流的融合，使品牌保持活力。

另一方面，宜家家居还重视营造独特的购物体验。它采用体验式营销方式，将购物场所打造成充满生活气息的家居展示空间，让消费者在选购产品的同时，也能感受到家的温馨和舒适。此外，宜家家居还提供丰富的配套服务，如家居设计咨询、安装服务等，进一步提升了消费者的购物满意度。

通过这些措施，宜家家居成功地塑造了独特的品牌形象，吸引了大量忠实客户，并在全球范围内赢得了良好的口碑。

（三）宜家家居成功案例的启示

宜家家居的成功为实体门店提供了宝贵经验和启示。

首先，明确目标客户群体并精准定位是提升品牌影响力的关键。实体门店应该深入了解消费者的需求和喜好，根据市场趋势调整产品定位和营销策略，以吸引更多的目标客户。

其次，提升产品质量和设计水平是赢得消费者信任的重要途径。实体门店应该注重产品研发和创新，不断提升产品的实用性和美观性，以满足消费者的多样化需求。

再次，营造独特的购物体验是提升品牌影响力的关键。实体门店应该注重店面装修和陈列设计，营造舒适、温馨的购物环境，让消费者在选购产品的同时，也能享受到愉悦的购物体验。

最后，提供优质的服务是提升品牌影响力的重要手段。实体门店应该关注消费者的需求和反馈，提供及时、专业的服务，让消费者感受到品牌的诚意和关怀。

综上所述，实体门店应该根据自身实际情况，灵活运用对标扩展定位策略，不断提升品牌影响力和市场竞争力。

四、实体门店在对标扩展定位中应关注的问题

对标对象的选择是实体门店在对标扩展定位中的首要步骤，它的正确性直接影响到后续策略制定的效果。在选择对标对象时，实体门店需要充分考虑自身的品牌定位、市场定位以及目标客户群体等因素。对标对象应该是那些具有相似品牌定位、市场定位且在该领域有成功经验的品牌或门店。

选好对标对象后，通过分析对标对象的成功经验、市场表现以及顾客需求等因素，制定符合自身情况的定位策略。具体包括对目标客户的精准定位、门店风格的确定、产品线的调整以及服务水平的提升等。同时，其制定应具有针对性和可操作性，以确保后续实施能够取得实际效果。

实体门店在对标扩展定位过程中，可能会面临多方面的挑战。首先，市场竞争激烈，对标对象可能具有较强的市场影响力和竞争力，这就要求实体门店在制定定位策略时需要有创新思维和差异化竞争优势。其次，市场和客户需求在不断变化，实体门店需要密切关注，及时调整定位策略以适应变化。此外，实体门店还需要面对运营成本、供应链管理以及团队建设等方面的挑战。

持续优化对标扩展定位策略是实体门店在经营过程中的一项重要任务。为了保持竞争力和持续发展，实体门店需要不断评估和调整对标扩展定位策略。

首先，实体门店需要建立定期评估机制，定期回顾对标扩展定位策略的实施效果，分析存在的问题和不足，并为后续的优化提供依据。具体包括评估定位策略是否与市场需求保持一致、门店服务是否满足顾客期望以及产品线是否具有竞争力等。

其次，实体门店需要关注行业趋势和竞争对手动态，以便及时调整对标扩展定位策略。随着市场环境的变化和消费者需求的升级，竞争对手的策略也可能发生变化。因此，实体门店需要保持敏锐的市场洞察力，及时调整对标扩展定位策略以适应新的市场环境和竞争态势。

最后，实体门店可以通过引入先进的管理理念和技术手段来优化对标扩展定位策略，提升其精准度和有效性。例如，利用大数据分析和人工智能技术精准地把握顾客需求和市场趋势；通过数字化营销和社交媒体平台来扩大品牌影响力；加强供应链管理以提高运营效率等。

只有合理地选择对标对象、制定具有针对性的定位策略、采取有效的优化措施，实体门店才能在激烈的市场竞争中脱颖而出，实现客户稳定增长和业务长线发展。

五、实体门店在对标扩展定位中的具体实施步骤

（一）明确目标客户群体

在对标扩展定位过程中，明确目标客户群体是至关重要的第一步。只有准确掌握目标客户的特点和需求，门店才能精准定位自身的发展方向。首先，通过市场调研、顾客反馈、消费数据等多元化途径收集目标客户信息，深入了解其消费习惯、购买力、兴趣偏好等方面。其次，根据收集的信息对目标客户群体进行细分，明确不同客户群体的需求和特点。最后，门店结合自身资源和能力，选择最具潜力和发展空间的目标客户群体进行对标。

同时，实体门店还需进一步研究目标客户的消费行为和需求特点。例如，年轻消费者群体更注重时尚、潮流和个性化，而中老年消费者群体更看重品质、服务和性价比，因此，实体门店需要针对不同客户群体制定不同的对标扩展定位策略，以满足他们的不同需求。

（二）分析竞争对手并选取对标对象

实体门店需要分析竞争对手并选取合适的对标对象。首先，对市场上的主要竞争对手进行深入了解，包括其产品、服务、价格、营销策略等方面。其次，根据门店自身定位，选取与自身定位相近、具有一定市场影响力的竞争对手作为对标对象。最后，通过对对标对象的分析和比较，找出其优缺点，为制定具体的对标扩展定位策略提供依据。

在选取对标对象时，实体门店需要关注那些与自己有相似目标客户群体、市场定位相近的竞争对手。这样，门店可以更容易找到对标对象在经营、服务、产品等方面的优缺点，从而为自己的对标扩展定位策略提供有益的参考。

（三）制定具体对标扩展定位策略

实体门店需要制定具体的对标扩展定位策略。首先，根据对标对象的优缺点，确定门店需要提升和改进的部分。其次，根据目标客户的需求特点，确定门店的定位和发展方向。最后，制订具体的实施计划，包括产品升级、服务优化、营销策略调整等方面。

在制定对标扩展定位策略时，实体门店需要注重创新性和差异化。通过引入新技术、新产品、新服务，提升门店的竞争力，满足目标客户的多元化需求。同时，门店还需要关注市场趋势和行业发展动态，及时调整对标扩展定位策略，以适应不断变化的市场环境。

此外，实体门店在制定对标扩展定位策略时还需要注意保持品牌一致性。对标扩展定位不是完全模仿对标对象，而是要在保持自身品牌特色的基础上，吸收对标对象的优点，形成独具特色的定位。这样既能提升门店的竞争力，又能保持品牌的独特性和辨识度。

总之，通过这些步骤的实施，实体门店可以更加精准地定位自身的发展方向，提高竞争力和市场地位，实现可持续的增长和发展。

六、对标扩展定位在具体门店中的应用

（一）某连锁超市通过对标扩展定位实现销量提升

近年来，随着消费者购物行为的日益多样化，超市行业的竞争变得越发激

烈。面对市场变革，某连锁超市通过运用对标扩展定位策略，成功实现了销量的提升。

该超市首先明确了自己的目标客户群体——注重生活品质的家庭。在分析竞争对手的优劣势之后，它选择了一家在业内具有较高知名度和口碑的超市作为对标对象。这家对标超市的产品品质、服务质量以及门店环境等方面均表现出色，深受消费者喜爱。

该超市制定了具体的对标扩展定位策略。它首先借鉴对标超市的产品陈列方式，对自家超市的货架布局进行了优化，使消费者能够更加方便地找到所需商品。同时，它还借鉴对标超市的促销策略，推出了一系列针对目标客户的优惠活动，吸引了大量消费者的关注。

此外，该超市还注重提升服务质量。它借鉴对标超市的客服体系，建立了完善的顾客反馈机制，并根据顾客的意见和建议进行持续改进。同时，它还加强了对员工的培训，提高了员工的业务水平和服务态度，为消费者提供了更加优质的购物体验。

通过对标扩展定位策略，该超市成功吸引了大量消费者的关注，实现了销量的显著提升。如今，该超市已经成为当地消费者购物的首选，其品牌知名度和市场份额均得到了大幅提升。

（二）某服饰品牌门店运用对标扩展定位扩大市场份额

某服饰品牌在面对市场竞争压力时，通过对标扩展定位策略的运用，成功地扩大了市场份额。

该服饰品牌明确了其目标客户群体——追求时尚潮流的年轻消费者。在深入分析了竞争对手的优劣势后，它选择了一家在市场上具有较高知名度的时尚服饰品牌作为对标对象。这家对标品牌以其独特的设计风格和良好的品牌形象赢得了年轻消费者的喜爱。

该服饰品牌制定了具体的对标扩展定位策略。它借鉴对标品牌的设计理念，不断推出符合年轻人审美需求的时尚新品。同时，它还通过加强广告宣传和推广活动，提高了品牌的知名度和曝光率。

此外，该服饰品牌还注重提升门店的购物体验。它借鉴对标品牌的门店设计风格，对自己的门店进行了重新装修和布局，营造更加舒适、时尚的购物环境。同时，它还加强了对员工的培训和管理，提高了员工的服务水平和专业素养。

通过这些措施，该服饰品牌成功吸引了大量年轻消费者的关注，并扩大了市场份额。如今，该品牌已经成为市场上备受关注的时尚服饰品牌之一，其销售额和品牌影响力均得到了大幅提升。

（三）某餐饮连锁品牌通过对标扩展定位提升品牌影响力

在竞争激烈的餐饮市场中，某餐饮连锁品牌通过对标扩展定位策略的运用，成功提升了品牌影响力。

该餐饮品牌明确了其目标客户群体——注重美食体验的消费者。在分析竞争对手时，它发现一家在市场上具有较高知名度和美誉度的餐饮品牌，在菜品口味、服务质量等方面都表现出色，便将其作为对标对象。

该餐饮品牌制定了具体的对标扩展定位策略。它借鉴对标品牌的菜品创新理念，不断研发出符合消费者口味的新菜品，并注重菜品的营养搭配和健康理念。同时，它还加强了对门店环境的改造和升级，营造更加舒适、优雅的用餐氛围。

此外，该餐饮品牌还注重提升服务质量。它借鉴对标品牌的服务标准，对员工进行了全面的培训和管理，确保每位员工都能为消费者提供热情、周到的服务。同时，它还通过举办各类活动和推出优惠政策等方式，吸引了更多消费者的关注和参与。

通过这些措施，该餐饮连锁品牌的品牌影响力得到了显著提升。越来越多的消费者开始关注并喜爱这个品牌，纷纷前来品尝其美食并分享给亲朋好友。如今，该品牌已经成为当地乃至全国知名的餐饮品牌之一。

第三节　小众需求定位

一、小众需求定位策略与门店经营

小众需求定位在门店经营中扮演着至关重要的角色。随着市场竞争的日益激烈，门店需要找到一种行之有效的方式来吸引消费者。而小众需求定位正是一种能够实现这一目标的重要策略。

首先，小众需求定位有助于门店形成独特的品牌形象。在大众市场饱和的情况下，通过挖掘并满足小众群体的特定需求，门店可以塑造出与众不同的品牌形象。这种独特的品牌形象不仅能够吸引目标消费者，还能够增强门店的辨识度，从而提高品牌的知名度和美誉度。

其次，小众需求定位有助于门店实现差异化竞争。在竞争激烈的市场环境中，门店如果仅仅依靠大众市场的需求进行经营，很难形成明显的竞争优势。而小众需求定位则能够使门店在某一细分领域内形成独特的竞争优势，从而避免与竞争对手陷入价格战的泥潭。这种差异化竞争的策略有助于门店在市场上树立独特的地位，赢得消费者的青睐。

要想发掘并把握小众需求定位机会，门店需要从以下四个方面入手。

首先，门店需要深入市场调研，了解消费者的需求和偏好。通过问卷调查、访谈等方式，门店可以收集到关于消费者需求的第一手资料。这些数据能够帮助门店了解消费者的购买习惯、消费观念以及对于产品或服务的期望。在收集到足够多的数据后，门店可以对这些数据进行深入的分析，从而发现小众需求的潜在机会。

其次，门店需要关注行业趋势和市场变化。随着社会的发展和技术的进步，消费者的需求也在不断变化。门店需要时刻关注行业的最新动态和市场趋势，以便及时发现并抓住小众需求定位的机会。例如，随着健康生活理念的普及，越来越多的消费者开始关注健康饮食和健身运动。对于经营餐饮或健身类门店的商家来说，关注这些趋势并据此调整自己的经营策略，将有助于更好地满足消费者的需求。

再次，门店还可以通过与消费者建立长期的互动关系来发掘小众需求定位机会。通过定期举办活动、建立会员制度等方式，门店可以与消费者建立紧密的联系，并了解他们的需求和反馈。这种互动关系不仅能够帮助门店及时发现问题并改进服务，还能够为门店提供宝贵的市场信息和灵感来源。

最后，门店还需要具备创新能力和敏锐的市场洞察力，能够及时发现并抓住市场中的机遇和挑战，以在竞争激烈的市场中脱颖而出。

二、小众需求定位策略在不同行业的应用

（一）美容行业：小众需求定位助力品牌发展

1. 知名品牌如何运用小众需求定位实现差异化

近些年，美容行业的知名品牌纷纷通过小众需求定位来实现差异化，以吸引

更多消费者。其中，某知名品牌便通过深入挖掘小众需求，成功塑造了独特的品牌形象。

该品牌在市场调研中发现，有一部分消费者对于天然、有机的美容产品有浓厚的兴趣，但市场上的产品大多未能满足这一需求。因此，该品牌决定针对这一小众市场，推出以天然有机成分为主的美容产品系列。

为了打造差异化优势，该品牌不仅严格筛选有机原料，还注重产品的包装设计和营销策略。在产品设计上，该品牌采用了简约而高雅的风格，以突出产品的天然、环保特点；在营销策略上，该品牌通过线上线下多渠道宣传，强调产品的独特性和健康理念，吸引了大量对天然有机美容产品感兴趣的消费者。

通过小众需求定位，该品牌成功实现了差异化，提升了品牌形象和市场份额。

2. 美容门店如何利用小众需求定位提升服务品质

美容门店作为直接接触消费者的场所，利用小众需求定位提升服务品质尤为重要。当前，一些具有前瞻性的美容门店已经做出了尝试并取得了良好效果。

首先，美容门店需要对目标客户群体进行深入分析，了解他们的需求和偏好。例如，有些消费者可能对定制化美容服务有较高需求，希望门店能够提供个性化的护肤方案和定制化美容产品。针对这一需求，门店设立了专门的定制化服务区域，提供个性化护肤咨询和产品推荐，以满足消费者的个性化需求。

其次，美容门店通过引进特色疗法和技术来提升服务品质。例如，近年来，面部SPA、微针美塑等特色疗法在美容行业逐渐兴起，受到越来越多消费者的青睐。美容门店结合自身定位和市场需求，引进和推广适合的特色疗法，以吸引更多消费者前来体验。

最后，美容门店通过提供个性化会员服务来增强与消费者之间的联系。例如，根据消费者的消费记录和喜好，为其提供个性化的优惠活动和产品推荐；设立会员专享区域，提供更为私密和舒适的美容服务体验。

通过利用小众需求定位提升服务品质，美容门店不仅能够吸引更多消费者，也能够提升客户满意度和忠诚度，从而实现可持续发展。

3. 顾客反馈与市场需求变化对定位策略的影响

在美容行业中，顾客反馈与市场需求变化对定位策略的影响不可忽视。随着时代的进步和消费者需求的不断变化，品牌和门店需要密切关注市场动态和顾客反馈，及时调整定位策略以适应市场变化，并提升竞争力。

顾客反馈是调整定位策略的重要依据。通过收集和分析顾客的反馈意见，品牌和门店可以了解消费者的真实需求和期望，进而调整产品和服务以更好地满足消费者的需求。例如，如果顾客对某个产品的效果表示不满意或提出改进建议，品牌和门店可以针对这些问题进行改进和优化，从而进一步提升产品的品质和口碑。

（二）养生行业：小众需求定位引领健康潮流

1. 养生品牌如何通过小众需求定位满足消费者健康需求

在养生行业，小众需求定位的重要性越发明显，它为品牌提供了一个满足特定消费群体健康需求的机会。这种定位不仅使品牌与众不同，还能够准确切中市场脉搏，赢得消费者的青睐。

首先，养生品牌需要深入了解目标消费者的健康需求。通过市场调研和数据分析，品牌可以洞察消费者在不同年龄段、职业、生活习惯等方面的差异，并据此推出满足不同需求的产品或服务。例如，针对年轻白领群体，品牌可以推出方便携带、易于食用的养生食品，满足他们在快节奏生活中的健康需求；而对于中老年群体，品牌则可以注重产品的滋补效果，帮助他们改善身体状况，提升生活质量。

其次，养生品牌还需要在产品开发和创新方面下功夫。针对小众需求定位，品牌应该根据消费者的实际需求和健康标准，设计和研发符合这些特定需求的养生产品或服务。通过不断地迭代和更新，使产品始终保持市场竞争力，满足消费者日益增长的健康需求。

最后，养生品牌还需要注重品牌形象的塑造和传播。例如，打造独特的品牌形象和理念，使消费者记住和认可品牌。同时，品牌还需要积极与消费者进行互动和沟通，了解他们的反馈和需求，不断优化产品和服务，提升品牌口碑和影响力。

2. 养生门店如何利用小众需求定位提升用户体验

养生门店作为消费者直接接触和体验养生服务的场所，其小众需求定位对于提升用户体验至关重要。通过精准把握消费者需求，提供个性化的养生服务，养生门店可以赢得消费者的信任和忠诚。

首先，养生门店需要关注消费者的个性化需求。针对不同年龄、性别、身体状况等特征，门店可以提供定制化的养生方案，使消费者能够在享受服务的过程中感受到贴心的关怀和专业的指导。例如，针对有肥胖问题的消费者，门店可以提供专业的减重计划，如合理的饮食搭配和运动建议，帮助他们实现健康减重。

其次，养生门店还需要注重服务环境的营造。舒适、温馨的环境可以让消费者更加放松和愉悦地享受养生服务。门店可以通过精心布置空间、提供舒适的休息区域、播放舒缓的音乐等方式，营造出一个轻松愉悦的氛围，提升消费者的体验感受。

最后，养生门店还可以利用科技手段提升用户体验。例如，通过引入智能设备和技术，实现服务的智能化和便捷化；利用大数据分析消费者的行为和需求，为他们提供更加精准和个性化的服务。这些创新手段不仅可以提升用户体验，还可以为门店带来更多的竞争优势。

3. 小众需求定位对养生行业可持续发展的作用

小众需求定位对养生行业的可持续发展具有重要意义。它不仅推动了养生行业的创新和发展，还为养生品牌和门店创造了更多的商业机会和更大的利润空间。

首先，小众需求定位可以促进养生行业的创新和升级。随着消费者需求的不断变化和升级，养生行业需要不断地推陈出新，满足市场的多样化需求。通过小众需求定位，养生品牌和门店可以深入挖掘消费者潜在的健康需求，开发更加符合市场趋势的产品和服务，从而推动行业的持续创新和升级。

其次，小众需求定位可以帮助养生品牌和门店赢得竞争优势。通过满足特定消费群体的健康需求，养生品牌和门店可以与消费者建立起紧密联系和信任关系，从而提高品牌影响力和市场占有率，形成独特的竞争优势。

最后，小众需求定位还有助于提高整个养生行业的服务质量和水平。通过深入挖掘和满足消费者的个性化需求，养生门店可以不断改进和完善自身的服务体系和标准，提高服务质量和水平。这不仅可以提高消费者的满意度和忠诚度，还可以推动整个行业向着更加专业化和规范化的方向发展。

（三）服装行业：小众需求定位彰显品牌个性

1. 服装品牌如何通过小众需求定位凸显特色与创意

服装品牌通过小众需求定位来凸显特色与创意是一个有效的市场策略。这要求品牌深入挖掘并理解目标消费群体的独特需求，通过独特的设计、面料选择、风格定位等，推出与众不同的服装产品。

首先，服装品牌需要对市场进行细致的分析，了解消费者的消费习惯、审美偏好以及生活方式等。在此基础上，品牌可以锁定某些小众但具有潜力的消费群体，比如对环保有着强烈追求的消费者、对传统文化有深厚情感的消费者等。

其次，品牌需要根据目标消费群体的需求进行有针对性的设计。具体包括款式、颜色、图案、面料等多个方面。例如，针对环保消费者，品牌可以选择可再生或可降解的材料，并采用环保的生产工艺；针对传统文化爱好者，品牌可以将传统元素与现代设计相结合，推出具有独特韵味的服装产品。

最后，品牌还需要通过有效的营销手段来宣传自己的小众定位。具体包括社交媒体营销、线下活动、跨界合作等多种方式。通过与目标消费群体建立情感连接，品牌可以进一步巩固自己的小众定位，并在市场中形成独特的品牌形象。

2. 服装门店如何利用小众需求定位满足消费者个性化需求

服装门店作为直接接触消费者的终端环节，在利用小众需求定位满足消费者个性化需求方面扮演着重要角色。门店需要根据品牌的小众定位，为消费者提供个性化的购物体验和服务。

首先，门店可以通过精准的市场定位和差异化经营来吸引目标消费群体。具体包括选址、店面设计、陈列布置等多个方面。例如，针对年轻消费群体的门店应开设在时尚街区或购物中心，店面设计应充满活力和创意，陈列布置应突出个性和时尚感。

其次，门店需要提供个性化的服务来满足消费者的需求。具体包括专业的咨询、搭配建议、定制服务等。门店员工需要了解品牌的小众定位和产品特点，能够根据消费者的需求和偏好提供专业的建议和帮助。同时，门店还可以提供定制服务，根据消费者的身材、喜好和场合需求，为其量身打造独特的服装产品。

最后，门店还可以通过举办时装秀等活动来扩大品牌知名度和影响力。这些活动可以吸引更多的消费者关注品牌，宣传品牌的小众定位和产品特点，从而增加消费者的购买意愿和忠诚度。

3. 小众需求定位对服装品牌竞争力提升的作用

小众需求定位对服装品牌竞争力的提升具有重要作用。通过针对特定消费群体进行精准定位和差异化经营，品牌可以在激烈的市场竞争中形成独特的竞争优势。

首先，小众需求定位有助于品牌形成独特的品牌形象和市场定位。在消费者心目中，品牌不再是一个模糊的概念，而是一个具有鲜明个性和特色的实体。这有助于品牌在市场中树立良好的口碑和形象，提高消费者对品牌的认知度和好感度。

其次，小众需求定位有助于品牌深入挖掘消费者需求，提供个性化的产品和服务。这不仅可以满足消费者的个性化需求，也可以为品牌创造更多的销售机会和市场份额。

最后，小众需求定位还有助于品牌与竞争对手形成差异化竞争。在市场竞争日益激烈的今天，差异化竞争是品牌取得成功的重要手段之一。通过小众需求定位，品牌可以在市场中找到自己的独特位置，避免与竞争对手进行价格战或同质化竞争，从而实现可持续发展和长期盈利。

（四）餐饮行业：小众需求定位打造特色餐饮体验

1. 餐饮品牌如何通过小众需求定位提升餐饮服务水平

在当今餐饮市场竞争激烈的环境下，餐饮品牌必须找到独特的定位，才能吸引并留住消费者。而小众需求定位正是一种有效的策略，能够帮助餐饮品牌提升餐饮服务水平，提高顾客的满意度和忠诚度。

首先，餐饮品牌需要对目标市场进行深入的研究和分析，了解消费者的喜好、需求和痛点。通过分析消费者的年龄、性别、职业、收入等特征，以及他们的餐饮消费习惯、口味偏好等信息，餐饮品牌可以精准定位小众市场，并为这些消费者提供个性化的服务。

其次，餐饮品牌可以针对小众需求开发独特的菜品和饮品。通过对小众市场的深入了解，餐饮品牌可以推出符合这些消费者口味和需求的菜品，满足他们的特殊饮食需求。例如，针对健康饮食的潮流，餐饮品牌可以研发低油、低盐、高纤维的菜品；针对素食主义者的需求，可以推出多种素食菜品和饮品。

最后，餐饮品牌还可以通过提供个性化的服务来提升服务水平。例如，针对有特殊饮食需求的消费者，提供定制化的菜单和服务；针对追求独特体验的消费者，提供独特的用餐环境和服务流程。这些个性化的服务可以让消费者感受到餐饮品牌的用心和关怀，提高他们对品牌的满意度和忠诚度。

2. 餐饮门店利用小众需求定位实现特色化经营的策略

小众需求定位不仅有助于提升餐饮门店的餐饮服务水平，还能帮助餐饮门店实现特色化经营。特色化经营是餐饮门店在市场中脱颖而出的关键，小众需求定位则是实现特色化经营的重要手段。

首先，通过小众需求定位，餐饮门店可以精准营销，扩大影响力。利用社交媒体、线上平台等渠道，针对小众市场进行精准营销和推广。通过分享特色菜品、举办主题活动、提供优惠活动等方式，吸引目标消费者的关注和参与，从而提高门店的知名度和影响力。

其次，强化社群运营，构建深度互动。通过建立粉丝群、举办线下活动等方式，餐饮门店可以与目标消费者建立更为紧密的关系，了解他们的真实需求和反馈，进而优化产品和服务。这种深度互动不仅能够提高消费者的忠诚度，还能为餐饮门店带来更多的口碑传播。

最后，持续创新，保持差异化优势。小众市场需求多变，餐饮门店应紧跟市场趋势，不断创新产品和服务，以满足消费者日益增长的多样化需求。只有持续的创新和改进，餐饮门店才能够保持差异化优势，才能在激烈的市场竞争中立于不败之地。

3. 小众需求定位对餐饮品牌形象塑造的作用

小众需求定位在餐饮品牌形象塑造中发挥着至关重要的作用。它不仅能增强餐饮门店的品牌特色，还能提高品牌的知名度和美誉度。

首先，小众需求定位有助于突出餐饮门店的品牌特色。通过深入挖掘小众市场的特点和需求，门店可以打造出具有独特魅力的品牌形象。这种独特的品牌形象能够吸引目标消费者的注意，使他们在众多餐饮品牌中选择门店作为用餐地点。

其次，小众需求定位有助于提升门店的知名度和美誉度。通过满足小众市场的特殊需求，门店可以赢得消费者的好评和口碑。这些好评和口碑会进一步传播开来，吸引更多潜在消费者。同时，餐饮门店还可以通过社交媒体等渠道进行宣传和推广，扩大品牌知名度和影响力。

最后，小众需求定位有助于提高顾客对餐饮门店的忠诚度。通过提供符合小众市场需求的产品和服务，餐饮门店可以赢得消费者的信任和忠诚。这些忠诚的消费者会长期支持门店的发展。他们不仅会频繁光顾门店，还会为门店带来更多的新客户，促进门店业务的持续增长。

三、小众需求定位策略在具体门店的应用实例

（一）美容门店精准定位小众需求，实现差异化竞争

近年来，随着消费者对个性化美容需求的日益增强，某美容门店成功运用小众需求定位策略，实现了差异化竞争。该美容门店注重深入分析目标客群的需求特点，从不同年龄、肤质等维度进行精准定位。例如，针对敏感肌肤的消费者，美容门店推出了独特的敏感肌护理项目，使用温和的护肤产品和专业的护理手法，帮助消费者改善肌肤问题。同时，门店还针对油性、干性等不同肤质推出了一系列定制化的美容服务，满足了消费者的个性化需求。

此外，该美容门店还注重创新服务方式和提升顾客体验。该美容门店引进先进的美容设备和技术，结合专业的美容师团队，为消费者提供舒适、高效的美容服务。该美容门店还定期举办美容知识讲座、互动体验活动等，加强与消费者的互动和沟通，提升品牌形象和顾客忠诚度。

通过精准定位小众需求和不断创新服务方式，该美容门店在竞争激烈的市场中脱颖而出，实现了差异化竞争。其成功的经营策略也为其他美容门店提供了有益的借鉴和参考。

（二）养生门店创新服务方式，满足小众健康需求

随着人们对健康的重视程度不断提高，养生行业逐渐成为市场热点。某养生

门店通过创新服务方式，成功满足了小众健康人群需求，赢得了消费者的青睐。

该门店针对不同年龄、性别、体质等客户群体，推出了一系列个性化的养生项目。例如，针对亚健康状态的消费者，该门店推出了全身经络疏通、中医推拿等特色服务，通过专业的手法和技术帮助消费者改善身体状况。同时，该门店还注重结合传统中医文化和现代科技手段，推出一系列具有创新性的养生产品，如智能按摩椅、草本茶饮等，满足了消费者的多元化需求。

此外，该门店还注重提升顾客体验和服务质量。该门店引进了先进的服务管理系统，通过预约、会员制度等方式，为消费者提供更加便捷、个性化的服务。该门店还定期举办养生知识讲座、健康咨询活动等，增强了消费者的健康意识。

通过创新服务方式和满足小众健康人群需求，该门店在市场中树立了良好的口碑和形象，吸引了大量忠实客户。

（三）服装门店注重个性化设计，吸引年轻消费者

在服装行业，个性化设计已经成为吸引年轻消费者的关键要素。某服装门店通过注重个性化设计，成功吸引了大量年轻消费者的关注和喜爱。

该服装门店在服装设计上充分融入潮流元素和创新思维，推出多款独具特色的服装款式。无论是款式、色彩还是材质的选择，都充分考虑了年轻消费者的审美需求和个性特点。同时，门店还注重与时尚品牌合作，引入流行的服装款式和元素，为消费者提供多元化的选择。

此外，该服装门店还注重提升购物体验和营造品牌形象。该服装门店通过时尚的装修风格和舒适的购物环境，吸引消费者的目光；定期举办时尚秀、新品发布会等活动，加强与消费者的互动和沟通，从而提升品牌形象和知名度。

通过注重个性化设计和提升购物体验，该服装门店已成功成为市场中备受瞩目的品牌之一。

（四）餐饮门店打造特色菜品，提升顾客满意度

特色菜品是餐饮门店吸引顾客和提升满意度的重要手段。某餐饮门店通过打造特色菜品，成功地吸引了顾客的青睐。

该门店注重挖掘地方特色食材和烹饪技法，推出了多款独具特色的菜品。这些菜品不仅口感鲜美、营养丰富，还充分融合了地域文化和传统风味，满足了消

费者的味蕾需求。同时，该门店还注重菜品研发和推广，不断推出新颖、独特的菜品，吸引消费者的关注。

此外，该门店还注重提升服务质量和营造良好的用餐环境。门店采用优质的服务理念和高效的服务流程，为消费者提供舒适、愉快的用餐体验。门店还注重与消费者的沟通和互动，及时解决问题，以提高顾客的满意度和忠诚度。

通过打造特色菜品和提升服务质量，该门店已成为市场中备受推崇的品牌之一。

综上所述，未来实体门店经营中小众需求定位将呈现出更加精准、个性化的趋势，同时也将面临更大的竞争和挑战。因此，实体门店需要不断提升自身的创新能力和市场敏感度，以更好地满足消费者的小众需求，实现可持续发展。

第四节　筛选身份定位

一、确定目标客户群体与定位

在实体门店的经营过程中，了解门店的特点和核心优势是至关重要的。我们需要对门店的地理位置、面积、装修风格、产品种类以及服务质量等进行全面分析。这些因素共同构成了门店的整体特征，是我们确定目标客户群体的重要依据。

首先，我们可以从多个维度挖掘核心优势。例如，如果门店位于繁华的商业街或人流量大的区域，那么位置优势便是一大核心竞争力；如果门店的产品质量高、价格合理且种类丰富，那么，物美价廉便是吸引顾客的重要因素；如果门店人员的服务态度热情周到，能够给顾客带来良好的购物体验，那么良好的服务便是优势。

其次，我们需要进一步确定目标客户群体的特征。具体包括年龄、性别、职业、收入水平、消费习惯以及生活方式等方面。例如，以一家专注于中高端家居用品的实体门店为例，其目标客户群体是30~50岁的中高收入人群，他们注重生活品质，追求时尚与舒适并重的家居环境。同时，他们可能具有较高的文化素养和审美水平，对家居用品的设计和材质有着较高的要求。

最后，我们还需了解消费者的消费心理和购买决策过程。这有助于我们更加精准地把握他们的需求，从而制定出更加有效的营销策略。

二、精准筛选客户身份与需求

（一）客户数据收集与整理

在实体门店经营中，精准筛选客户身份与需求是打造长期客户群的关键环节。为了实现这一目标，必须收集并整理客户数据。

客户数据包括但不限于客户的基本信息、购买记录、反馈意见等。这些信息可以通过门店的会员系统、收银系统、客户调研等多种渠道进行收集。在收集过程中，要确保数据的准确性和完整性，避免遗漏或重复。

收集到客户数据后，还需要进一步的整理和分析。具体包括对数据进行分类、汇总和可视化处理，以便更好地了解客户的特征和需求。通过数据整理，我们可以发现客户的购买习惯、偏好以及消费能力等信息，为后续的客户筛选和制定营销策略提供有力支持。

（二）客户身份特征识别与分类

识别客户身份特征并进行分类也是重要的环节。客户身份特征包括年龄、性别、职业、收入水平、地域分布等多个方面。这些特征可以帮助我们更好地了解客户，从而制定出更符合他们需求的营销策略。

根据客户的身份特征，我们可以将客户划分为不同的类型，如高端客户、中端客户、大众客户等。不同类型的客户在消费能力和消费习惯上存在差异，因此需要采用不同的营销手段来满足他们的需求。例如，对于高端客户，我们可以提供更加个性化的服务和定制化的产品；对于大众客户，我们可以推出更加实惠的价格和促销活动。

此外，我们还可以根据客户的购买历史和行为特征进行细分。例如，对于经常购买某一类产品的客户，我们可以推荐相关的产品或服务；对于喜欢参与门店活动的客户，我们可以邀请他们参加多元的线下活动。通过细分客户，我们可以更加精准地满足客户的需求，提高客户满意度和忠诚度。

（三）客户需求分析与匹配

深入分析客户需求，并将其与门店的产品和服务进行匹配，也是不可或缺的环节。客户需求是客户购买行为的动力源泉，也是门店制定营销策略的重要依据。

客户需求分析包括两个方面：一是了解客户的显性需求，即客户直接表达出来的购买意愿和期望；二是挖掘客户的隐性需求，即客户未明确表达但可能存在的潜在需求。通过交流和互动，我们可以更好地了解客户的需求，并在产品和服务中进行优化和改进。

在需求分析的基础上，我们需要将客户的需求与门店的产品和服务进行匹配。具体包括根据客户的消费能力和偏好调整产品结构、优化价格策略、完善售后服务等方面。通过匹配客户需求，我们可以提高客户的购买意愿和满意度，从而增强客户与门店之间的黏性。

同时，我们还需要关注市场动态和竞争态势，及时了解客户需求的变化和趋势。通过不断调整和优化营销策略，保持市场竞争优势，打造长期稳定的客户群。

三、筛选身份定位在不同门店的案例分析

（一）知名餐饮连锁品牌

1. 案例背景介绍

近年来，某知名餐饮连锁品牌凭借其出色的经营策略和独特的品牌形象，成功吸引了大量忠实客户。该品牌起源于传统中国菜系，通过不断创新和改进，逐渐发展成为融合中西餐饮文化的综合性餐饮品牌。其门店遍布全国各大城市，并拥有众多忠实的消费者群体。

该品牌始终坚持以顾客为中心的经营理念，注重提升客户体验和服务质量。在经营过程中，该品牌敏锐地捕捉到目标客户的需求变化，并结合市场趋势和竞争态势，不断调整和优化经营策略。其中，筛选身份定位成为该品牌打造长期客户群的关键一环。

2. 筛选身份定位的实践应用

该品牌在客户身份识别方面，采用了一套科学有效的方法。首先，通过收集和分析客户数据，包括消费记录、口味偏好、消费频率等，对客户进行初步筛选。其次，根据客户的消费能力和消费习惯，将客户划分为不同的层次，如普通客户、VIP客户、会员客户等。

针对不同层次的客户，该品牌提供了差异化的服务和优惠政策。对于普通客户，提供基本的餐饮服务和优惠折扣；对于VIP客户，则提供更高级别的服务，如私人定制菜单、专属座位等；对于会员客户，则提供积分兑换、会员日特权等。

在筛选身份定位的基础上，该品牌还开展了精准营销和品牌传播活动。通过线上平台，如官方网站、社交媒体等，该品牌定期发布新品、促销活动等信息，以吸引目标客户群体的关注。同时，该品牌还与电商平台合作，开展线上销售和外卖服务，进一步扩大品牌影响力。

此外，该品牌还注重线下活动的组织和推广。例如，在门店举办特色主题活动，邀请知名厨师进行现场烹饪演示，提供互动体验等，让客户更深入地了解品牌文化和产品特色。

3. 成效分析与经验总结

通过筛选身份定位的实践应用，该品牌取得了显著的成效。首先，客户群体的忠诚度和满意度得到了显著提升，回头客比例明显增加。其次，该品牌的营业收入和市场份额也实现了稳步增长，品牌知名度和美誉度得到了进一步提升。

此外，通过精准营销和品牌传播活动，该品牌还吸引了大量潜在客户的关注和转化，为品牌的长远发展奠定了坚实的基础。

该品牌通过筛选身份定位的实践应用，成功打造了长期稳定的客户群。其成功经验可以概括为以下几点。

一是客户身份识别与分类的准确性：通过科学的客户数据分析和挖掘，准确识别客户身份特征，实现精准定位。

二是差异化服务的实施：针对不同层次的客户提供差异化的服务和优惠政策，满足客户的个性化需求。

三是精准营销与品牌传播的有效性：通过线上线下的营销活动，实现精准触达目标客户群体，提高品牌知名度和美誉度。

该品牌的成功经验对其他餐饮企业具有借鉴意义。在日益激烈的市场竞争中，餐饮企业需要不断创新和改进，以提升客户满意度和忠诚度。通过筛选身份定位并实施差异化服务和精准营销策略，餐饮企业可以更好地满足客户需求，提高市场竞争力，实现可持续发展。

（二）大型超市零售门店

1. 案例背景介绍

本案例涉及的是一家位于城市核心商业区的大型超市零售门店。该超市拥有数万平方米的营业面积，涵盖食品、日用品、家居用品等多个品类，是当地居民购物的重要场所。近年来，随着市场竞争的加剧和消费者需求的多样化，该超市面临客户流失、销售额下滑等困境。为了改变这一局面，该超市开始实施实体门店经营中筛选身份定位的策略，打造长期稳定的客户群。

2. 筛选身份定位的实践应用

（1）客户数据收集与整理。该超市通过会员卡制度收集客户的购物信息，包括购买商品种类、购买频率、购物时间等。同时，还利用大数据分析技术，对客户的消费习惯进行挖掘和分析。在此基础上，该超市建立了客户数据库，将客户划分为不同的群体，如高价值客户、低频客户、新客户等。

（2）客户需求分析与匹配。针对不同客户群体，该超市进行了深入的客户需求分析。例如，对于高价值客户，该超市发现他们更注重品质和服务，因此提供了更多高端商品和定制化服务；对于低频客户，该超市则通过推送优惠信息和增加新品试用等方式，吸引他们增加购物频次。此外，该超市还针对不同年龄段的客户推出了差异化营销策略，如为年轻群体打造时尚、潮流的购物体验，为老年人提供更加便捷、舒适的购物环境。

（3）优惠政策的设计与实施。为了吸引目标客户，该超市设计了多样化的优惠政策。例如，针对高价值客户推出了积分兑换、会员专享折扣等活动；针对低频客户则提供满减、限时折扣等促销活动。同时，该超市还通过线上线下相结合的方式，将优惠政策推广给更多潜在客户。通过社交媒体、App推送等渠道，该超市及时将优惠信息传达给目标客户，吸引他们到店购物。

（4）客户体验优化。该超市注重提升客户体验，从购物环境、服务流程等方面进行优化。首先，该超市对店面布局进行了调整，使商品陈列更加清晰、易于查找；同时，还增加了自助结账系统、智能导购等现代科技应用，提高了购物效率。其次，该超市注重员工培训，提升员工的服务意识和专业技能水平，确保客户在购物过程中享受到满意的服务。

3. 成效分析与经验总结

经过一段时间的实践应用，该超市在筛选身份定位方面取得了显著的成效。销售额和客流量均实现了稳步增长，客户忠诚度和满意度也得到了提升。具体来说，高价值客户的消费额占比明显增加，低频客户的购物频次也有所提升。同时，新客户数量也在稳步增长，为超市带来了新的增长动力。

总结成功经验，该超市在筛选身份定位方面做到了以下几点：一是充分利用大数据分析工具，深入挖掘客户需求和行为特征；二是针对不同客户群体制定差异化的营销策略和优惠政策；三是注重客户体验的优化和提升，打造良好的购物环境。这些经验对于其他实体门店也具有一定的借鉴意义。

此外，该超市还意识到，筛选身份定位是一个持续的过程，需要不断更新和优化客户数据库和营销策略。未来，该超市将继续关注市场动态和客户需求变化，不断优化经营策略和服务模式，以保持竞争优势并实现可持续发展。

第五节　市场划分定位

一、市场划分定位策略概述

市场划分是指将整体市场划分为若干个具有不同需求和特征的子市场。每个子市场都具备独特的消费群体、购买行为和偏好，因而需要有针对性的市场营销策略。市场划分的目的是更好地了解不同消费者群体的需求，以便企业能更有效地满足消费者需求，并实现市场份额和盈利的最大化。

市场定位则是企业根据目标市场的需求和竞争态势，确定自身产品或服务在市场中的竞争地位和特色，塑造独特的市场形象。通过市场定位，企业能明确自身在市场中的竞争优势，与竞争对手形成差异化，从而吸引更多的目标客户。

市场划分与市场定位是相辅相成的，市场划分是为了更好地了解消费者需求，而市场定位则是根据消费者需求来确定企业在市场中的竞争地位和特色。

对于实体门店来说，市场划分定位具有重要意义。

首先，通过市场划分定位，门店能够更精准地识别目标消费群体，理解他们的需求和购买行为，进而制定有针对性的营销策略。例如，一家主打时尚潮流的服装门店，通过市场划分定位，可以将目标客户定位为追求时尚、注重品质的年轻人，从而在门店装修、商品陈列、促销活动等方面做出符合年轻人喜好的调整。

其次，市场划分定位有助于实体门店塑造独特的市场形象，形成差异化竞争。门店需要找到自身独特的卖点，来吸引消费者的注意力。通过市场划分定位，门店不仅能明确自身的竞争优势，也能突出自身的特色和价值。

最后，市场划分定位还有助于实体门店提高客户的满意度和忠诚度。通过深入了解目标客户的需求和偏好，门店可以提供更贴心、更个性化的服务，提升客户体验。同时，定位准确的门店更容易获得消费者的认可和信任，从而建立起长期稳定的客户关系。

总之，通过市场划分定位，门店可以更精准地识别目标客户；通过市场定位，门店可以塑造独特的市场形象，形成差异化竞争；通过提高客户满意度和忠诚度，门店可以进一步巩固市场份额，实现可持续发展。因此，实体门店应高度重视市场划分定位工作，不断提升自身的市场洞察力和竞争力。

二、实体门店市场划分方法与实践

（一）地理位置划分法及其应用

地理位置划分法是根据门店所在的地理位置，如商圈、街道、社区等进行市场划分。这种划分方法强调实体门店的地域特色，通过了解不同区域的人口密度、消费水平、消费习惯等因素，制定有针对性的市场策略。

在城市中，核心商圈往往聚集了大量的商业设施和消费者，消费水平高，竞争也相对激烈。因此，位于这些区域的实体门店需要更加注重品牌形象和差异化服务，以吸引消费者的目光。相比之下，一些社区或街道的商业环境可能相对较为安静，消费者群体也相对固定，门店需要加强与社区居民的沟通和互动，提升顾客黏性。

在实际应用中，地理位置划分法可以结合大数据分析等技术手段，对门店所在区域的消费者行为进行深入挖掘。通过收集消费者的购物记录、社交媒体信息、消费偏好等数据，更准确地识别出目标消费群体，为门店的市场定位提供有力支持。

（二）客户需求划分法及其应用

客户需求划分法是根据消费者需求的差异进行市场划分的，强调以消费者为中心，通过了解消费者的购物需求、消费心理和行为特征等因素，制定个性化的市场策略。

在实体门店经营中，不同的消费者群体往往有着不同的购物需求和消费习惯。例如，年轻消费者可能更加注重时尚和潮流，追求个性化的购物体验；而中老年消费者则可能更加注重实用性和品质保障，追求性价比高的产品。因此，门店需要根据不同消费者的需求特点，进行有针对性的商品陈列、促销活动和服务品质提升。

此外，客户需求划分法还可以结合问卷调查、访谈等市场调研手段，深入了解消费者的购物心理和行为特征。通过收集和分析这些信息，门店可以更加精准地把握消费者的需求变化，及时调整市场策略。

（三）竞争环境划分法及其应用

竞争环境划分法是根据门店所在市场的竞争态势进行市场划分的，强调对竞争对手的分析和比较，通过了解竞争对手的优势和劣势，制定有效的竞争策略。

在实体门店经营中，竞争环境是影响门店发展的重要因素之一。门店需要密切关注市场动态和竞争对手的动态，及时调整自身的市场策略。例如，当竞争对手推出新品或进行促销活动时，门店可以有针对性地调整自己的商品结构和促销方案，以吸引消费者；同时，门店还可以通过提供差异化服务、加强品牌形象建设等方法，提升自身的竞争优势。

此外，竞争环境划分法还可以结合 SWOT 分析（优势、劣势、机会、威胁）等管理工具，对门店的自身条件和外部环境进行全面评估。通过深入分析自身的 SWOT，门店可以制定出更加科学、合理的市场策略，为未来的发展提供有力保障。

综上所述，实体门店市场划分方法多种多样，门店需要根据自身的实际情况和市场环境选择适合的划分方法。同时，在实际应用中，门店还需要综合运用多种方法和技术手段，以更加准确地识别出目标消费群体，制定个性化的市场策略，提升市场竞争力。

三、市场划分定位策略在具体门店的应用

（一）星巴克的市场划分与定位

1. 星巴克的市场细分策略

星巴克作为全球知名的咖啡连锁品牌，其成功在很大程度上得益于精准的市场细分策略。星巴克根据消费者的年龄、性别、收入水平、职业特点、消费习惯以及生活方式等多个维度，将市场群体划分为多个细分市场群体。

首先，星巴克针对年轻白领和学生群体，推出了时尚、快捷的咖啡饮品以及舒适的休闲环境。这一细分市场群体注重品质和体验，星巴克通过提供高品质的咖啡和舒适的消费环境，满足了他们的需求。

其次，星巴克针对商务人士和高端消费者，推出了更加精致、高端的咖啡饮品和服务。这一细分市场群体注重品位和形象，通过提供个性化的定制服务以及在重要商业地段设立门店，树立了品牌形象。

最后，星巴克还根据不同地区和国家的文化背景和饮食习惯，调整产品和服务的推出方式，以满足不同细分市场群体的需求。这种灵活多变的市场细分策略，使星巴克在全球范围内实现快速扩张和持续发展。

2. 星巴克的品牌定位与市场定位

星巴克的品牌定位是高端、时尚、品质。它强调咖啡的品质和文化内涵，通过提供高品质的咖啡和舒适的消费环境，塑造独特的品牌形象。

在市场定位方面，以中高端市场作为其主要目标市场。它注重消费者的体验和感受，通过提供个性化的服务和产品，满足消费者的情感和精神需求。

星巴克在品牌定位和市场定位方面取得的成功，不仅吸引了大量忠实粉丝，也提升了品牌知名度和美誉度，同时也为其在全球范围内的扩张提供了有力支持。

3. 星巴克的市场拓展与巩固

星巴克在市场拓展方面采取了多种策略。首先，它通过加盟和直营相结合的方式快速扩张，覆盖了全球多个国家和地区。其次，星巴克积极开发新产品和服务，以满足不同消费者的需求。例如，它推出了各种口味的咖啡饮品、烘焙食品

以及特色礼品等，吸引了消费者的关注和购买。

在巩固市场地位方面，星巴克注重提升品牌形象和服务质量。它通过提供高品质的咖啡和个性化的服务，赢得了消费者的信任和忠诚。同时，星巴克还积极开展品牌宣传和推广活动，提升品牌知名度和影响力。例如，它与知名品牌合作举办联合推广活动、邀请知名人士担任代言人等，有效地扩大了品牌的影响力和市场份额。

此外，星巴克还注重数字化转型和创新发展。它利用大数据和人工智能技术，提升了营销和服务效率。通过构建会员制度和提供数字支付等服务，星巴克实现了对消费者行为的精准分析和个性化推荐，进一步提升了消费者体验和忠诚度。

综上所述，星巴克通过精准的市场细分策略、独特的品牌定位和市场定位以及有效的市场拓展与巩固策略，成功地在全球范围内建立了强大的品牌形象。这些成功案例为其他实体门店提供了宝贵的经验和启示。

（二）海底捞的市场划分与定位

1. 海底捞的市场细分策略

海底捞作为一家知名的火锅连锁品牌，其在市场划分上展现了极高的智慧性和策略性。首先，海底捞根据地理位置进行了细致的市场细分。在选址方面，海底捞倾向在大型商业区、购物中心以及人流密集的街道开设门店，以满足不同消费群体的需求。其次，海底捞还针对不同城市的消费水平和饮食习惯，进行了差异化的门店布局和产品配置。最后，海底捞还注重从客户需求角度进行市场细分。通过对目标消费者的年龄、性别、职业、收入水平等方面的深入分析，海底捞将市场划分为多个细分市场，如家庭聚餐市场、商务宴请市场、朋友聚餐市场等。针对不同细分市场，海底捞提供了差异化的服务内容和产品组合，以满足不同消费群体的个性化需求。

2. 海底捞的品牌定位与市场定位

在品牌定位方面，海底捞始终秉持“服务至上、顾客至上”的理念，致力于打造一家具有特色和文化底蕴的火锅品牌。独特的装修风格、舒适的用餐环境以及贴心的服务体验，都是海底捞品牌的核心竞争力。通过不断提升服务质量和创新产品线，海底捞逐渐在消费者心中树立起了高品质、高价值的品牌形象。

在市场定位方面，海底捞主要定位于中高端市场，面向具有一定消费能力的消费者群体。通过提供高品质的产品和服务，海底捞满足了消费者对美食和舒适用餐体验的追求。同时，海底捞还通过不断推出新菜品、创新服务方式等举措，吸引消费者的关注和喜爱。

3. 海底捞的个性化服务与市场拓展

海底捞的成功离不开其独特的个性化服务。在海底捞用餐时，消费者可以享受到无微不至的关怀和贴心的服务。从点餐到上菜，从用餐到结账，每一个环节都有服务员悉心照料。此外，海底捞还提供了许多个性化的服务，如美甲、擦鞋等，让消费者在享受美食的同时，也能感受到家的温馨和舒适。

在市场拓展方面，海底捞采取了积极的扩张战略。除了在国内市场不断开设新的门店外，还积极拓展海外市场，将品牌推向全球。通过与当地文化的融合和创新，海底捞成功吸引了海外消费者的关注和喜爱。同时，海底捞还注重与线上平台的合作，通过线上预订、外卖等方式拓展销售渠道，进一步提升品牌知名度和影响力。

综上所述，海底捞通过精准的市场细分策略、独特的品牌定位和市场定位以及个性化的服务体验，成功打造了一家具有影响力和竞争力的火锅品牌。其成功的经验对于其他实体门店来说具有重要的借鉴意义和价值。

四、实体门店市场定位的关键因素

（一）准确识别目标消费群体

在实体门店的市场定位中，准确识别目标消费群体是至关重要的一步。一家门店要想在市场上获得竞争优势，就必须清晰地知道它的产品或者服务是针对哪一类消费者的。这需要我们进行市场调研，收集消费者的年龄、性别、职业、收入、生活习惯等多方面的信息，以此为基础来划定目标消费群体。

比如，一家高端时尚品牌门店，它的目标消费群体可能是具有一定消费能力，追求时尚与品质，注重个人形象的中年人和年轻人。针对这类消费群体，门店在装修风格、产品陈列、服务水平等方面都应体现出品牌的独特性和品质感，以吸引和留住目标消费者。

（二）深度理解消费者需求

实体门店还需要深度理解消费群体的消费需求和趋势。具体包括对消费者的购买动机、购买习惯、消费心理等方面的研究以及对行业发展趋势的洞察。

（三）精准制定营销策略

实体门店需要精准制定营销策略与实施方案。具体包括产品策略、价格策略、渠道策略和推广策略等方面。

在产品策略方面，实体门店需要根据目标消费者的需求和偏好，选择合适的产品组合和产品线。同时，要注重产品的品质和特色，提升产品的市场竞争力。

在价格策略方面，实体门店需要根据产品的成本、市场需求和竞争状况，制定合理的价格，既要保证盈利空间，又要考虑消费者的接受程度。

在渠道策略方面，实体门店需要选择合适的销售渠道，如线上平台、门店直营、代理商等。同时，要注重渠道的拓展和维护，确保销售渠道的稳定和高效。

在推广策略方面，实体门店需要利用多种推广手段，如广告、促销、口碑营销等，来提升品牌知名度和影响力。通过精准制定营销策略和实施方案，实体门店可以吸引更多的目标消费者，提高销售业绩和市场地位。

综上所述，准确识别目标消费群体、深度理解消费需求与趋势以及精准制定营销策略与实施方案是实体门店市场定位的关键因素。只有这三个方面做到位，实体门店才能实现可持续发展。

五、市场划分定位在实体门店经营中的应用技巧

实体门店在经营过程中，市场划分定位并非一成不变，而是需要根据市场变化、消费者需求变化以及竞争态势的变化进行灵活调整。灵活调整市场划分定位策略，可以帮助实体门店更好地适应市场变化，实现可持续发展。

首先，实体门店应密切关注市场动态和消费者需求变化。市场变化包括经济周期、政策法规、社会习俗等多方面因素，消费者需求则可能因年龄、性别、收入水平、地域等因素产生差异。通过收集市场信息和进行消费者调查，实体门店可以及时了解市场动态和消费者需求变化，为市场划分定位提供有力支持。

其次，实体门店应根据市场变化灵活调整市场划分定位策略。例如，当市场需求向高品质、高附加值产品转移时，实体门店应及时调整产品定位，提升产品品质和服务水平；当竞争对手采取低价策略时，实体门店可以通过差异化竞争，提供更具特色的产品和服务来赢得市场。

品牌形象是实体门店在市场中塑造的独特标识，是消费者识别和记忆品牌的关键。强化品牌形象与差异化竞争，有助于实体门店在激烈的市场竞争中脱颖而出，吸引和留住消费者。

首先，实体门店应明确品牌定位和核心价值。品牌定位是指品牌在消费者心中的独特位置和形象，而核心价值则是品牌所追求和传达的核心价值理念。通过明确品牌定位和核心价值，实体门店可以为消费者提供更加明确、一致的品牌体验。

其次，实体门店应注重品牌形象的塑造和传播。具体包括门店装修风格、员工形象、广告宣传等多方面因素。通过精心设计的门店装修风格和专业的员工形象，实体门店可以营造出独特的氛围；而通过有效的广告宣传和推广活动，则可以扩大品牌知名度和影响力。

最后，实体门店需要注重差异化竞争。差异化竞争是指通过提供与竞争对手不同的产品和服务，满足消费者的特殊需求。通过不断创新与优化产品和服务，实体门店形成自己独特的竞争优势，吸引更多消费者关注。

客户满意度和忠诚度是实体门店经营成功的关键指标。提升客户满意度和忠诚度，不仅可以增加客户黏性，还可以降低营销成本，提高营利能力。

首先，实体门店应提供优质的产品和服务。优质的产品和服务是提升客户满意度和忠诚度的基础。通过不断提升产品质量和服务水平，实体门店可以赢得消费者的信任和认可。

其次，实体门店应注重客户体验。客户体验是消费者在购物过程中的整体感受，包括环境氛围、服务态度、购买便利性等多方面因素。通过营造良好的客户体验环境，实体门店可以吸引更多消费者前来购物。

最后，实体门店需要建立有效的客户关系管理系统。客户关系管理系统可以帮助实体门店更好地了解客户需求和消费习惯，提供个性化的服务和营销方案。通过定期与客户进行沟通和互动，实体门店可以巩固与客户之间的关系，提高客户满意度和忠诚度。

六、实体门店市场划分定位的重要性总结

通过对实体门店市场划分定位策略的深入研究及对成功案例的分析，我们深刻体会到其在经营中的重要性。

首先，市场划分定位有助于门店更好地了解消费者需求。通过细分市场，门店可以更加清晰地了解不同消费者的需求、偏好和消费习惯，从而有针对性地制定营销策略和提供个性化的服务。这种以消费者为中心的经营模式有助于提升消费者的满意度和忠诚度，为门店的稳定经营奠定基础。

其次，市场划分定位有助于门店提升品牌价值和市场竞争力。通过明确品牌定位和市场定位，门店可以在消费者心中建立起独特的品牌形象和认知。同时，通过与竞争对手的比较，门店可以找到自身的差异化竞争优势，从而制定更具针对性的营销策略。这种经营模式有助于门店在竞争中取得优势地位，提升品牌价值和增加市场份额。

最后，市场划分定位有助于门店拓展市场和应对变化。通过对市场的定位，门店可以发现新的市场机会和增长点，从而不断开拓市场。同时，当市场环境和消费者需求发生变化时，门店可以及时调整经营策略，以适应市场的变化。这种灵活性和适应性有助于门店在市场中保持竞争力并实现可持续发展。

总之，实体门店市场划分定位策略在经营中具有举足轻重的地位。它不仅是门店精准识别目标消费群体、提升品牌价值和市场竞争力的关键手段，也是门店拓展市场和应对变化的重要保障。实体门店应充分重视市场划分定位策略的制定和实施，以实现长期稳定的发展。

第六节 跨行业融合定位

一、跨行业融合定位策略概述

跨行业融合定位策略是指将不同行业的资源和优势进行有效整合，创造出一种全新的经营模式和服务体验。这种策略不仅有助于打破传统行业的界限，还能够实现资源共享、互利共赢的目标。通过跨行业融合定位，实体门店能够提供多元化、个性化的产品和服务，以满足消费者的多元化需求，提高门店的市场竞争力。

跨行业融合定位策略的优势主要表现在以下几个方面。

一是跨行业融合有助于门店吸引更多的潜在消费者。通过与其他行业的合作，门店能够借助对方的品牌影响力，吸引更多的目标客户群体。例如，服装品牌可以与咖啡厅合作，通过提供舒适的购物环境和美味的饮品，吸引更多消费者前来购物和休闲。

二是跨行业融合能够提升门店的服务质量和效率。通过与其他行业的合作，门店可以借鉴对方的先进管理经验和技术手段，提高自身的服务水平和运营效率。例如，零售店可以与物流公司合作，利用先进的物流技术实现快速配送和精准库存管理，从而提升顾客满意度和降低运营成本。

三是跨行业融合有助于门店实现资源共享和互利共赢。通过与其他行业合作，门店可以共享对方的资源、渠道和优势。例如，电影院可以与餐饮店合作，共同打造“观影＋餐饮”的复合式消费体验，从而吸引更多消费者并促进双方的收益增长。

二、实体门店跨行业融合的必要性

当前，实体门店面临诸多挑战，包括电商的冲击、消费者需求的多样化等。因此，跨行业融合定位策略对于实体门店来说十分重要。

跨行业融合有助于实体门店应对电商的冲击。随着电商的快速发展，越来越多的消费者选择在线购物，导致实体门店的客流量不断下滑。而通过跨行融合定位策略，实体门店可以与其他行业进行合作，共同打造线上线下相结合的购物体验，吸引更多消费者前来消费。

跨行业融合能够满足消费者日益多样化的需求。随着社会的不断发展和进步，消费者的需求也变得越来越多样化。他们不再满足于单一的购物体验，而是希望能够在购物的同时享受到更多的附加服务和体验。因此，实体门店需要与其他行业进行合作，提供多元化、个性化的产品和服务，以满足消费者的多元化需求。

总之，跨行业融合定位策略对于实体门店来说具有重要的现实意义和应用价值。实体门店需要不断探索和尝试与其他行业的合作方式，以实现跨行业融合定位的目标，提升自身的市场竞争力和可持续发展能力。

三、零售行业的跨行业融合定位案例

（一）星巴克与腾讯的跨行业合作

星巴克一直以其独特的咖啡文化和优质的消费体验吸引着无数消费者。在日益激烈的市场竞争中，星巴克也意识到跨行业融合的重要性，积极探索新的合作模式和定位策略。

近年来，星巴克与腾讯展开了一系列跨行业合作，将咖啡文化与科技力量相结合，为消费者带来全新的消费体验。双方在移动支付、会员体系、数据分析等领域展开深度合作，共同探索数字化零售的新模式。

通过与腾讯的合作，星巴克成功地实现了移动支付功能的全面覆盖，为消费者提供了更加便捷、高效的支付体验。同时，星巴克还借助腾讯的数据分析能力，对消费者行为进行深入挖掘和分析，为消费者提供更加个性化的服务。

在会员体系方面，星巴克与腾讯共同推出了联名会员卡，通过积分共享、优惠互享等方式，增强了会员的黏性和忠诚度。此外，双方还共同举办了多场线上线下活动，进一步提升了品牌的知名度和影响力。

星巴克与腾讯的跨行业合作不仅为消费者带来了全新的消费体验，也为星巴克品牌注入了新的活力。通过跨行业融合定位策略的实施，星巴克成功地拓宽了市场渠道，提升了品牌竞争力。

（二）优衣库与苹果公司的联合营销

优衣库一直以来都致力于为消费者提供高品质、时尚的设计产品。随着市场的不断变化和消费者需求的多样化，优衣库也在积极寻求跨行业合作的机会，以进一步提升品牌价值和市场竞争力。

近年来，优衣库与苹果公司展开了一系列联合营销活动，将服装与科技相结合，为消费者带来独特的购物体验。双方在产品设计、宣传推广等方面展开深度合作，共同打造了一系列备受瞩目的联名产品。

在产品设计方面，优衣库充分借鉴了苹果公司的设计理念和风格，将科技与时尚元素融入服装设计中，打造出既实用又美观的联名产品。同时，优衣库还利用苹果公司的智能设备技术，为消费者提供更加便捷、智能化的购物体验。

在宣传推广方面，优衣库与苹果公司共同举办了多场线上线下活动，通过社交媒体、电视广告等渠道进行广泛宣传。这些活动不仅提升了品牌的知名度和影响力，也吸引了大量年轻消费者的关注和参与。

优衣库与苹果公司的联合营销不仅为消费者带来了独特的购物体验，也为优衣库品牌注入了新的活力。通过跨行业融合定位策略的实施，优衣库成功地提升了品牌价值和市场竞争力，实现了销售业绩的稳步增长。

（三）宜家家居与餐饮行业的融合创新

宜家家居，以其简约、实用的设计风格和舒适的购物环境赢得了众多消费者的青睐。然而，在竞争激烈的家居市场中，宜家家居也在不断探索新的跨行业融合定位策略，以进一步提升消费者的购物体验。

近年来，宜家家居开始尝试与餐饮行业进行融合创新，将美食与家居购物相结合，为消费者提供一站式的消费体验。在宜家家居的商场内，除了丰富的家居产品外，还设置了各种美食餐厅和咖啡厅，为消费者提供舒适的用餐环境。

这些餐厅不仅有美味的餐点，还有宜家家居的设计理念，消费者在享受美食的同时，也能感受到宜家家居所倡导的生活方式。此外，宜家家居还通过举办各种美食活动，吸引消费者前来体验，进一步提升了品牌的知名度和影响力。

宜家家居与餐饮行业的融合创新不仅为消费者提供了一站式的消费体验，也为宜家家居注入了新的活力。通过跨行业融合定位策略的实施，宜家家居成功地吸引了更多消费者的关注和参与，提升了销售业绩和市场份额。

四、餐饮行业的跨行业融合定位案例

（一）海底捞与电商平台的跨界合作

海底捞，一直致力于提供优质的用餐体验。然而，随着市场竞争的加剧，单一的餐饮服务已难以满足消费者的多元化需求。为了进一步提升品牌影响力，海底捞开始寻求与电商平台的跨界合作。

在合作过程中，海底捞通过电商平台推出了线上订购、外卖配送等服务，不仅拓宽了销售渠道，还为消费者提供了更加便捷的用餐选择。同时，电商平台利用自身的大数据分析能力，为海底捞提供了精准的市场分析和消费者画像，帮助其更好地了解消费者需求，优化产品和服务。

此次跨界合作，使海底捞实现了线上线下的无缝对接，提升了品牌影响力。同时，电商平台也通过合作实现了业务的多元化拓展，实现了双方互利共赢。

（二）肯德基与电影院的联合推广

肯德基一直在寻求创新的市场推广方式。近期，肯德基与电影院联手推出了“观影套餐”活动。

活动期间，消费者在电影院购买指定电影票时，即可获得肯德基提供的优惠券或套餐。同时，肯德基也在其餐厅内设置了电影主题海报和宣传资料，吸引消费者前往电影院观影。

通过此次联合推广，肯德基成功地将品牌与电影文化相结合，提升了品牌的文化内涵。同时，电影院也借助肯德基的品牌影响力，吸引了更多观众前来观影，双方实现了品牌价值的共同提升。

（三）星巴克与服装品牌的合作新模式

星巴克一直致力于打造高品质的咖啡文化和用餐体验。然而，随着市场的波动，星巴克也在不断探索新的商业模式。

星巴克与一家知名服装品牌联手推出了“咖啡+时尚”的新模式。双方合作设计了一系列以咖啡文化为主题的服装，并在星巴克门店内设置了专门的展示区域，吸引消费者前来体验和购买。

通过此次合作，星巴克成功地将咖啡文化与时尚元素相结合，为消费者提供了全新的购物体验。同时，该服装品牌也借助星巴克的品牌影响力和消费者基础，拓展了市场渠道和销售渠道。

这种跨界合作的新模式不仅丰富了星巴克的业务形态，也为其带来了更多的商业机会和品牌价值。同时，它也为消费者提供了更加丰富和多元的用餐和购物体验，满足了他们对于生活品质的追求和期待。

总之，餐饮业的跨行业融合定位策略为品牌带来了更多的机遇和挑战。通过与不同行业的跨界合作，餐饮品牌可以实现业务的多元化拓展，提升品牌影响力和文化内涵，吸引更多消费者关注和购买。在未来，随着市场环境和消费者需求的不断变化，跨行业融合定位策略将成为餐饮业发展的重要趋势之一。

五、娱乐行业的跨行业融合定位案例

（一）迪士尼乐园与酒店的融合

迪士尼乐园一直致力于为游客提供全方位、多层次的娱乐体验。近年来，迪士尼乐园通过与酒店的融合，进一步丰富了游客的旅行体验。

迪士尼乐园不仅建造了特色鲜明的迪士尼酒店，还为游客提供了从酒店到乐园的一站式服务。游客在入住迪士尼酒店时，可以享受到与乐园主题相符的装修风格和舒适的住宿环境。此外，酒店还提供专属通道，方便游客快速进入乐园，节省了排队等候的时间。

迪士尼酒店还提供了丰富的娱乐活动。游客可以在酒店内参加各种主题派对、观看迪士尼电影、与迪士尼角色互动等，让旅程更加精彩纷呈。这种酒店与乐园的融合模式不仅吸引了大量的家庭游客，还为游客提供了一种全新的旅行方式。

迪士尼乐园与酒店的融合定位策略，不仅提升了游客的满意度和忠诚度，还为乐园带来了更多的收入来源。这种跨行业融合定位模式为娱乐业的发展提供了新的思路，也为其他行业提供了借鉴和参考。

（二）万达影城与电商平台的跨界营销

万达影城一直在不断探索新的营销方式。近年来，万达影城通过与电商平台的跨界合作，实现了营销模式的创新。

万达影城与电商平台合作，推出了在线购票、选座、优惠活动等一站式服务。观众可以通过电商平台购买电影票，并选择自己喜欢的座位。此外，电商平台还为观众提供各种优惠活动，如折扣券、满减优惠等，吸引更多的观众前来观影。

这种跨界营销方式不仅提高了万达影城的票房收入，还增加了电商平台的用户流量和销售额。同时，电商平台还通过大数据分析，为万达影城提供了更精准的观众画像和营销建议，帮助万达影城更好地了解观众需求，提升服务质量。

万达影城与电商平台的跨界营销定位策略，不仅实现了双方的互利共赢，还为娱乐业的发展带来了新的机遇和挑战。这种跨行业融合定位模式为其他行业提供了借鉴和参考，推动了娱乐业的创新发展。

（三）电影院与餐饮行业的互补性合作

电影院一直致力于提供舒适、便捷的观影环境。近年来，电影院开始与餐饮行业进行合作，实现互补性发展。

电影院与餐饮行业合作，推出了各种观影套餐和优惠活动。消费者在购买电影票的同时，可以享受到附近餐厅提供的餐饮优惠，或者在电影院内直接购买美食。这种合作模式不仅提升了消费者的观影体验，还增加了电影院的收入来源。

电影院与餐饮行业的互补性合作定位策略，不仅促进了双方的业务发展，也为消费者提供了更加多元化、个性化的服务体验。这种跨行业融合定位模式为娱乐业的发展注入了新的活力，也为其他行业提供了借鉴和参考。

六、服务行业的跨行业融合定位案例

（一）健身房与瑜伽馆的融合经营

在现代社会，随着健康意识的不断提高，越来越多的人选择前往健身房或瑜伽馆锻炼身体。为了吸引更多顾客，一些商家开始尝试将健身房与瑜伽馆进行融合经营，从而打造一种综合性的健身服务模式。

某知名健身房品牌便成功地将瑜伽馆纳入其经营范畴，实现了跨行业融合定位。这家健身房在原有的器械健身区域外，特意开辟出一片瑜伽专区，聘请专业瑜伽教练，教授从入门到进阶的各类瑜伽课程。顾客在健身房内不仅可以进行力量训练、有氧运动等器械训练，还能在瑜伽专区享受瑜伽带来的身心放松。

这种跨行业融合定位不仅丰富了健身房的服务内容，还使得健身房与瑜伽馆之间的顾客实现了共享。许多原本只去瑜伽馆的顾客，现在也会选择去健身房进行多样化的锻炼；同时，健身房的会员也可以尝试瑜伽课程，从而拓宽锻炼方式。通过融合经营，这家健身房的品牌影响力和市场竞争力都得到了显著提升。

（二）美发店与美容院的联合服务

美发店与美容院作为服务业的重要组成部分，一直以来备受关注。近年来，一些商家开始尝试将美发店与美容院进行联合服务，以提供更加全面、便捷的美容美发体验。

在一家集美发、美容、美甲等多项服务于一体的店铺内，顾客可以享受一站式的美容美发服务。这家店铺不仅提供传统的美发服务，如剪发、染发、烫发等，还引入了美容院的服务项目，如面部护理、身体按摩等。顾客在享受美发服务的同时，还可以顺便进行美容保养，大大提高了服务的便捷性和顾客的满意度。

这种跨行业融合定位不仅使得美发店与美容院之间实现了资源共享和优势互补，还提升了店铺的整体形象和品牌价值。顾客可以在一个舒适、温馨的环境中享受到全方位的美容美发服务，从而增强了对店铺的信任感和忠诚度。

（三）酒店与旅游公司的合作新模式

酒店和旅游作为旅游产业链上的重要环节，往往存在密切的联系。近年来，一些酒店开始与旅游公司进行合作，共同打造新的旅游服务模式，为顾客提供更加便捷、舒适的旅游体验。

某知名酒店品牌与一家旅游公司达成合作，共同推出了“酒店+旅游”的套餐服务。顾客在购买该套餐时，不仅能享受到酒店提供的住宿、餐饮等服务，还能获得旅游公司提供的景点门票、交通安排等旅游服务。这种一站式服务模式大大简化了顾客的旅游计划，提高了旅游的便利性。

此外，酒店和旅游公司还可以共享客户资源和信息，共同开展市场调研和营销策划，进一步提升双方的品牌影响力和市场竞争力。通过跨行业融合定位，酒店和旅游公司实现了双方互利共赢，共同推动了旅游产业的发展。

总之，服务业的跨行业融合定位案例不胜枚举。这些案例表明，通过跨行业融合经营，商家不仅可以丰富服务内容、提升顾客满意度，还可以实现资源共享和优势互补，从而增强自身的竞争力和提高品牌价值。未来，随着市场需求的不断变化和消费者需求的日益多样化，服务业的跨行业融合定位将成为一个重要的趋势和方向。

跨行业融合定位策略在实体门店的实践中，取得了显著的成效和积极的影响。首先，跨行业融合有助于丰富门店的服务种类，满足消费者的多元化需求。通过与其他行业的合作，门店可以引入新的产品和服务，扩大自身的经营范围，吸引更多的消费者前来体验。

其次，跨行业融合能够提升门店的品牌形象和市场竞争力。通过与知名品牌或行业领先者合作，门店可以提升自身的知名度和影响力，也有助于门店获得更多消费者的青睐和信任。

此外，跨行业融合有助于提升门店的经营效率和营利能力。通过与其他行业的合作，门店可以实现资源共享和优势互补，降低运营成本，提高经营效率。同时，跨行业融合还可以为门店带来新的收入来源和增长点，进一步提升其营利能力。

跨行业融合定位策略为实体门店带来了积极的影响和未来的发展机遇。在体验化、智能化和个性化的趋势下，实体门店需要不断创新和改进，以适应市场需求的变化并实现可持续发展。同时，政府和社会各界也应加大对实体门店的支持力度，为其提供良好的发展环境和政策支持，共同推动实体经济的繁荣和发展。

第三章

引流系统的七大策略

借势捆绑引流

利益前置引流

旧换新物引流

扫码私域引流

竞赛游戏引流

事件视觉引流

搭建混圈引流

知道客户在哪里后，
就要把客户吸引进门店。
引流系统的七大策略，
让你的门店有源源不断的客流。

——欧海老师

第一节　借势捆绑引流

一、借势捆绑引流策略概述

借势捆绑引流的核心在于利用外部优势资源，通过合作的方式实现优势互补，从而吸引更多的潜在客户。这一策略能够打破传统的单打独斗的经营模式，通过合作的方式，让双方都能够从对方的资源中获益，实现共赢。

借势捆绑引流的优势主要体现在以下几个方面。

一是增加品牌曝光度。通过与知名品牌或热门活动进行合作，实体门店能够借助对方的知名度和影响力，迅速提高自身品牌的曝光度，让更多人了解并关注自己的品牌。

二是拓宽客户渠道。通过捆绑引流，实体门店能够接触到合作伙伴的客户群体，从而拓宽自己的客户渠道。这不仅可以增加门店的客流量，还有助于提升客户忠诚度，促进复购率的提高。

三是降低成本和风险。通过合作的方式，实体门店能够分摊营销成本，降低经营风险。同时，由于双方资源共享，可以更高效地利用资源，提高经营效率。

选择合适的合作伙伴与品牌进行捆绑是借势捆绑引流成功的关键。实体门店需要根据自身的品牌定位、目标客户群体以及市场需求等因素来筛选合作伙伴。

第一，要考虑合作伙伴的品牌形象和口碑。一个具有良好品牌形象和口碑的合作伙伴能够为实体门店带来更多的信任和认可，从而吸引更多潜在客户。

第二，要考虑合作伙伴的资源和优势。实体门店需要寻找那些能够为自己提供资源支持、技术支持或市场支持的合作伙伴，以实现共赢。

第三，要考虑合作伙伴的合作意愿和态度。愿意与实体门店进行深入合作、共同发展的合作伙伴是借势捆绑引流成功的关键。

二、制订具有吸引力的捆绑优惠方案

制订具有吸引力的捆绑优惠方案是借势捆绑引流的重要手段。优惠方案需要充分考虑客户需求和市场竞争情况，以吸引潜在客户并促进消费。

第一，优惠方案要具有针对性。实体门店需要根据目标客户群体的需求和偏好，制订符合他们需求的优惠方案。例如，针对年轻客户群体，可以推出与时尚、潮流相关的捆绑优惠方案；针对家庭客户群体，可以推出与亲子、家庭活动相关的优惠方案。

第二，优惠方案要具有创新性。实体门店需要创新性地设计具有特色的优惠方案。例如，可以与合作伙伴和品牌共同推出联名产品或联名活动，通过独特的优惠形式吸引客户关注。

第三，优惠方案要具有实惠性。实体门店需要在保证利润的前提下，尽可能地加大优惠力度，让客户感受到真正的实惠和价值。同时，优惠方案也需要具有一定的时效性，以激发客户的购买欲望和紧迫感。

总之，实体门店通过借势捆绑引流可以充分利用外部优势资源，提高品牌曝光度、拓宽客户渠道并降低成本和风险。在实际操作中，实体门店需要选择合适的合作伙伴与品牌进行捆绑，并制订具有吸引力的捆绑优惠方案，以吸引更多潜在客户并促进消费。

三、服装门店借势电影IP引流成功案例解析

（一）选取热门电影IP作为借势对象

在当下这个充满创意与活力的时代，如何通过借势热门电影IP来吸引消费者，已经成为许多服装门店关注的焦点。选取合适的电影IP作为借势对象，不仅能够借助电影的热度提升品牌知名度，还能够吸引大量的电影粉丝并将其转化为潜在消费者。

以经典科幻电影《星际穿越》为例，其独特的科幻元素、紧张刺激的剧情以及深入人心的情感线索，赢得了广大观众的喜爱。因此，服装门店可以选择与《星际穿越》合作，借助其IP热度进行引流。

（二）设计与电影主题相关的服装产品

选取热门电影IP后，下一步就是设计与电影主题相关的服装产品。配合科幻电影《星际穿越》的主题，可以设计一系列具有科幻风格的服装，如太空服、宇航员服、未来风格的潮流服饰等。这些服装既能够展现电影的独特魅力，又能够

满足消费者对时尚与个性的追求。

同时，还可以根据电影中的角色形象设计联名款服装，如主角的专属服装、重要道具的复刻版等。这些联名款服装不仅具有收藏价值，还能够增加消费者对品牌的认同感和归属感。

（三）通过线上线下渠道进行宣传推广

设计好与电影主题相关的服装产品后，如何将这些产品有效地推广给消费者？这就需要线上线下渠道的有机结合。

在线上渠道方面，可以利用社交媒体、短视频等平台进行宣传推广。通过发布与电影主题相关的时尚穿搭、搭配技巧等内容，吸引消费者的关注。同时，可以与电影官方或知名博主进行合作，推出联名款服装的限时折扣或预售活动，进一步提高产品的曝光度。

在线下渠道方面，可以在门店内设置与电影主题相关的展示区或体验区，让消费者能够亲身感受产品的魅力。此外，还可以举办与电影主题相关的时尚活动或派对，邀请消费者参与互动，增加品牌与消费者之间的黏性。

通过线上线下渠道的有机结合，服装门店可以充分利用热门电影IP的热度进行引流，提升品牌知名度。同时，通过与电影官方的合作，还能够拓展品牌的业务范围和影响力，为未来的发展奠定坚实的基础。

总的来说，服装门店借势热门电影IP进行引流是一种有效的营销策略。然而，在借势电影IP的过程中，服装门店也需要注意保持与电影主题的契合度，避免因过度商业化而损害品牌形象。同时，还需要关注消费者的需求和反馈，及时调整策略，以实现品牌的长期发展和市场增长。

四、餐饮门店借势节日文化引流策略分享

（一）分析不同节日的文化内涵与消费习惯

在餐饮行业中，借势节日文化引流是一种有效而富有创意的策略。节日不仅代表一种文化传统，还承载着人们的情感与期望，因此，通过深入分析不同节日的文化内涵与消费习惯，餐饮门店能够制定出更加贴合消费者需求的营销策略。

春节作为我国重要的传统节日之一，寓意着团圆与吉祥。春节期间，人们

的消费习惯以家庭聚餐、走亲访友为主，因此，餐饮门店可以推出具有年味儿的菜品和套餐，如年夜饭、团圆宴等，同时营造喜庆热闹的环境氛围，如布置红灯笼、对联等，让消费者感受浓厚的节日氛围。

端午节是纪念屈原的传统节日，与粽子、龙舟等文化元素紧密相连。在端午节期间，人们会举行吃粽子、赛龙舟等活动，因此，餐饮门店可以围绕这些文化元素进行营销，推出特色粽子、龙舟宴等菜品和套餐，同时组织龙舟竞渡等体验活动，吸引消费者的关注。

此外，像中秋节、情人节等节日也都有独特的文化内涵和消费习惯，餐饮门店需要根据节日的特点制定相应的营销策略，从而吸引更多的消费者。

（二）设计具有节日特色的菜品和套餐

在分析了节日的文化内涵与消费习惯后，餐饮门店需要进一步设计具有节日特色的菜品和套餐。这些菜品和套餐不仅要符合节日的氛围，还要满足消费者的口味需求。

以春节为例，餐饮门店可以推出以寓意吉祥、团圆为主题的菜品和套餐。如“年年有余”鱼香肉丝、“福寿双全”红烧肉等，通过寓意美好的菜品名称，给消费者带来美好的祝福。同时，菜品和套餐的设计也应注重营养均衡，可以搭配各种蔬菜、水果等食材，让消费者在享受美食的同时保持健康。

对于其他节日，餐饮门店也可以根据其文化内涵设计相应的菜品和套餐。如中秋节可以推出月饼、桂花糕等。通过不断创新和改良，餐饮门店可以打造出独具特色的节日菜品和套餐，吸引消费者的眼球和味蕾。

（三）举办节日主题促销活动吸引消费者

除了设计具有节日特色的菜品和套餐外，餐饮门店还可以举办节日主题促销活动来吸引消费者，增加门店的曝光度和客流量。

在春节期间，餐饮门店可以举办“春节团圆宴”促销活动，为消费者提供优惠的团圆宴套餐，并赠送精美的纪念品，让消费者在享受美食的同时，也能感受到门店的关怀和祝福。在情人节期间，餐饮门店则可以推出“浪漫情人节”主题活动，为消费者提供浪漫的用餐环境和优质的服务，同时推出情侣套餐和优惠活动，吸引情侣们前来用餐，增加门店的客流量和收入。

此外，餐饮门店还可以通过线上线下相结合的方式进行促销活动的宣传和推广。如利用社交媒体、微信公众号等渠道发布活动信息，吸引更多消费者的关注和参与；同时，在门店内设置宣传海报、悬挂横幅等，营造出浓厚的节日氛围，吸引消费者的眼球。

总之，借势节日文化引流是一种有效的餐饮门店营销策略。通过深入分析节日的文化内涵与消费习惯，设计具有节日特色的菜品和套餐，以及举办节日主题促销活动，餐饮门店可以吸引更多消费者的关注和喜爱，从而提高门店的品牌影响力和市场竞争力。

五、零售门店借势直播带货引流方法探讨

（一）选择适合门店的直播带货主播

在零售门店借势直播带货的引流策略中，选择适合门店的直播带货主播是至关重要的一步。

首先，门店需要明确自身的品牌定位和目标客户群体，以便找到与之相匹配的网络主播。例如，如果门店主要销售的是时尚女装，那么应该选择拥有大量女性粉丝，且擅长搭配的网络主播。

其次，门店需要考察网络主播的直播风格和影响力。网络主播的直播风格应该与门店的品牌形象相符，同时他们的影响力也需要足够大，能够吸引足够多的观众观看直播。此外，门店还需要关注网络主播的口碑和信誉度，避免因为主播的负面新闻而影响到门店的形象。

最后，门店可以与多位网络主播进行合作，以便更好地覆盖不同的客户群体和市场需求。通过与多位网络主播合作，门店可以扩大自身的曝光度，增加潜在客户的数量，并进一步提升销售额。

（二）确定直播内容与互动环节设计

在确定了合适的网络主播之后，门店需要确定直播的内容与互动环节设计。

首先，直播内容应该与门店的商品和销售策略紧密相连。例如，安排特定的产品介绍、搭配建议、使用演示等环节，以便让观众更好地了解产品并产生购买欲望。

其次，互动环节的设计也是非常重要的。门店可以通过设置抽奖、答题、互动游戏等方式让观众参与其中，提高观众的留存率。这些互动环节不仅能够增强观众与门店的互动，还能够提高观众的参与度和购买意愿。

最后，门店还需要注意直播的时长和频率。过长的直播时间可能会让观众感到疲劳，而过短的直播时间则可能无法充分展示产品。因此，门店需要根据实际情况合理安排直播时长，并根据市场反馈及时调整直播频率。

（三）直播后的后续跟进与顾客维护

在直播结束后，门店需要及时跟进、维护顾客。门店可以通过收集直播过程中的观众信息，建立顾客档案并进行分类管理。针对不同类型的顾客，门店可以制订不同的营销策略和跟进计划，以便更好地满足他们的需求并提高复购率。

门店可以通过社交媒体平台与观众进行互动和沟通。例如，可以在直播结束后发布感谢视频或文字消息，表达对观众的感谢和欢迎他们再次光顾。此外，门店还可以通过定期发布优惠活动、新品推荐等内容，吸引观众关注并参与购买。

门店还需要关注直播后的销售数据和反馈情况，以便及时调整营销策略和优化直播内容。通过不断总结经验教训并持续改进，门店可以逐渐提高直播带货的效果和转化率，取得更好的销售业绩。

因此，在未来零售行业的发展中，借势直播带货将成为越来越多门店的重要营销手段之一。

六、彩妆门店借势明星代言引流实践解析

（一）选择与品牌调性相匹配的明星代言人

在彩妆行业，借势明星代言是一种常见的营销策略。选择与品牌调性相匹配的明星代言人，可以有效地提升品牌形象，吸引目标消费者。

首先，品牌需要明确自己的定位和目标消费群体。彩妆品牌有高端奢华、年轻时尚、专业护肤等不同定位，目标消费群体也各不相同。因此，在选择明星代言人时，品牌应考虑代言人的形象、气质、风格等因素是否与品牌定位相符。

其次，品牌还需要关注代言人的影响力和粉丝基础。影响力较大的明星，可以带来更多的曝光和关注，有利于品牌形象的塑造和推广。同时，明星的粉丝基

础也是重要的考量因素，拥有大量忠实粉丝的明星，可以吸引更多潜在消费者关注、购买品牌产品。

最后，品牌在选择明星代言人时，还应考虑明星的品德、口碑等方面。具有良好品德和口碑的明星代言人，能够为品牌带来正面影响，提升品牌形象和信誉度。

（二）利用明星的影响力进行品牌宣传与推广

选择合适的明星代言人之后，彩妆门店可以通过多种渠道和方式，利用明星的影响力进行品牌宣传与推广。

首先，门店可以利用明星代言人的社交媒体平台，发布代言信息和品牌宣传内容。通过明星的微博、抖音等社交媒体账号，迅速扩散品牌信息，吸引更多潜在消费者。

其次，门店可以与明星合作举办线下活动，如签售会、新品发布会等。这些活动不仅能够吸引大量粉丝和媒体关注，还能够与消费者进行面对面的交流和互动，提高其对品牌的认知度和好感度。

最后，门店还可以利用明星代言人的形象拍摄广告或宣传片，在电视台、网络平台等渠道进行投放。这些广告或宣传片应通过明星的形象和气质展示品牌特点和优势，吸引更多消费者购买。

（三）通过粉丝互动活动增加客户黏性

在利用明星影响力进行品牌宣传与推广的同时，彩妆门店还应通过粉丝互动活动，增加客户黏性，促进消费者与品牌之间的深度连接。

首先，门店可以定期举办粉丝见面会、明星互动会等活动，让粉丝有机会与自己喜欢的明星近距离接触和交流。这些活动不仅可以提高粉丝对品牌的忠诚度，还能够吸引更多新粉丝加入。

其次，门店可以在社交媒体平台上开展互动营销活动，如发布明星代言人的话题挑战、粉丝投票等。这些活动能够激发粉丝的参与热情，增加品牌曝光度，同时也能够收集粉丝的反馈和意见，为品牌优化和改进提供有益参考。

最后，门店还可以通过会员制度、积分奖励等方式，为粉丝提供更多优惠和福利。这些措施可以增强和提高消费者对品牌的归属感和忠诚度，促进长期消费和口碑传播。

七、实体门店在经营中如何有效运用借势捆绑引流

在实体门店的经营中，树立长期合作共赢的理念至关重要。实体门店需要摒弃短视行为，与合作伙伴建立稳定、持久的合作关系。这种合作不局限于短期的利益交换，而是基于相互信任、资源共享和共同发展的长远规划。

为了实现长期的合作共赢，门店需要积极寻找志同道合的合作伙伴。这些伙伴可能来自不同行业，但具有相似的市场定位和消费者群体。通过跨界合作，门店可以借助合作伙伴的资源和优势，共同开展宣传活动，扩大品牌影响力，增加市场份额。

同时，门店还需要注重与合作伙伴之间的沟通与协调。在合作过程中，双方需要坦诚交流，共同解决可能出现的问题。此外，门店还需要尊重合作伙伴的合理诉求，避免发生利益冲突，从而确保合作的顺利进行。

通过树立长期的合作共赢理念，实体门店建立稳固的合作伙伴关系，实现资源共享和优势互补，共同应对市场竞争的挑战。这种合作不仅能增加门店的客流量和销售额，还能提升品牌形象，增强消费者忠诚度。

在借势捆绑引流的过程中，实体门店需要不断优化和创新营销策略，以适应不断变化的市场环境。实体门店需要密切关注市场动态和消费者需求，及时调整策略，提高营销效果。

首先，门店需要针对不同的合作伙伴和捆绑方式，制定具有针对性的营销策略。例如，针对电影IP捆绑，门店可以设计主题促销活动，推出与电影相关的特色产品，吸引电影粉丝关注；针对节日文化捆绑，门店可以开展节日主题营销活动，营造节日氛围，提高消费者的参与度。

其次，门店需要充分利用各种营销渠道和工具，提高营销效果。例如，门店可以通过社交媒体、短视频平台等线上渠道进行宣传推广，吸引更多潜在顾客；同时，门店也可以利用派发优惠券、折扣券等手段，吸引顾客到店消费。

最后，门店需要关注营销策略的持续优化和创新。不断探索新的营销手段和方法，如利用大数据和人工智能技术进行精准营销；不断优化现有的营销策略，提高营销效率和效果。

只有持续优化与创新营销策略，实体门店才能增加客流量和销售额，提升品

牌形象和竞争力。

总之，实体门店在经营中需要综合运用多种策略和方法，有效运用借势捆绑引流策略。实体门店应树立长期的合作共赢理念、持续优化与创新营销策略以及关注市场趋势与消费者需求变化，以实现门店的可持续发展。

第二节　利益前置引流

一、利益前置引流策略概述

利益前置引流是指商家在客户购买前或体验服务前，先行提供某种利益或优惠，以吸引客户完成后续的消费行为。这种策略不仅能够有效增加门店的客流量并提高门店的知名度，还能够增强客户对品牌的忠诚度与黏性。

利益前置引流策略通过给予客户实实在在的利益，让客户在享受优惠的同时，感受商家的诚意与用心。这种策略有助于增强客户对商家的信任感，进而推动客户完成购买决策。同时，利益前置引流还能够有效激发客户的消费欲望，促使其在门店内进行更多的消费行为，从而为商家带来更多的收益。

在门店经营中，利益前置引流的作用主要体现在以下几个方面。

一是利益前置引流有助于增加门店的客流量。通过为客户提供免费的试吃、试用或体验等福利，商家能够吸引更多的潜在客户进入门店，进而提高门店的曝光率和知名度。这些潜在客户在体验过商家的产品或服务后，很可能转变为实际的购买者，为门店带来稳定的客流。

二是利益前置引流有助于提高客户的复购率。通过给予客户优惠或积分等利益，商家能够让客户在享受优惠的同时，产生对品牌的认同感和忠诚度。这种忠诚有助于推动客户再次光顾门店，进行更多的消费行为。同时，商家还可以通过积分兑换、会员优惠等方式，进一步刺激客户的复购欲望。

三是利益前置引流有助于提升门店的品牌形象。当客户在享受商家的利益前置引流策略时，他们往往会对商家的服务、产品质量和性价比等方面进行评价和分享，从而吸引更多的潜在客户关注和购买。

四是利益前置引流策略还能够促进门店的差异化竞争。商家通过提供独特的利益前置引流策略，在众多竞争对手中脱颖而出，吸引更多的消费者关注和选择。这种差异化竞争不仅能够提升门店的市场份额和竞争力，还能够为商家创造更多的商业机会和更大的价值。

利益前置引流策略在门店经营中具有重要的作用。因此，商家应该充分重视利益前置引流策略的运用，并结合自身的实际情况和市场需求，制订合适的引流方案，以达到更好的经营效果。

二、餐饮行业中的利益前置引流实践

（一）快餐连锁店案例：会员优惠与积分回馈

在快餐连锁店的运营中，采用会员优惠与积分回馈的利益前置引流策略，是吸引并稳定顾客群体的有效方式。通过向会员提供专享的优惠和积分奖励，刺激其增加消费频次和金额，从而实现门店销售业绩的稳步增长。

以某知名快餐连锁店为例，其推出了会员计划，消费者只需注册成为会员，即可享受一系列优惠活动。首先，会员在店内消费时可以享受一定的折扣优惠，如单品打折、套餐优惠等。其次，会员每次消费都能获得积分，积分可以在下次消费时抵扣现金或兑换指定商品。这进一步增加了会员的消费动力。此外，该快餐店还定期推出会员专享活动，如生日优惠、会员日特权等，使会员享受更加个性化的服务。

这种利益前置引流策略的实施，不仅吸引了大量顾客注册成为会员，还促进了他们的重复消费和口碑传播。通过积分回馈和会员优惠，该快餐连锁店成功地将顾客转化为忠诚的会员，提升了品牌的市场竞争力。

（二）特色小吃店案例：免费试吃与推荐奖励

特色小吃店作为餐饮行业的重要组成部分，在激烈的市场竞争中，可以采用免费试吃与推荐奖励的利益前置引流策略，吸引顾客并提升店铺知名度。

以一家主打地方特色小吃的店铺为例，其通过提供免费试吃的方式吸引顾客进店体验。在店铺显眼位置摆放试吃样品，让顾客在品尝的过程中感受到产品的独特口感和风味。同时，店铺还推出推荐奖励计划，鼓励顾客在品尝满意后将小吃推荐给亲朋好友，并邀请他们一同前来品尝。推荐成功的顾客可以获得一定的优惠或礼品奖励，进一步激发其推广积极性。

通过这种利益前置引流策略，特色小吃店不仅提升了店铺的知名度和曝光率，还提高了潜在顾客的转化率。同时，推荐奖励计划也促进了顾客之间的口碑传播，进一步扩大了店铺的客户群体。

（三）高端餐厅案例：预约礼遇与专属服务

在高端餐厅的运营中，预约礼遇与专属服务的利益前置引流策略能够有效提升顾客的体验感和满意度。通过为预约客人提供个性化的礼遇和专属服务，高端餐厅能够营造出独特的品牌形象，吸引更多高端客户前来消费。

以一家知名的高端餐厅为例，其重视预约客人的服务体验，提供了多种预约礼遇。预约成功的客人可以享受专属的停车位、专属的用餐区域以及专业的侍酒师服务等。此外，餐厅还根据客人的需求和喜好，为其定制个性化的菜单和用餐体验，让每一位客人都享受独一无二的尊贵待遇。

在专属服务方面，高端餐厅注重细节和品质。从客人进店开始，就有专业的服务人员为其提供全程陪同服务，解答客人的疑问并提供相应的建议。在用餐过程中，服务人员会密切关注客人的需求和反馈，及时调整服务内容和方式，确保客人享受最佳的用餐服务。

通过利益前置引流策略，高端餐厅成功地提升了客户的忠诚度和口碑转化率。这种策略不仅让顾客享受到尊贵和舒适的服务体验，还增强了他们对餐厅品牌的认同感和归属感。

三、零售行业中的利益前置引流实践

（一）服饰专卖店案例：购物满额赠品与会员折扣

在竞争激烈的零售市场中，服饰专卖店利用购物满额赠品与会员折扣的利益前置策略，成功吸引了大量消费者。某知名服饰品牌店，通过设定不同层次的满额赠品活动，如消费满300元赠送精美围巾，满500元赠送时尚背包等，激发了消费者的购买欲望。同时，该店还推出了会员折扣制度，会员在购物时可享受额外折扣，进一步提升了会员的购物体验。

此外，该服饰品牌店还注重线上与线下相结合，通过线上商城、微信小程序等渠道进行营销推广，使消费者在享受优惠的同时，还能了解店铺最新款式、促销信息等，提高了购物的便捷性。

（二）超市案例：购物卡促销与会员积分换购

超市作为日常消费的重要场所，同样善于运用利益前置策略进行引流。其中，购物卡促销与会员积分换购是超市常用的策略。

购物卡促销方面，超市会推出不同面值的购物卡，消费者购买后可享受一定的折扣优惠。这种促销方式不仅能为超市带来稳定的客源，还能促进消费者的复购行为。此外，超市还会通过满赠、抽奖等活动，增加购物的趣味性和惊喜感。

在会员积分换购方面，超市会设置积分制度，消费者在购物时可获得相应积分，积分可用于兑换商品或抵扣现金。这种方式既能让消费者感受到购物的实惠，又能提高会员的活跃度和忠诚度。

（三）家居用品店案例：新品体验与老客户回馈

家居用品店在运用利益前置策略时，要注重消费者的体验与感受。某家居用品店通过推出新品体验活动，邀请消费者免费试用新产品，以体验引导消费者进行购买。这种方式让消费者在实际使用过程中感受产品的优势，从而提高购买率。

对于老客户，该家居用品店则采取回馈策略，如推出会员专享优惠、积分兑换礼品等，以表达对老客户的感谢和关怀。这种策略不仅增强了老客户对品牌的归属感，还有助于培养长期稳定的客户群体。

此外，该家居用品店还积极与装修公司、设计师等合作伙伴进行跨界合作，共同举办促销活动，以吸引更多潜在消费者，提高品牌知名度和美誉度。

综上所述，零售行业中的利益前置引流实践多种多样，服饰品牌店、超市和家居用品店等不同类型的零售企业都可根据自身特点和市场需求，制定合适的利益前置策略，实现有效的客流引导和销售增长。然而，利益前置策略的运用也需要考虑成本控制、用户体验等因素，只有在充分了解和满足消费者需求的基础上，才能发挥出最大的引流效果。

四、娱乐行业中的利益前置引流实践

（一）电影院案例：观影优惠套餐与会员特权

在现代都市生活中，电影院作为人们休闲娱乐的重要场所，面临激烈的市场竞争。为了吸引更多观众，许多电影院采用利益前置引流策略，其中观影优惠套餐和会员特权是两种常见的手段。

观影优惠套餐通常包括电影票、爆米花、饮料等组合，以较低的价格提供给消费者。这种套餐不仅降低了消费者的观影成本，还增加了他们在电影院内的消费意愿。同时，电影院还会根据节假日或特殊时期推出限时优惠套餐，进一步刺激消费者的购买欲望。

此外，电影院还通过会员特权来吸引和留住观众。成为会员的观众可以享受优先购票、专属座位、生日优惠等多项特权。一些高端电影院还为会员提供定制的观影体验，如私人观影室、专属管家服务等。这些特权不仅提升了会员的观影体验，还增强了他们对电影院的忠诚度和归属感。

通过这些利益前置引流实践，电影院成功地吸引了大量观众前来观影，提高了票房收入，增加了市场份额。同时，这些策略也促进了电影院内其他消费项目的销售，增加了整体的营业收入。

（二）健身房案例：免费体验课与会员续约优惠

在健康意识日益增强的今天，健身房成为越来越多人追求健康生活的选择。为了吸引新客户并留住老客户，健身房普遍采用免费体验课和会员续约优惠等利益前置引流策略。

免费体验课是健身房吸引新客户的有效手段。通过提供一节或几节免费的体验课程，让潜在客户了解健身房的设施、教练水平和服务质量。在体验课中，客户可以亲身感受运动的乐趣和效果，从而更容易产生办卡的意愿。

对于老客户，健身房则通过会员续约优惠来留住他们。常见的续约优惠包括减免一定金额的续费、赠送额外课程或礼品等。这些优惠不仅降低了客户的续费成本，还让他们感受到健身房的关心和回馈，增强了客户忠诚度。

通过这些利益前置引流实践，提高了健身房的知名度和口碑，为其未来的发展奠定了坚实的基础。

（三）KTV案例：团购优惠与会员生日特权

KTV作为一种娱乐休闲场所，以其独特的氛围和社交功能受到年轻人的喜爱。为了吸引更多消费者，KTV普遍采用团购优惠和会员生日特权等利益前置引流策略。

团购优惠是KTV吸引消费者的一种常用手段。通过与团购平台合作，KTV可以提供更低的价格给消费者，吸引他们前来消费。这种优惠方式不仅降低了消费者的消费成本，还提高了KTV的知名度和曝光率。

对于会员，KTV则通过生日特权来增强他们的归属感和忠诚度。在会员生日当天，KTV可以提供免费欢唱、赠送酒水或小吃等特权。这些特权让会员感受到KTV的关心和重视，提高了他们的满意度和忠诚度。

通过这些利益前置引流实践，KTV成功地吸引了大量消费者，增加了营业额和市场份额。同时，也提升了KTV的品牌形象和服务质量，为其未来的发展创造了有利条件。

总之，在娱乐行业中，利益前置引流策略的运用非常广泛且有效。无论是电影院、健身房还是KTV，都通过提供优惠套餐、会员特权等方式吸引和留住消费者。这些策略不仅增加了消费者的黏性，提升了消费者的满意度，也提升了娱乐场所的市场竞争力。随着消费者对品质生活的追求日益增加，在未来利益前置引流策略仍将发挥重要作用。

五、服务行业中的利益前置引流实践

（一）美发店案例：首次体验优惠与会员专享服务

美发店在日常经营中经常运用利益前置引流的策略来吸引和留住客户。其中，首次体验优惠和会员专享服务是两种常见的引流方式。

1. 首次体验优惠的实施与效果

为了吸引新客户进店体验，美发店通常会推出首次体验优惠活动。例如，新客户首次进店可享受半价剪发或免费造型等优惠。这种策略能够有效降低客户的试错成本，提高他们尝试新店的意愿。同时，通过优质的服务体验，美发店也能成功留住这部分新客户，使他们转化为长期稳定的顾客。

在实际运用中，首次体验优惠不仅带来了显著的新客户增长，还提高了店铺的知名度和口碑。许多客户在享受优惠后，会向亲朋好友推荐这家美发店，从而进一步扩大了店铺的客源。

2. 会员专享服务的优势与特点

会员专享服务可以增加客户黏性。会员专享服务通常包括折扣优惠、专属造型师、优先预约等特权。这些服务能够满足客户的个性化需求，提高他们的满意度。

会员专享服务的优势在于能够建立稳定的客户关系，提高客户的忠诚度和回头率。通过为会员提供专属服务，美发店能够增强客户的归属感和认同感，从而在激烈的市场竞争中脱颖而出。

（二）洗车店案例：洗车卡促销与会员优惠

作为汽车市场服务的重要一环，洗车卡促销和会员优惠是洗车店常用的两种引流方式。

1. 洗车卡促销的灵活性与多样性

洗车店通常会推出不同面值的洗车卡，以满足不同客户的需求。客户可以根据自己的需求选择购买不同面值的洗车卡，享受相应的洗车次数和优惠。这种策略既能够吸引新客户，又能够留住老客户，实现客源的稳定增长。

此外，洗车店还会根据节假日或特殊活动推出限时优惠洗车卡，以吸引更多客户前来消费。这种灵活多样的促销方式能够有效提升洗车店的知名度和竞争力。

2. 会员优惠的长期效益与回报

对于会员，洗车店会提供更加优惠的洗车服务，包括价格优惠、专属预约服务等。这些优惠能够增加客户的黏性，使他们更愿意选择在这家店消费。

通过会员优惠策略，洗车店能够建立稳定的客户关系，提高客户的忠诚度和回头率。长期来看，这种策略能够为洗车店带来稳定的客源和收入，有利于实现其高质量发展。

（三）摄影工作室案例：免费拍摄体验与推荐优惠

作为提供专业摄影服务的机构，免费拍摄体验与推荐优惠是摄影工作室常用的两种引流方式。

为了吸引新客户，摄影工作室通常会推出免费拍摄体验活动。新客户可以在规定的时间内免费体验摄影工作室的拍摄服务，包括化妆、造型、拍摄等环节。这种策略能够让客户亲身体验摄影工作室的专业服务，从而增加他们对摄影工作室的信任和好感。

免费拍摄体验活动的实施通常能够获得良好的效果。许多客户在体验后会选择继续预约付费拍摄服务，从而转化为摄影工作室的长期客户。同时，通过客户的口碑传播，摄影工作室还能够吸引更多潜在客户前来体验。

推荐优惠通常指的是当现有客户为摄影工作室推荐新客户时，双方都能获得一定的优惠或奖励。这种策略不仅激励了现有客户积极为工作室推荐新客户，还增加了新客户对摄影工作室的信任度和选择意愿。对于现有客户而言，推荐优惠是对他们忠诚度和口碑传播的一种回报；对于新客户而言，则是通过信任的人推荐而获得的额外优惠，这种“熟人推荐”的效应往往比单纯的广告宣传更加有效。

推荐优惠的实施方式多种多样，可以是折扣优惠、赠品、积分兑换等。摄影工作室可以根据自身情况和市场需求，灵活设计推荐优惠方案，以最大化地吸引客户。同时，为了确保推荐优惠的有效性，摄影工作室还需要建立完善的客户跟踪和反馈机制，及时了解客户的需求和反馈，不断优化服务质量和客户体验。

六、利益前置引流策略的总结与启示

利益前置引流策略在实体门店经营中发挥着至关重要的作用。从适用范围来看，利益前置引流策略几乎可以应用于所有类型的实体门店。餐饮、零售、娱乐通过提供各类优惠、赠品或特殊服务等方式，都可以吸引潜在客户进店，进而转化为实际消费。这种策略不仅有助于门店提升知名度和影响力，还能够有效增加客流量和销售额。

然而，利益前置引流策略也存在一些限制。首先，优惠活动可能会增加门店的经营成本。虽然这些成本可以通过吸引更多客户来分摊，但如果活动规模过大或时间过长，可能会对门店的财务状况造成压力。其次，过度依赖利益前置引流策略可能会导致消费者对门店的优惠活动产生依赖性，一旦优惠活动结束，客流量可能会大幅下降，甚至可能损害门店的品牌形象和市场定位。

因此，在实施利益前置引流策略时，门店需要根据自身情况制订合适的方案，既要考虑活动成本和效果，也要注重活动形式和内容的创新性，避免过度依赖低价策略。同时，门店还需要加强品牌建设和客户服务，以应对活动结束后可能出现的客流量下降问题。

利益前置引流策略对未来门店经营产生深远影响。随着市场竞争的加剧和消费者需求的多样化，门店需要不断创新和优化利益前置引流策略，以吸引更多潜在客户。通过深入分析目标客户的消费习惯和需求，门店制定更具针对性的优惠活动和服务内容，提升活动的吸引力和效果。

利益前置引流策略将推动门店数字化转型和智能化升级。通过利用大数据、人工智能等技术手段，门店能精准分析客户行为和需求，实现个性化营销和服务。同时，通过线上与线下融合，实现多渠道引流和流量转化。

利益前置引流策略将促进门店之间的合作与共赢。通过共同开展优惠活动或推广活动，实现资源共享和优势互补，提升双方的市场影响力和竞争力。

同时，利益前置引流策略要求门店具备更强的风险管理能力和危机应对能力。在竞争激烈的市场环境下，门店需要密切关注市场动态和竞争态势，加强风险预警和应对措施，避免因活动失败或市场变化导致的经营风险。

未来的实体门店需要紧跟市场趋势和客户需求，不断创新和优化利益前置引流策略，提升竞争力和市场地位。同时，门店也需要加强风险管理和危机应对能力，确保在激烈的市场竞争中保持稳健发展。

第三节　旧物换新引流

一、实体店旧物换新引流策略概述

（一）举办旧物换新活动，吸引顾客关注

旧物换新活动是一种常见的实体门店引流策略，它利用顾客对旧物的淘汰需求，通过提供旧物换新服务来吸引顾客关注并促进销售。在举办旧物换新活动时，门店需要明确活动目的、制订详细的活动方案，并通过多种渠道进行宣传推广。

在目的方面，旧物换新活动主要是吸引更多潜在顾客，增加门店流量和曝光率，同时通过提供具有吸引力的优惠政策，引导顾客参与并提升转化率。活动方案应包括确定活动时间、地点、参与品牌及商品范围、旧物回收方式、换新折扣

比例等具体内容。

在宣传推广方面，门店可以利用社交媒体、线下海报、短信通知等多种渠道进行广泛传播。通过精准定位目标顾客群体，制定有针对性的宣传策略，可以有效提高活动的知名度和参与度。

（二）推出旧物换新优惠套餐，提升购买欲望

推出旧物换新优惠套餐是实体门店另一种有效的引流策略。这种策略将旧物换新活动与套餐优惠相结合，为顾客提供更具吸引力的购物体验。通过精心设计优惠套餐的内容和价格，门店可以在吸引顾客参与旧物换新的同时，进一步提升他们的购买欲望。

在制定优惠套餐时，门店可以根据不同顾客群体的需求和喜好，推出多种套餐选择。例如，针对电子产品爱好者，可以推出包含最新款手机、平板电脑等产品的套餐；针对家庭用户，可以推出包含家电、家具等生活必需品的套餐。此外，门店还可以通过设定不同的换新折扣比例，满足不同顾客的换新需求。

同时，门店还需要关注套餐的定价策略。合理的定价不仅能够吸引顾客参与，还能够保证门店的利润空间。门店可以通过市场调研和数据分析，了解竞争对手的定价情况和顾客的购买能力，从而制定出更具竞争力的优惠套餐。

（三）加强社交媒体营销，扩大影响力

社交媒体已成为现代营销不可或缺的一部分，实体门店通过加强社交媒体营销，可以有效扩大品牌知名度和影响力，吸引更多潜在顾客。

首先，门店需要选择适合的社交媒体平台进行营销。不同的社交媒体平台具有不同的用户群体和特点，门店需要根据自身定位和目标顾客群体选择合适的平台进行营销。例如，针对年轻用户群体，可以选择在抖音、微博等平台上进行营销；针对家庭用户群体，可以选择在微信、小红书等平台上进行营销。

其次，门店需要制定具有吸引力的社交媒体内容。包括门店的活动信息、优惠信息、新品发布等，或是与顾客互动的话题、趣味挑战等。通过精心策划和发布优质内容，吸引更多用户的关注和互动，进而提升门店曝光率和口碑。

最后，门店还可以利用社交媒体平台的广告投放功能进行精准推广。通过设定投放目标、定位投放人群和选择投放时间等参数，将广告精准地推送给潜在顾

客，提高广告效果和转化率。

未来实体门店可以通过这些策略来吸引顾客并增加销售额。但在实施过程中要根据门店的实际情况和目标顾客群体的需求进行灵活调整和优化，以实现最佳的引流效果。

二、实体门店旧物换新引流的意义与价值

实体门店旧物换新引流策略的第一个意义在于吸引新客，提升门店人气。在当前竞争激烈的市场环境中，如何吸引顾客成为门店经营的关键。旧物换新引流策略通过提供旧物换新的服务，吸引对新鲜事物感兴趣、愿意尝试新体验的消费者前来门店。

此外，旧物换新活动还可以作为一种宣传手段，通过顾客的口碑传播，让更多的人了解到门店的存在和优惠活动，从而进一步增加门店的曝光率和知名度。当更多的顾客被吸引到店内，门店的人气自然会得到提升，进而带来更多的销售机会和收益。

实体门店旧物换新引流策略的第二个意义在于增加客户黏性，促进二次购买。通过旧物换新服务，门店可以与顾客建立更加紧密的联系，使顾客对门店产生更强的信任感和归属感。当顾客将旧物换成新物时，他们会感受到门店的诚意和专业性，从而更愿意再次光顾门店，进行二次购买。

而且，旧物换新活动还可以作为一种客户关系管理工具。门店可以通过收集顾客的旧物信息，了解顾客的消费习惯和喜好，为顾客提供更加个性化的服务。这不仅可以提高顾客的满意度和忠诚度，还可以为门店提供更多的销售机会和收入来源。

实体门店旧物换新引流策略的第三个意义在于降低营销成本，提高经营效益。传统的营销方式往往需要投入大量的资金和资源，而旧物换新活动则可以以较低的成本吸引顾客。通过旧物换新服务，门店可以清理库存，减少库存压力，同时降低存货成本。

此外，旧物换新活动还可以增加门店的销售额和利润。通过提供旧物换新服务，门店可以吸引更多的顾客前来购买新产品，从而增加销售额。门店也可以提高销售转化率和客单价，进而增加利润。

总之，实体门店旧物换新引流策略具有显著的意义和价值。门店通过吸引新

客户、增加客户黏性和降低营销成本等手段，提高人气、促进销售、增加利润，实现更好的经营效益和发展。所以，实体门店应该积极运用旧物换新引流策略，以更好地满足消费者需求，提高市场竞争力。

三、电子产品门店的旧物换新引流案例分析

（一）某品牌手机门店开展旧物换新活动

在竞争激烈的智能手机市场下，某品牌手机门店通过举办旧物换新活动成功地吸引了大量消费者的关注。该活动允许顾客用旧手机抵扣部分购买新手机的费用，不仅降低了顾客的购买成本，还提升了门店的销售业绩。

活动前，该品牌手机门店通过线上线下渠道进行广泛宣传，宣传内容详细说明了旧物换新活动的具体规则、抵扣比例以及活动期限等信息，让顾客一目了然。同时，门店还设置了专门的旧手机评估区，对顾客的旧手机进行专业评估，确保公平、公正。

活动期间，该品牌手机门店迎来了大量参与旧物换新活动的顾客。他们纷纷表示，旧物换新活动不仅降低了购买新手机的成本，还让他们有机会体验到更先进的智能手机技术。同时，门店销售人员也积极向顾客介绍新款手机的性能特点和优惠套餐，进一步提升了顾客的购买欲望。

通过此次旧物换新活动，该品牌手机门店不仅吸引了大量新顾客，还提高了老顾客的回头率。同时，门店的知名度和美誉度也得到了显著提升，为后续的销售工作奠定了坚实的基础。

（二）某家电连锁企业采用旧物换新促销策略

在竞争激烈的家电市场中，某家电连锁企业通过推出旧物换新促销策略，成功地吸引了消费者的关注并提升了销售业绩。该策略允许顾客将旧家电作为购买新家电的抵扣品，有效降低了顾客的购买成本。

在旧物换新促销策略中，该家电连锁企业采取了多种措施确保活动的顺利进行。首先，企业制定了详细的旧家电评估标准，确保评估结果的准确性和公正性。其次，企业在门店内设置了专门的旧家电回收区，方便顾客进行旧家电的交换和抵扣。同时，企业还加强了对销售人员的培训，提升他们的专业素质和服务

水平，确保顾客在购物过程中得到满意的体验。

此外，该家电连锁企业还通过社交媒体和线上平台进行了广泛的宣传和推广，吸引了更多潜在顾客的关注。宣传内容着重强调了旧物换新促销策略的优惠力度和便捷性，激发了消费者的购买欲望。

通过此次旧物换新促销策略，该家电连锁企业成功地吸引了大量新顾客，并提高了老顾客的满意度和忠诚度。同时，企业的品牌形象也得到了进一步提升，为未来的发展奠定了坚实的基础。

（三）某电脑专卖店的旧物换新增值服务

面对电脑市场的激烈竞争，某电脑专卖店通过提供旧物换新增值服务，允许顾客用旧电脑抵扣部分购买新电脑的费用，并提供一系列增值服务，让顾客在享受优惠的同时获得了更好的购物体验。

在旧物换新增值服务中，该电脑专卖店不仅提供专业的旧电脑评估服务，还根据顾客的需求提供了个性化的购买方案。同时，门店提供免费的系统安装、数据迁移等服务，确保顾客在购买新电脑后能够顺利使用。

此外，该电脑专卖店还通过会员制度，为参与旧物换新活动的顾客提供更多的优惠和福利。例如，顾客在参加旧物换新活动时可以享受会员专属折扣，并有机会获得积分奖励等。

通过提供旧物换新增值服务，该电脑专卖店成功地吸引了大量消费者的关注，并提高了门店的销售业绩。同时，门店也收获了良好的口碑和品牌形象，为后续的销售奠定了坚实的基础。

四、服装门店的旧物换新引流案例分析

（一）某快时尚品牌制订服装旧物换新计划

近年来，某快时尚品牌凭借时尚的设计和亲民的价格赢得了众多年轻消费者的喜爱。然而，随着市场竞争的加剧，该品牌也面临客户流失和增长乏力的挑战。为了吸引更多顾客并提升品牌忠诚度，该品牌推出了一项创新的旧物换新计划。

该计划允许顾客将旧衣服带到门店，换取该品牌的新款服装。旧衣服的价值将根据款式、新旧程度等因素进行评估，并折算成相应的折扣或优惠券。顾客只

需支付差价即可获得心仪的新款服装。

该计划一经推出，便引起了广泛关注。许多消费者纷纷参与活动。同时，该品牌通过该计划吸引了大量新顾客，门店人气和销售业绩均得到了显著提升。

此外，该品牌还通过社交媒体等渠道对旧物换新计划进行了广泛宣传，进一步扩大了品牌影响力。许多消费者纷纷在社交媒体上分享自己的旧物换新经历，为该品牌带来了良好的口碑效应。

（二）某高端女装店的旧物换新服务体验

某高端女装店一直以来以其精湛的工艺和独特的设计受到消费者的青睐。近年来，随着市场竞争的加剧，为了提升客户体验并吸引更多消费者，该店推出了一项旧物换新服务。

该服务允许顾客将旧款女装带到门店，由专业设计师根据顾客的身材和喜好进行量身定制，打造出新款的高端女装。旧款女装的价值将根据材质、款式等因素进行评估，并折算成相应的优惠金额。顾客只需支付剩余费用即可获得专属定制的新款女装。

这一服务不仅提升了顾客的购物体验，还增强了顾客对品牌的忠诚度和信任感。许多高端消费者纷纷选择在该店进行旧物换新服务，享受专业、贴心的服务体验。同时，该店也通过这一服务吸引了更多新顾客，提升了品牌知名度和美誉度。

（三）某童装品牌的旧物换新营销策略

某童装品牌一直注重儿童健康和环保理念，在市场上享有良好的口碑。为了进一步提升品牌影响力和市场占有率，该品牌推出了一项旧物换新营销策略。

该策略允许顾客将孩子的旧童装带到门店进行回收，并换取该品牌的新款童装。旧童装将由品牌统一处理，用于制作环保材料或捐赠给需要帮助的儿童。同时，顾客在参与旧物换新活动时还可以享受一定的折扣优惠。

这一策略不仅符合当下环保和可持续发展的社会趋势，还体现了该品牌对儿童健康和成长的关注。许多家长纷纷参与此项活动，既为孩子的成长提供了更多选择，也为环保事业贡献了一份力量。同时，该品牌也通过这一策略提升了品牌影响力，实现了销售业绩的稳步增长。

五、家居用品门店的旧物换新引流案例分析

（一）某家具品牌开展旧物换新促销活动

近年来，随着家居市场的不断发展，消费者对家具品质和设计的要求也在不断提高。某家具品牌便借此时机，通过举办旧物换新促销活动，成功地吸引了大量潜在客户的关注。

在活动期间，该品牌推出了一系列高品质的家具新品，并对旧家具进行回收和评估。消费者只需将旧家具带到门店，经过专业评估后，即可享受新家具的折扣优惠。这一举措不仅为消费者提供了便捷的换新方式，也使该品牌在激烈的市场竞争中脱颖而出。

为了确保活动的顺利进行，该品牌还加大了宣传力度，通过社交媒体、线下广告等多种渠道进行推广。同时，门店内还设置了旧物换新专区，为消费者提供了一站式的服务体验。通过这一系列举措，该品牌的销售额在活动期间实现了大幅增长。

（二）某灯饰门店的旧物换新升级服务

灯饰作为家居装饰的重要组成部分，其更新换代的速度较快。为了提高门店的竞争力，某灯饰门店决定通过旧物换新升级服务来吸引新老客户。

在升级服务中，该门店不仅提供旧灯饰的回收和评估服务，还根据消费者的需求为其推荐合适的灯饰新品以及专业的灯饰搭配建议，使消费者在换新过程中能够轻松打造个性化的家居风格。

此外，该门店还推出了旧物换新优惠政策，让消费者能获得实实在在的优惠。通过一系列的升级服务，该门店不仅吸引了大量新客户，还提高了老客户的复购率。

（三）某家居建材店采取旧物换新推广策略

家居建材市场的竞争日益激烈，为了在众多竞争者中脱颖而出，某家居建材店采取了旧物换新推广策略。

该店针对市场上常见的家居建材品类，如地板、瓷砖、油漆等，推出了旧物换新优惠活动。消费者只需提供旧建材的购买凭证，即可在购买新建材时享受折

扣优惠。这一举措不仅降低了消费者的购买成本，还激发了消费者的换新意愿。

为了扩大活动的影响力，该店还积极与社区、物业公司等合作，通过组织线下活动、发放宣传资料等方式，向更多潜在客户传递旧物换新的优惠信息。同时，门店还通过社交媒体等平台，发布旧物换新的成功案例和客户评价，提高了消费者对品牌的信任度和好感度。

通过这些措施，该家居建材店成功地吸引了大量潜在客户，并提高了销售额和客户满意度。同时，这一旧物换新推广策略不仅为门店带来了短期的销售增长，还树立了良好的品牌形象。

六、其他行业门店的旧物换新引流案例分析

（一）某餐饮连锁企业开展旧物换新活动

近年来，某知名餐饮连锁企业为应对激烈的市场竞争，不断寻求创新的营销方式。其中，旧物换新活动成为其吸引顾客、提升品牌知名度的有效手段。

该餐饮连锁企业针对老顾客推出了“旧物换新美食计划”。顾客只需携带以往在该企业消费过的发票或会员卡，即可在指定门店享受旧物换新优惠。凭旧发票或会员卡，顾客可兑换一定金额的代金券，用于下次消费。同时，企业还推出了多款旧物换新套餐，让顾客在享受美食的同时，感受企业的用心和关怀。

此外，该餐饮连锁企业还充分利用社交媒体平台进行宣传和推广。在活动开始前，企业通过微信公众号、微博等渠道发布活动信息，吸引潜在顾客的关注。活动期间，企业还邀请美食博主等进行现场直播，展示活动现场氛围和美食特色，进一步扩大活动影响力。

通过此次旧物换新活动，该餐饮连锁企业取得了显著成果。首先，吸引了一大批老顾客的回归，提升了门店人气和销售额。其次，大量新顾客前来体验，为企业带来了更多的客流量。最后，加强了顾客与品牌之间的情感联系，提升了品牌形象和顾客忠诚度。

（二）某书店开展旧物换新阅读体验活动

在数字化阅读日益盛行的今天，传统书店面临巨大的挑战。为了吸引更多读者走进书店，某书店推出了旧物换新阅读体验活动，旨在通过创新的服务模式，

提高顾客的购书体验和阅读兴趣。

该书店的旧物换新活动主要针对已购买过该店图书的顾客。顾客只需携带以往购买的图书，即可在书店指定区域换取等值的新书。此外，书店还为参与活动的顾客提供一系列增值服务，如阅读指导、新书推荐等，让顾客在享受旧物换新优惠的同时，也能感受到书店的专业和用心。

为了确保此次活动效果最大化，该书店在活动期间加强了对活动的宣传推广。一方面，该书店通过店内外宣传海报、微信公众号等方式，广泛传播活动信息，吸引更多顾客的参与；另一方面，该书店积极与多家阅读机构、学校合作，开展旧物换新活动宣讲和推广活动，进一步扩大活动的影响力。

通过此次旧物换新阅读体验活动，该书店成功地吸引了大量读者的关注和参与。许多读者在了解到活动信息后，纷纷前来参与活动。同时，活动还提升了书店的品牌形象，为书店未来的发展奠定了坚实的基础。

无论是餐饮连锁企业还是传统书店，旧物换新都是一种有效的引流策略。通过创新的服务模式和宣传手段，吸引更多顾客的关注和参与，不仅提升了品牌形象，也为未来的发展注入新的动力。

此外，我们还需要持续关注市场动态和顾客需求的变化，不断调整和优化旧物换新策略，不断创新和改进，以保持竞争优势并实现实体门店可持续发展。

第四节　扫码私域引流

一、私域引流的重要性与现状

在数字化的时代背景下，私域流量对于实体门店经营越来越重要。私域流量是实体门店自有的、可以反复利用的用户资源。通过私域流量的有效运营，实体门店不仅能降低获客成本，增加用户黏性，还能实现更精准的营销和更高效的转化。

私域流量有助于降低获客成本。在竞争激烈的市场环境中，获取新用户需要付出高昂的成本。而私域流量则是实体门店已经建立信任关系的用户资源，门店可以通过社群运营、会员制度等方式，持续激活这些用户，降低获客成本。

私域流量能够增加用户黏性。私域流量是门店与用户建立长期关系的基础。

门店通过提供个性化的服务、定期推送优惠活动等方式，可以不断吸引用户的注意力，提高用户的活跃度。

私域流量有助于实现更精准的营销和更高效的转化。通过私域流量的运营，实体门店可以深入了解用户的消费习惯、需求偏好等信息，从而制定更加精准的营销策略。同时，由于私域流量用户与实体门店之间已经建立了信任关系，因此实体门店的推广和营销活动也更容易得到用户的认可和支持，从而实现更高效的转化。

尽管私域流量在实体门店经营中扮演着越来越重要的角色，但当前实体门店私域引流的现状却并不乐观。许多实体门店在私域引流方面仍然面临诸多挑战。

许多实体门店对于私域流量的价值认识不够深入。许多实体门店经营者认为私域流量只是简单的用户积累，而忽视了私域流量在实体门店日常运营中的优势。

私域流量的获取和运营难度较大。私域流量的获取需要实体门店具备强大的内容创作能力和用户运营能力。然而，许多实体门店缺乏专业的知识和经验，导致私域流量的获取和运营效果不佳。同时，私域流量的维护也需要投入大量的时间和精力，这对于许多实体门店来说也是一个不小的挑战。

竞争环境给实体门店私域引流带来了一定压力。当下越来越多的实体门店开始重视私域流量的运营，使私域流量的获取变得更加困难，这时就需要实体门店在运营过程中不断创新和突破，以在激烈的市场竞争中脱颖而出。

当前，为了充分利用和发挥私域流量的优势，实体门店需要加强对私域流量的认识和理解，提升私域流量的获取和运营能力，并不断创新和优化营销策略。

二、扫码私域引流的策略与技巧

（一）制定扫码私域引流的策略

在制定扫码私域引流策略时，实体门店应充分考虑自身的业务特点、目标客户群体以及市场竞争情况。以下是一些关键的策略要点。

一是明确目标客户群体：明确门店的目标客户群体，包括他们的年龄、性别、兴趣爱好、消费习惯等，以便更好地定位扫码活动的内容和形式。

二是设计具有吸引力的活动：结合门店的实际情况，设计具有吸引力的扫码活动，如优惠折扣、积分奖励、礼品赠送等，激发客户的扫码兴趣。

三是制定合理的扫码规则：明确扫码活动的规则，如扫码的时间、地点、条件等，以确保活动能够有序、公平地进行。

四是设定有效的评估指标：设定能够衡量扫码活动效果的评估指标，如扫码率、转化率、留存率等，以便及时调整和优化策略。

（二）扫码方式的优化与创新

在扫码私域引流的过程中，扫码方式的优化与创新也是重点。以下是一些建议。

一是使用简洁明了的二维码：设计易于识别的二维码，避免过于复杂或模糊的图案，提高客户扫码的成功率。

二是优化扫码流程：简化扫码流程，减少操作步骤，提高客户的扫码体验。同时，确保扫码后能够直接跳转到门店的私域流量池，如公众号、小程序等。

三是创新扫码形式：结合新技术，探索创新的扫码形式。例如，利用增强现实（Augmentecl Reality，AR）技术设计有趣的扫码互动，或使用语音识别技术实现语音扫码等。

（三）提升用户扫码意愿的技巧

提升用户的扫码意愿是确保私域引流成功的关键。以下是一些有效的技巧。

一是提供价值：确保扫码活动能够为客户提供有价值的信息或优惠，使客户愿意主动扫码。例如，提供独家的优惠折扣、会员特权等。

二是强调隐私保护：在扫码过程中，强调对用户隐私的保护，明确告知用户扫码的目的和数据使用方式，以增强用户的信任感。

三是营造紧迫感：通过设定限时优惠、限量赠品等方式，营造扫码的紧迫感，激发客户的扫码欲望。

四是优化用户体验：在扫码后，提供优质的客户服务和体验，如及时回复用户的咨询、提供个性化的推荐等，以增加用户的黏性，提升用户的忠诚度。

五是利用社交媒体传播：利用社交媒体平台，如微信、微博等，积极传播扫码活动，吸引更多潜在客户的关注和参与。

总之，扫码私域引流需要门店结合自身实际情况制定策略，优化扫码方式，提升用户扫码意愿。通过不断创新和优化，实现私域流量的有效转化和门店业绩的持续提升。

三、扫码私域引流策略在餐饮行业的应用

（一）某连锁快餐店开展扫码引流活动

某知名连锁快餐店为了提升门店流量和增加顾客黏性，策划了一场扫码私域引流活动。该活动通过线上线下相结合，成功地吸引了大量顾客参与。

活动开始时，该快餐店在门店内外显眼位置张贴了扫码海报，引导顾客扫描二维码关注官方公众号。同时，店员也积极向顾客推荐扫码活动，并在收银台设置了专门的扫码区域。

顾客扫描二维码后，会自动跳转至官方公众号的关注页面，并收到一条欢迎消息。该消息介绍了公众号的功能和即将开展的活动信息，引导顾客进一步了解门店活动并参与。

该快餐店推出了一系列扫码专享优惠，如扫码点餐享受折扣、扫码参与抽奖活动等。这些优惠活动不仅激发了顾客的参与热情，也提高了门店的订单量和复购率。

此外，该快餐店还通过公众号向顾客推送最新的菜品信息、优惠活动等内容，增加了与顾客的互动频率。顾客可以通过公众号随时了解门店动态，并随时参与各种优惠活动。

通过此次扫码私域引流活动，该快餐店成功地吸引了大量新顾客关注官方公众号，并提高了老顾客的复购率。同时，公众号与顾客的互动也提高了该快餐店的品牌知名度和口碑。

（二）某特色餐厅开展扫码优惠活动

一家主打地方特色菜的餐厅为了吸引更多顾客前来品尝，策划了一场扫码优惠活动。该活动充分利用了扫码私域引流的优势，实现了精准营销和顾客转化。

餐厅在店内外布置了扫码海报和宣传单页，提醒顾客关注官方公众号并扫码参与优惠活动。同时，餐厅还通过社交媒体等渠道进行广泛宣传，吸引了更多潜在顾客。

顾客扫描二维码后，可以领取一张专属优惠券，并在用餐时享受相应的折扣。此外，餐厅还设置了会员专享区，只有关注公众号的顾客才能享受更多的优惠和特权。

通过此次扫码优惠活动，餐厅成功地吸引了大量新顾客前来品尝美食，并提高了老顾客的回头率。同时，通过公众号与顾客的互动，餐厅也收集了大量的顾客信息和反馈意见，为后续的营销活动提供了有力支持。

（三）某咖啡厅制订扫码积分奖励计划

为了增加顾客黏性和提高复购率，咖啡厅推出了扫码积分奖励计划。该计划通过扫码关注公众号和消费积分的方式，鼓励顾客回购。

咖啡厅在店内显眼位置设置了扫码海报和积分规则说明，引导顾客扫描二维码关注公众号并参与积分活动。同时，咖啡厅还通过公众号定期推送积分兑换信息、新品推荐等内容，吸引顾客到店消费。

顾客在关注公众号后，每次消费都可以获得相应的积分。当积分达到一定量时，顾客可以在公众号内兑换各种优惠和礼品，如免费饮品、折扣券等。此外，咖啡厅还设置了公众号专属优惠，只有关注公众号的顾客才能享受。

通过扫码积分奖励计划，咖啡厅成功地提升了顾客的复购率和满意度。同时，通过公众号与顾客的互动，咖啡厅也收集了大量的顾客信息和反馈意见，为后续的服务提升和营销活动提供了有力的数据支持。

四、扫码私域引流策略在零售行业的应用

（一）某超市推广扫码会员制度

如何通过扫码私域引流策略吸引和留住顾客，提升会员活跃度，是摆在超市管理者面前的难题。某大型连锁超市巧妙运用扫码私域引流的方式，成功推广了会员制度，实现了业务的增长。

该超市通过店内海报、收银台提示等方式，引导顾客扫描超市官方微信公众号或关注小程序。顾客扫码注册后，可以享受专属会员的优惠和服务，如积分累计、会员专享折扣、会员日特价等。这些优惠措施不仅激发了顾客的扫码兴趣，还增加了他们的黏性。

超市还利用扫码数据对顾客进行精准营销。通过对扫码用户的购物记录、偏好等进行分析，了解顾客的需求和喜好，从而推出更符合顾客需求的商品和服务。同时，超市根据顾客的历史购买记录，为他们推荐相关商品或优惠活动，提高购物体验。

此外，超市还定期举办扫码会员专享活动，如会员日、积分兑换等，进一步提高会员的参与度和忠诚度。这些活动不仅增加了超市的销售额，还加强了会员之间的互动和交流，形成了良好的购物氛围。

（二）某服装店开展扫码抽奖活动

服装店如何通过扫码私域引流的方式吸引顾客，提升销售额，是许多店家关注的问题。某服装店通过举办扫码抽奖活动，成功地吸引了大量顾客进店购物。

该服装店在店内设置了醒目的扫码抽奖活动海报，并安排专人引导顾客扫描店铺二维码。顾客扫码后，可以参与抽奖活动，有机会赢取店铺提供的优惠券、折扣券等礼品。这些奖品不仅吸引了顾客的注意力，还激发了他们的购物欲望。

同时，该服装店还通过扫码关注店铺的微信公众号，向顾客推送新品上市、促销活动等信息。这些信息不仅提高了顾客对店铺的关注度，还提高了他们的复购率。

在扫码抽奖活动的推动下，该服装店的客流量明显增加，销售额也实现了稳步增长。此外，店铺还通过扫码数据对顾客进行分析，推出了更符合顾客需求的商品和服务，进一步提高了顾客满意度。

（三）某电子产品店采取扫码领取优惠券方式

如何通过扫码私域引流吸引顾客，提高销售业绩，成为电子产品店面临的重要课题。某电子产品店通过扫码领取优惠券的方式，成功地吸引了大量顾客前来购物。

该电子产品店在店内设置了专门的扫码领取优惠券的区域，并配备了专业的工作人员进行指导。顾客只需扫描店内的二维码，即可领取店铺提供的优惠券，享受相应的折扣或优惠。

为了增加顾客的扫码意愿，该电子产品店还针对不同的产品线和消费群体推出了不同种类的优惠券。例如，针对热销的手机、电脑等电子产品，店铺推出了满减优惠券；而针对配件、耗材等小件商品，则推出了折扣券或买赠活动。这些优惠券的差异化设计不仅满足了不同顾客的需求，还提高了他们的购物体验。

此外，该电子产品店还通过扫码数据对顾客进行精准营销。对扫码领取优惠券的顾客进行分类和分析，针对不同类型的顾客推送相应的产品信息和促销活动。这些个性化推荐不仅提高了顾客的购买意愿，还提高了他们的复购率。

通过扫码领取优惠券的方式，该电子产品店实现了销售业绩的稳步增长。同时，店铺通过扫码数据对顾客进行了精准营销，进一步提升了顾客满意度和忠诚度。

五、扫码私域引流策略在美容美发行业的应用

（一）某美容院的扫码预约服务

在现代社会，美容行业已经成为人们日常生活中不可或缺的一部分。随着科技的发展，越来越多的美容院开始采用扫码私域引流的方式来提升客户体验，优化服务流程。

某知名美容连锁机构，为了增强客户预约服务的便利性，推出了一款基于微信平台的扫码预约服务系统。客户只需扫描美容院门店内的二维码，即可轻松进入预约界面，选择服务项目、时间以及美容师等信息。系统还会自动发送预约成功的通知，并提醒客户按时到店。

通过扫码预约服务系统，美容院不仅提高了服务效率，还提升了客户体验。客户不再需要花费大量时间等待或排队，可以根据自己的时间安排选择合适的服务时间。同时，系统还能够根据客户的预约记录和偏好，为其推荐更适合的服务项目和美容师，从而增加客户黏性。

（二）某美发店推出扫码享受专属优惠活动

美发行业作为美容美发领域的重要组成部分，同样需要借助扫码私域引流的方式来增加客户黏性和提高转化率。

某美发店为了吸引更多客户，推出了扫码享受专属优惠的活动。客户到店消费时，只需扫描店内二维码，即可领取相应的优惠券或折扣券，享受优惠。此外，客户还可以通过扫码加入美发店的会员计划，享受更多会员专属权益。

通过扫码享受专属优惠活动，该美发店吸引了大量新客户，并提升了老客户的回头率。同时，会员计划的推出也进一步增加了客户黏性，使客户更愿意选择该美发店进行消费。

（三）某美甲店制订扫码加入会员计划

美甲行业作为美容美发领域的细分市场，也需要借助扫码私域引流的方式来扩大市场份额。

一家高端美甲店为了扩大客户群体，推出了扫码加入会员计划的活动。客户到店消费时，可以通过扫描店内二维码，快速加入会员计划。成为会员后，客户可以享受会员专属权益，如折扣优惠、免费美甲课程等。此外，美甲店还会定期向会员推送最新的美甲趋势、优惠活动等信息，与客户保持互动和联系。

通过扫码加入会员计划活动，美甲店成功地扩大了客户群体，并增加了客户黏性。会员计划的推出使客户更愿意选择该美甲店进行消费，也为美甲店提供了更多与客户互动和沟通的机会。同时，美甲店还通过会员数据进行精准营销和客户服务优化，提升了客户满意度和忠诚度。

总之，在美容美发行业中，扫码私域引流已经成为一种有效的营销手段。然而在实际操作中，各门店还需注意扫码活动的合规性和保护用户隐私，以免引起不必要的风险和纠纷。

六、扫码私域引流策略在其他行业的应用

（一）教育培训行业的扫码私域引流策略

在教育培训行业，扫码私域引流策略已成为吸引学生和家长的有效途径。教育机构通过搭建自己的私域平台，利用扫码技术将潜在用户引导至线上平台，进而实现转化和留存。

首先，教育机构可以通过线上线下的方式推广扫码活动。例如，在校区内设置明显的扫码海报和二维码，吸引学生和家长扫描关注。同时，在官方网站、社交媒体等线上渠道发布活动信息，引导学生和家长扫描二维码参与活动。

其次，教育机构可以利用扫码技术开展互动营销活动。例如，设置扫码抽奖、答题赢礼品等游戏环节，吸引学生和家长积极参与并分享给更多人。通过这种方

式增加学生和家长对教育机构的关注，增加用户黏性，促进用户转化。

最后，教育机构还可以通过扫码技术实现个性化服务。例如，根据用户的扫码行为和浏览记录，为学生推荐合适的课程和活动。同时，通过定期推送个性化消息和优惠信息，提高学生的满意度。

（二）运动健康行业的扫码私域引流活动

在运动健康行业中，扫码私域引流活动同样具有广泛的应用价值。运动健康企业可以通过扫码技术将潜在用户引导至线上平台，为用户提供个性化的运动健康服务和产品。

运动健康企业可以在线下门店设置扫码活动，吸引用户扫描二维码关注企业公众号或小程序。例如，在健身房等场所设置扫码优惠活动，引导用户扫描二维码领取优惠券或参与健康挑战。

运动健康企业还可以通过线上渠道推广扫码活动。例如，在社交媒体平台发布健康知识科普文章，并在文章中嵌入二维码，引导用户扫码关注。同时，企业还可以通过合作方式与其他健康领域的企业共同开展扫码引流活动，扩大活动影响力和覆盖面。

在扫码引流活动中，运动健康企业需要注意保护用户隐私和数据安全。在收集用户信息时，应遵守相关法律法规，明确告知用户信息用途和保密措施。同时，运动健康企业还应加强对用户数据的分析和利用，为用户提供更加精准的健康服务。

（三）休闲娱乐行业的扫码私域引流活动

在休闲娱乐行业中，扫码私域引流创新方式具有广阔的应用前景。休闲娱乐企业可以通过扫码技术实现线上线下融合，提升用户体验和增加用户黏性。

休闲娱乐企业利用扫码技术实现线上预约和支付功能。例如，在电影院、KTV等场所设置扫码购票和支付功能，方便用户快速完成购买和支付流程。同时，还可以通过数据分析优化预约和支付流程，提高用户满意度和转化率。

休闲娱乐企业通过扫码技术开展互动营销活动。例如，在主题公园、游乐场等场所设置扫码参与游戏或抽奖活动，吸引用户积极参与并分享给更多人。通过这种方式，可以扩大企业影响力，吸引更多潜在用户。

此外，休闲娱乐企业利用扫码技术实现个性化推荐和定制服务。根据用户的扫码行为和喜好，为用户推荐合适的娱乐项目和产品。同时，提供个性化定制服务，满足用户的个性化需求，提升用户忠诚度。

总之，扫码私域引流策略在不同行业中都具有广泛的应用价值。通过搭建私域平台、开展互动营销活动、实现个性化服务等手段，企业可以吸引更多潜在用户，增加用户黏性和提高转化率，实现业务增长和品牌提升。同时，企业在进行活动时必须遵守相关法律法规、保护用户隐私并定期评估活动效果。只有做到这些，才能确保扫码私域引流活动的顺利进行，才能为企业带来持续的收益增长。

第五节 竞赛游戏引流

一、竞赛游戏设计思路

（一）游戏主题与门店特色相结合

在竞赛游戏的设计中，将游戏主题与门店特色紧密结合是至关重要的。通过深入挖掘门店的核心竞争力，将其转化为游戏的主题元素，不仅能增加活动的吸引力，还能进一步巩固和强化品牌形象。

例如，对于一家以“新鲜、健康”为特色的餐饮门店，可以将竞赛游戏的主题设定为“寻找最健康的美食组合”。游戏中，参与者需要根据门店提供的食材，自由搭配出既美味又健康的餐品。这样的游戏既能够凸显门店的特色，又能够吸引注重健康饮食的消费者。

对于实体门店来说，可以将门店的特色商品或服务理念融入竞赛游戏中。比如，一家主打潮流服饰的门店可以举办一场“时尚搭配挑战赛”，让顾客在游戏中展示自己的时尚品位和搭配技巧。这样的游戏不仅能够激发顾客的参与热情，还能够提升门店的知名度和美誉度。

（二）游戏规则设定与奖品激励

游戏规则是竞赛游戏设计的核心，合理的规则能够确保活动的公平性和趣味性。在制定游戏规则时，需要充分考虑门店的实际情况和顾客的参与意愿，确保规则既具有挑战性又不过于复杂。

同时，为了激发顾客的参与热情，设定合理的奖品激励也是非常重要的。奖品应该具有一定的吸引力和价值，能够真正激发顾客的参与欲望。奖品的选择应该与门店的特色和品牌形象相符合，以进一步提升品牌的影响力。

例如，对于咖啡店来说，可以设置一些与咖啡相关的奖品，如咖啡杯、咖啡豆、咖啡机等。这些奖品不仅能够满足顾客的使用需求，还能够让他们在使用过程中不断回忆门店的美好体验。

（三）游戏操作流程与用户体验优化

竞赛游戏的设计还需要注重操作流程的简便性和用户体验的优化。操作流程应该简单明了，方便顾客快速上手。同时，还需要关注用户体验的细节，如游戏界面的设计、操作按钮的布局等，以确保顾客在参与游戏的过程中能够获得愉悦的体验。

为了提高顾客的参与度和增加顾客黏性，还可以在游戏中增加一些互动元素，如社交分享、好友助力等。这些互动元素不仅能够让顾客感受到更多的乐趣，还能够通过顾客的社交渠道扩大门店的影响力。

总之，竞赛游戏的设计思路需要与门店的特色紧密结合，通过合理的规则设定和奖品激励吸引顾客的参与，同时注重操作流程的简便性和用户体验的优化，以提升门店的品牌影响力和竞争力。

二、竞技游戏引流策略在餐饮门店的应用

（一）火锅店：火锅烹饪大赛

火锅店作为餐饮行业的一个重要组成部分，一直以来都以其独特的魅力和丰富的口味吸引众多食客。在当今竞争激烈的市场环境下，如何通过创新策略提升品牌知名度，吸引更多客户，成为火锅店经营者需要思考的重要问题。而举办火锅烹饪大赛便是一种非常有效的引流方式。

火锅烹饪大赛的核心在于将火锅制作技艺与比赛形式相结合，通过食客们的参与和互动，提升门店的知名度，增加客户黏性。在比赛设置上，可以根据门店特色和市场需求，设置不同的比赛环节和评分标准。例如，可以设置食材准备、

火候掌握、口味搭配等环节，同时邀请专业评委和食客代表共同打分，确保比赛的公平性和趣味性。

在执行过程中，火锅店需要做好充分的准备工作。首先，门店需要提前宣传和推广，吸引更多的食客参与。可以通过线上社交平台、线下海报等渠道进行宣传，提高活动的曝光度。其次，门店需要准备充足的食材和器具，确保比赛过程中不会出现物资短缺的情况。同时，门店还需要为参赛者提供舒适的比赛环境，如宽敞的场地、明亮的灯光等，以提升参赛者的体验感。

通过举办火锅烹饪大赛，火锅店不仅可以吸引更多的食客到店消费，还可以提升门店的品牌形象和市场竞争力。参赛者在比赛过程中的表现和作品，可以成为门店宣传的重要素材，通过社交媒体等渠道进行传播，进一步扩大门店的知名度和影响力。同时，比赛过程中的互动和交流也有助于增加食客对门店的好感和忠诚度，为门店的长远发展奠定坚实的基础。

（二）咖啡厅：咖啡拉花挑战赛

咖啡厅作为现代都市生活中不可或缺的一部分，以其幽雅的环境和浓郁的咖啡香气吸引众多消费者的青睐。在竞争激烈的咖啡市场中，如何通过创新活动吸引顾客，提升品牌影响力，是每个咖啡厅经营者都需要思考的问题。咖啡拉花挑战赛便是一种富有创意且行之有效的策略。

通过咖啡拉花挑战赛邀请顾客参与咖啡拉花制作，可以让顾客在享受咖啡的同时，体验到咖啡艺术的魅力。在活动过程中，顾客可以根据自己的创意和想象力，创作出独具特色的咖啡拉花作品。同时，咖啡厅可以邀请专业咖啡师进行现场指导和点评，提高顾客的技能水平和作品质量。

为了成功举办咖啡拉花挑战赛，咖啡厅需要做好充分的准备工作。首先，咖啡厅需要准备专业的咖啡拉花工具和优质咖啡豆，确保顾客在比赛过程中能够发挥出自己的最佳水平。其次，咖啡厅需要制定详细的比赛规则和评分标准，确保比赛的公平、公正。最后，咖啡厅还可以通过社交媒体等渠道进行宣传，吸引更多顾客参加比赛。

咖啡拉花挑战赛的举办不仅能够吸引更多顾客光顾咖啡厅，还能够提升咖啡厅的品牌形象和市场竞争力。通过比赛活动，咖啡厅可以展示自己的专业技能和服务水平，增加顾客对咖啡厅的信任和好感。同时，比赛过程中的互动和交流也有助于加强顾客之间的社交联系，为咖啡厅营造出更加温馨和谐的氛围。

（三）快餐店：快速点餐挑战赛

随着生活节奏的加快，快餐店以其方便快捷的特点成为很多人解决餐饮问题的首选。然而，在快餐店数量众多的今天，如何让自己的门店脱颖而出，吸引更多顾客，成为一个亟待解决的问题。快速点餐挑战赛便是一种能够提升快餐店知名度和客户体验的创新策略。

快速点餐挑战赛的核心在于通过比赛的形式，鼓励顾客快速准确地完成点餐过程。在比赛过程中，门店可以设置不同的点餐场景和难度等级，让顾客在挑战中体验到快餐店的便捷服务。同时，门店还可以邀请专业评委对顾客的点餐速度和准确性进行评分，以确保比赛的公平性和趣味性。

为了成功举办快速点餐挑战赛，快餐店需要做好充分的准备工作。首先，门店需要对员工进行专业培训，提升员工的服务水平和响应速度。其次，门店需要优化点餐流程，简化操作步骤，提高点餐效率。最后，门店还可以通过线上平台或线下宣传等方式，吸引更多顾客参加比赛。

快速点餐挑战赛的举办不仅可以提升快餐店的知名度和品牌形象，还可以提升顾客对门店的忠诚度。通过比赛活动，快餐店可以展示出自己的服务水平和专业素养，提高顾客对门店的好感度。同时，比赛过程中的互动和交流也有助于加强顾客与门店之间的情感联系，为门店的长远发展奠定坚实的基础。

三、竞技游戏引流策略在零售门店的应用

（一）服装店：时尚搭配挑战赛

时尚搭配挑战赛是服装店中一种独特的竞赛游戏引流方式，旨在吸引顾客参与比赛，提高销售额。该比赛邀请顾客在店内挑选服装进行搭配，最终评选出最佳搭配作品，并给予丰厚的奖品激励。

活动前期，服装店在官方社交媒体平台、门店宣传栏等渠道发布时尚搭配挑战赛的信息，吸引顾客关注。同时，店内也会设置专门的搭配区域，提供多样化的服装、鞋子、配饰等供顾客挑选。

活动期间，顾客可以自由挑选服装进行搭配，并拍照上传至门店指定平台。

店内工作人员会组织专业评委对参赛作品进行评选，并在店内展示优秀作品，吸引更多顾客前来参观和购买。

时尚搭配挑战赛不仅提高了顾客对服装店的关注，也增加了顾客对店内商品的购买意愿。参赛者的口碑传播和社交媒体分享，有利于扩大品牌影响力，吸引更多潜在顾客。

（二）家居店：家居装修设计大赛

家居装修设计大赛是家居店吸引顾客参与的一种创意竞赛游戏引流方式。该活动通过邀请顾客参与家居装修设计，展示店内家居产品的实际应用效果，进而提升销售额。

家居店会提前在店内布置多个样板间，供顾客参观和挑选。同时，店内会提供设计软件和装修材料供顾客使用，让顾客亲自参与家居装修设计。

活动期间，顾客可以根据自己的喜好和需求，在店内选择相应的样板间进行装修设计。设计完成后，顾客可以将自己的设计作品上传至门店指定的平台，并邀请亲朋好友进行点赞和评论。

家居店组织专业评委对参赛作品进行评选，并选出最具创意、最实用的设计作品。门店将对优胜者给予丰厚的奖品激励，并在店内展示其设计作品，吸引更多顾客前来参观和购买。

通过家居装修设计大赛，家居店不仅提高了顾客的购买意愿，也展示了店内家居产品的实际应用效果，提高了顾客对家居产品的信任度和满意度。

（三）书店：读书分享会及知识竞赛

书店作为知识传播的重要场所，举办读书分享会和知识竞赛是其吸引顾客、提升品牌形象的有效方式。这类活动既能加强顾客之间的交流与互动，也能激发顾客的购书欲望，增加店内销售额。

读书分享会通常邀请读者分享自己的阅读心得和感悟，或者邀请知名作家、学者来店内举办讲座，与读者分享读书的乐趣和收获。在分享会中，书店可以提供饮品和小食，为参与者营造轻松愉快的交流氛围。

知识竞赛则是通过设置有趣的题目和丰厚的奖品，吸引顾客积极参与。书店可以根据不同的书籍类别、作者或主题来设置竞赛题目，让参赛者在答题过程中感受到阅读的乐趣。同时，书店还可以邀请专业人士担任评委或嘉宾，提升竞赛的专业性和权威性。

读书分享会和知识竞赛不仅能够加强书店与顾客之间的互动和联系，还能够提升书店的品牌形象和知名度。通过顾客的口碑传播和社交媒体分享，这些活动还能够吸引更多潜在顾客前来参观和购书。

在举办这类活动时，书店需要注意保持活动的多样性和新鲜感，避免陷入重复和单调的境地。同时，书店还需要关注顾客的反馈和需求，不断改进和优化活动内容和形式，以更好地满足顾客的期望和需求。

四、竞赛游戏引流执行步骤

（一）前期准备与资源投入

在举办竞赛游戏引流活动之前，实体门店需要做好充分的前期准备和资源投入。具体包括以下几个方面。

首先，要明确活动的目标和定位。实体门店需要分析目标客户群体的需求和兴趣，确定竞赛游戏的主题和形式，以确保活动能够吸引目标客户。同时，还需要设定明确的活动目标，如提升门店知名度、增加客户流量、提高销售额等。

其次，准备好活动物资和场地。根据竞赛游戏的规模和要求，实体门店需要购置相应的设备和器材，如游戏道具、奖品等。同时，还需要提前规划好场地布局和装饰，营造出浓厚的活动氛围。

再次，进行人员培训和演练。实体门店需要对参与活动的员工进行详细的培训和指导，确保他们能够熟悉活动的流程和要求，并能够为客户提供优质的服务。同时，还需要进行演练和模拟，以检验活动的可行性和效果。

最后，对活动进行预算和成本控制。在制订活动方案时，要充分考虑各项费用支出，如物资采购、场地租赁、人员工资等，以确保活动能够在预算范围内顺利进行。

（二）宣传推广与渠道选择

有效的宣传推广是竞赛游戏引流成功的关键。实体门店需要选择合适的宣传渠道和方式，以扩大活动的影响力和覆盖面。

首先，可以利用线上平台进行宣传。实体门店可以通过官方网站、社交媒体、短视频等渠道发布活动信息，吸引网友关注和参与。同时，还可以与网红、博主等合作，邀请他们参与活动并进行宣传，以增加活动的曝光度和影响力。

其次，可以通过线下渠道进行宣传。实体门店可以在门店周边区域发放传单、悬挂横幅等，吸引过往客户的注意。同时，还可以与周边商户进行合作，通过共享资源、互推活动等方式，实现互利共赢。

最后，可以利用口碑营销和客户关系管理等方式进行宣传。通过提供优质的服务和产品，赢得客户的信任，进而吸引更多潜在客户。同时，还可以建立完善的客户关系管理系统，对客户进行细分和个性化服务，提高客户满意度和忠诚度。

（三）活动开展与监控调整

在活动开展过程中，实体门店需要做好监控和调整工作，以确保活动的顺利进行和达到预期效果。

首先，要对活动进度和效果进行实时监控。实体门店可以设立专门的活动监控小组，负责收集和分析活动数据，如客户参与度、销售额等，以便及时发现问题并进行调整。

其次，要根据活动效果进行及时调整和优化。如果发现活动效果不佳或存在问题，实体门店需要及时调整活动方案，如改变游戏规则、增加奖品等，以提高客户参与度和活动效果。

再次，实体门店还需要及时关注客户反馈和意见。通过收集客户的反馈和意见，实体门店可以了解客户对活动的评价和需求，进而改进和优化活动方案，提高客户满意度和忠诚度。

最后，实体门店需要对活动进行总结和复盘。通过总结经验和教训，为下一次活动提供有益的参考和借鉴。同时，还需要对活动效果进行评估和分析，以便制定更为有效的引流策略。

在多元化引流策略的应用过程中，实体门店需要注重策略之间的协调性和互补性。不同的引流策略具有不同的优势和局限性，实体门店需要根据自身的特点和需求，合理选择和组合不同的策略，以实现最佳的引流效果。

第六节　事件视觉引流

一、事件视觉引流的核心要素

（一）理解目标客户需求

对于实体门店来说，理解目标客户的需求是制定有效的事件视觉引流策略的首要步骤。这需要对市场趋势有敏锐洞察、对客户画像有精准构建以及对消费行为心理有深入理解。

首先，我们需要关注市场趋势，了解当前流行的消费观念、生活方式和审美偏好。例如，近年来，健康、环保、品质生活等概念备受推崇，因此实体门店在设计事件视觉时可以围绕这些主题展开，以吸引潜在客户的关注。

其次，通过数据分析、用户调研等方式，构建清晰的目标客户画像。具体包括了解客户的年龄、性别、职业、收入水平等基本信息以及他们的购物习惯、消费心理等，为制定有针对性的事件视觉引流策略提供依据。

最后，我们需要深入研究消费者的行为心理。例如，人们往往更容易被新颖、有趣、有代入感的事物所吸引。因此，在事件视觉的设计上，我们可以运用创意元素和故事情节，让目标客户产生共鸣，激发他们的购买欲望。

（二）创意策划与事件定位

创意策划是事件视觉引流策略的关键环节。通过独特的创意和个性化的设计，我们可以打造别具一格的门店活动，吸引更多的潜在客户。

在创意策划过程中，我们需要关注门店的定位和品牌形象。根据门店的特点和目标客户群体的需求，确定活动的主题、形式和内容。例如，时尚品牌店可以举办一场时尚秀或潮流派对，通过展示最新的潮流趋势和品牌形象，吸引年轻消费者的关注。

在创意策划过程中，我们需要确保活动方案的实施难度、成本投入和预期收益等因素都在可控范围内。同时，通过制定明确的效果评估指标，对活动的效果进行实时监测和评估，及时调整策略，提高引流效果。

（三）事件视觉的吸引力设计

事件视觉的吸引力设计是吸引潜在客户的重要手段。通过精美的视觉设计和独特的视觉元素，可以打造出独特的品牌形象，提高门店的知名度和影响力。

在视觉设计方面，我们需要关注色彩搭配、字体选择、图案设计等方面。通过使用鲜明、醒目的色彩和个性化的字体，突出活动的主题和品牌形象，吸引客户的注意力。同时，运用创意图案和故事情节，让活动更加生动有趣，提高客户的参与度。

此外，我们还可以借助一些视觉元素来增加活动的吸引力。例如，通过布置有趣的互动装置、展示精美的宣传海报和实物样品等，让目标客户更加直观地了解活动内容和产品特点，提高他们对门店的兴趣和好感。

综上所述，事件视觉引流策略成功的关键在于理解目标客户需求、创意策划与事件定位以及视觉设计的吸引力。综合运用这些要素，我们可以打造出具有吸引力和影响力的活动，提高门店的知名度和美誉度，促进业绩增长。

二、事件视觉引流策略在餐饮行业的应用

（一）某知名火锅店开展周年庆活动

随着餐饮市场的竞争加剧，一家知名火锅店为了庆祝其成立五周年，特别策划了一场主题鲜明、视觉震撼的周年庆活动。该火锅店以传统的火锅文化为基础，融入现代设计元素，营造出既传统又现代的氛围。

在周年庆活动期间，该火锅店在店内外布置了大型的火锅造型装置以及各式各样的火锅食材装饰，让人仿佛置身于一片火锅的海洋。同时，店内还播放着欢快的音乐，十分热闹。

为了吸引更多的消费者参与，该火锅店还设计了一系列互动游戏和抽奖环节。消费者可以通过关注店铺的社交媒体账号，参与线上互动游戏，赢取优惠券和折扣等福利。同时，在店内消费满一定金额的顾客还可以参与现场抽奖活动，有机会获得丰富的奖品。

通过这场周年庆活动，该火锅店成功地吸引了大量消费者的关注，并提升了品牌知名度和美誉度。据统计，活动期间该火锅店的营业额较平时增长了近

50%，客流量也大幅增加。

（二）某小吃连锁店开展新品上市活动

某小吃连锁店为了推广其新上市的小吃产品，精心策划了一场视觉与味蕾的双重盛宴。

在新品上市期间，该小吃连锁店在店内外张贴了醒目的新品海报和宣传单页，同时还在店内的电视屏幕上播放新品介绍视频。这些视觉元素的设计充满创意和吸引力，让人一看就能感受到新品的魅力。

为了吸引消费者品尝新品，该小吃连锁店还推出了多种优惠活动。例如，新品上市期间，凡购买新品的顾客都可以享受一定的折扣优惠；同时，店内还设置了试吃区，让顾客可以免费品尝新品。

通过这场新品上市活动，该小吃连锁店成功地吸引了大量消费者，并获得了良好的口碑；新品小吃的销量也实现了快速增长，为店铺的业绩提升作出了重要贡献。

（三）某快餐店开展线上线下联动活动

为了增加市场份额和提升品牌影响力，某快餐店策划了一场线上线下联动活动。该活动以快捷、方便为卖点，旨在通过线上线下相结合的方式，吸引更多消费者的关注。

在线下方面，该快餐店在店内外布置醒目的活动海报和宣传标语，同时还推出了多款限时优惠套餐。这些优惠套餐的价格实惠、品种丰富，吸引了大量消费者前来购买。

在线上方面，该快餐店通过社交媒体平台发布活动信息和互动游戏，鼓励消费者参与、分享和传播该活动。同时，店内还设置了二维码扫码区，方便消费者通过手机参与线上活动并享受优惠。

通过线上线下联动，该快餐店成功地扩大了市场份额，并提升了品牌影响力。活动期间，其营业额和客流量均实现了显著增长，为该快餐店的未来发展奠定了坚实的基础。

三、事件视觉引流策略在零售行业的应用

（一）节日促销活动的设计与实施

在零售行业，节日促销活动是吸引顾客、提升销售额的重要手段。为了有效地开展节日促销活动，商家需要精心设计活动的各个环节，以确保视觉引流策略的有效实施。

在活动策划阶段，商家需要明确活动的主题和目标，以及针对的目标客户群体。根据节日的特点和消费者的需求，设计具有创意和吸引力的活动方案。例如，在春节期间，商家可以推出以“恭贺新春”为主题的促销活动，通过布置贴“福”字、悬挂彩灯等装饰物，营造出浓厚的节日氛围。

在活动实施过程中，商家需要注重活动的宣传和推广。通过线上线下的方式，将活动信息传递给更多的潜在顾客。在实体门店，商家可以通过海报、展板等视觉元素，吸引顾客的注意力。同时，商家还可以利用社交媒体等线上渠道，发布活动信息，引导顾客前来参与。

此外，商家还需要关注活动的执行和效果评估。通过收集顾客反馈、分析销售数据等方式，商家可以了解活动的实际效果，并根据反馈调整策略，以提升活动的效果。

（二）品牌形象展示与文化传播

在零售行业中，品牌形象展示和文化传播对于吸引顾客、树立企业形象至关重要。通过有效地展示品牌形象和传播企业文化，商家可以提升顾客的认同感和忠诚度，进而促进销售增长。

首先，商家需要确保店铺的设计、陈列等视觉元素能够准确地传达品牌的核心理念和形象。店铺的布局、色彩搭配、灯光照明等都需要与品牌形象相契合，营造出独特的品牌氛围。

其次，商家可以通过举办文化活动、发布品牌故事等方式，传播企业文化和价值观，加强顾客对品牌的了解和认同，提升品牌的知名度和美誉度。

最后，商家还可以通过线上渠道，如社交媒体、品牌网站等，进行品牌形象的展示和文化的传播。通过发布有关品牌动态、产品信息等内容，商家可以与顾

客进行互动，增加顾客对品牌的关注和黏性。

（三）客户互动与体验提升

在零售行业中，客户互动与体验提升是提升顾客忠诚度和促进销售业绩增长的重要手段。通过与客户建立良好的互动关系，商家可以了解顾客的需求和偏好，进而提供更加个性化的服务和产品。

首先，商家需要关注客户的购物体验。在店铺设计、陈列布置等方面，商家需要考虑顾客的购物习惯和需求，提供便捷的购物环境和舒适的购物体验。

其次，商家可以通过举办互动活动、提供优惠等方式，加强与顾客的互动。例如，商家可以开展积分兑换、会员日等活动，让顾客享受更多的优惠。同时，商家还可以通过问卷调查、意见收集等方式，了解顾客对产品和服务的反馈，以便及时调整和改进。

最后，商家可以利用技术手段，如人工智能、大数据等，提升客户的购物体验；还可以通过智能化导购系统、智能推荐等方式，为顾客提供更加便捷和个性化的购物体验。

综上所述，零售行业事件视觉引流策略需要从多个方面入手，包括节日促销活动的设计与实施、品牌形象展示与文化传播以及客户互动与体验提升等。通过综合运用这些策略，商家可以有效地吸引顾客、增加销售额，进而实现高质量发展。

四、事件视觉引流策略在服装行业的应用

（一）某时尚品牌的新品发布会

在服装行业中，精心策划的事件视觉引流策略能够有效提升品牌曝光度和销售业绩。以某时尚品牌的新品发布会为例，该品牌通过创意的视觉设计和多元的互动环节，成功吸引目标客户群体，达到了高效的营销效果。

首先，该品牌针对新品发布会的主题进行了深入的创意策划，以时尚、潮流为核心元素，打造出独具特色的视觉形象。在发布会现场，通过创意的灯光、道具、背景板等视觉元素，营造出浓厚的时尚氛围。

其次，该品牌通过一系列精彩的互动环节，提升了观众与品牌的互动体验。

例如，设置新品试穿区、模特走秀环节以及现场互动游戏等，让观众能够亲身感受新品的设计理念和穿着体验。同时，通过社交媒体平台进行现场直播和互动，让更多线上观众参与到发布会中来。

最后，该品牌的新品发布会取得了显著的成果。现场观众人数众多，线上直播观看量也达到了数百万。新品服装在发布会后迅速走红，门店销售额实现了大幅度增长。

（二）某潮牌店铺的街头文化节

某潮牌店铺为了进一步提升品牌的影响力和销售额，举办了一场别开生面的街头文化节。该活动以街头文化为主题，通过一系列创意十足的视觉设计和活动安排，成功地吸引了大量年轻消费者的关注。

在街头文化节的视觉设计上，该潮牌店铺注重突出品牌特色和街头元素。利用涂鸦、街舞、滑板等街头文化符号，打造出充满个性和活力的现场氛围。同时，通过创意的装置艺术和灯光效果，提升了活动的整体视觉效果。

在活动安排方面，该潮牌店铺邀请了众多知名街舞团队和滑板手进行现场表演，并设置了互动游戏、现场抽奖等环节，让观众能够深度参与。此外，还设置了品牌新品展示区，让观众能够近距离感受品牌的新品设计和风格。

通过这场街头文化节，该潮牌店铺成功地吸引了大量年轻消费者的关注和喜爱，品牌形象得到了进一步提升，销售额也实现了显著增长。

（三）某女装店的春季促销活动

在春季到来之际，某女装店为了迎接销售旺季，精心策划了一场春季促销活动。该活动通过创意的视觉设计和丰富的优惠活动，成功地吸引了女性消费者的关注和购买。

在视觉设计方面，该女装店以春季为主题，通过明亮的色彩、清新的图案和温馨的氛围营造，打造出充满春天气息的购物环境。同时，在店铺内部设置了多个展示区域，展示当季新品和热销商品，方便消费者挑选购买。

在优惠活动方面，该女装店推出了多项针对春季购物的优惠政策，如满减、折扣、赠品等。同时，还通过社交媒体平台和线下宣传渠道进行广泛宣传，吸引更多消费者参与活动。

通过这场春季促销活动，该女装店成功地提升了品牌知名度，增加了销售额。消费者在享受优惠的同时，也对品牌产生了更多的好感和信任感。这为品牌未来的发展奠定了坚实的基础。

五、事件视觉引流策略在美容美发行业的应用实践

（一）某美发沙龙的形象升级活动

近年来，随着消费者对于美的追求日益提升，美发行业竞争愈发激烈。为吸引更多顾客，某美发沙龙决定通过形象升级活动进行视觉引流。该活动旨在展示沙龙的全新风格，同时增强顾客对品牌的认同感。

活动前期，美发沙龙对店面进行了全面升级，包括店面装修、产品摆放以及员工着装等方面。店面以简约时尚风格为主，营造出舒适温馨的氛围。产品摆放则按照品类进行分区，方便顾客挑选。员工统一着装，展现出专业、精致的形象。

活动期间，美发沙龙邀请知名发型师进行现场表演，展示最新发型趋势，并设置互动环节，让顾客亲自体验新发型并拍照留念。同时，美发沙龙还推出了优惠活动，吸引更多顾客前来体验。

通过形象升级活动，美发沙龙成功地吸引了大量顾客。活动现场人头攒动，气氛热烈。许多顾客表示，通过此次活动不仅了解了最新发型趋势，还感受到了美发沙龙的专业与用心。活动结束后，该美发沙龙顾客数量明显增加，品牌形象也得到了提升。

（二）某美容院的美肤讲座与体验

为提升品牌形象，吸引更多顾客，某美容院决定举办美肤讲座与体验活动。活动旨在向顾客传授正确的护肤知识，同时让顾客亲身体验美容院的专业服务。

该美容院邀请了专业护肤讲师进行授课。讲师围绕肌肤护理、美容知识等方面进行深入浅出的讲解，让顾客对护肤有更深入的了解。此外，美容院还准备了丰富的护肤产品供顾客试用。

在讲座环节，顾客们纷纷到场，认真聆听讲师的讲解，并积极参与互动环节。在体验环节，顾客们亲身体验了美容院的专业服务，并纷纷表示对美容院的服务和产品非常满意。

通过美肤讲座与体验活动，美容院不仅成功地吸引了大量潜在顾客，也提升了美容院的品牌形象，让更多人感受到美容院的专业与用心。

（三）某美容连锁店的节日特惠活动

节日是消费者购物的高峰期，也是商家进行视觉引流的好时机。某美容连锁店抓住节日契机，推出节日特惠活动。活动旨在吸引更多顾客，同时提升品牌知名度和美誉度。

在活动筹备阶段，美容连锁店对店面进行了精心布置，营造出浓厚的节日氛围；制订了详细的促销方案，包括折扣优惠、满减活动以及赠品等。此外，通过线上线下多渠道进行宣传，吸引更多顾客关注。

活动期间，该美容连锁店顾客数量明显增加。顾客被店面的节日氛围和优惠活动所吸引，纷纷前来消费。同时，该美容连锁店还提供优质的服务和专业的护肤建议，让顾客感受到了品牌的价值和用心。

通过节日特惠活动，该美容连锁店成功地提升了品牌知名度和美誉度。许多顾客在活动结束后选择继续前来消费，成为忠实客户。同时，该美容连锁店也借此机会扩大了市场份额，为未来的发展奠定了坚实的基础。

事件视觉引流策略在实体门店的引流和营销中扮演着越来越重要的角色。通过不断优化和创新视觉引流策略，实体门店可以吸引更多潜在客户的关注，提升销售业绩和客户满意度，实现品牌的持续发展和壮大。

第七节　搭建混圈引流

一、混圈引流概念与重要性

混圈引流是指实体门店通过融入不同的社交圈层，利用各类社交平台、线上渠道以及线下活动等，将潜在顾客吸引至门店，进而增加销售额和扩大品牌影响力。其核心思想在于打破传统营销模式的局限，将营销触点延伸到更广泛的用户群体中，通过更加精准、有趣、互动的方式，与潜在顾客建立联系，激发其购买欲望。

混圈引流不仅涉及线上渠道的拓展，还包括线下活动的组织与实施。线上渠道主要包括社交媒体、短视频平台、直播平台等，实体门店可以通过这些平台发布优惠信息、新品推广、活动预告等内容，吸引用户关注并引导其到店体验。线下活动则包括门店周边的社区活动、公益活动、文化节等，通过参与这些活动，门店可以与周边居民建立更加紧密的联系，提升品牌知名度和美誉度。

混圈引流能够增加实体门店的客流量。通过在不同社交圈层进行营销活动，门店可以触达更多潜在顾客，吸引他们到店体验。同时，混圈引流还能增加顾客黏性，使顾客更愿意成为门店的忠实拥趸。通过持续推出有趣、有价值的互动内容，门店可以与顾客建立更紧密的情感联系，提高顾客的复购率和口碑传播率。

混圈引流能够提升实体门店的品牌形象。通过精心策划的营销活动，门店可以展示其独特的品牌理念和产品优势，提升顾客对品牌的好感度。同时，混圈引流还能帮助门店塑造积极的品牌形象，使顾客对门店产生更多的信任感和归属感。

混圈引流能够促进实体门店的销售增长。通过引入更多的潜在顾客，门店的销售额可得到显著提升。此外，混圈引流还能推动门店的产品创新和服务升级，满足顾客不断变化的需求，进一步提高顾客满意度和忠诚度。

总之，混圈引流作为一种创新的营销策略，对于实体门店来说具有重要的意义。在未来，随着社交媒体的不断发展和线下活动的日益丰富，混圈引流将成为实体门店提升竞争力、实现高质量发展的关键手段之一。

二、混圈引流策略的构建与实施

（一）识别目标客户群体与定位

在构建混圈引流策略之前，首先需要明确目标客户群体及其定位。对于实体门店来说，目标客户的识别是制定有效引流策略的关键。要深入了解目标客户的性别、年龄、地域、消费习惯等特征，进而进行精准定位。

对于餐饮门店，目标客户可能是上班族、家庭群体、学生等。他们具有不同的用餐需求和消费习惯，因此，餐饮门店需要根据目标客户的特征，提供符合其口味的菜品、服务以及环境。同时，餐饮门店还需根据目标客户的消费能力，合理定价，确保门店在吸引客流的同时也能实现盈利。

对于零售门店，目标客户可能是年轻人、家庭主妇、购物爱好者等。这些客户群体对产品的需求各有侧重，如年轻人可能更关注时尚潮流，家庭主妇可能更注重性价比和实用性。因此，零售门店需要根据不同目标客户的需求，调整商品结构、采购渠道和营销策略，以满足其购物需求。

（二）选定合适的混圈平台与渠道

在明确目标客户群体与定位之后，需要选定合适的混圈平台与渠道。混圈引流策略的核心在于将目标客户群体聚集到某一平台或渠道，进而引导其到门店消费。因此，选择合适的平台与渠道至关重要。

对于餐饮门店，可以选择与美团、饿了么等外卖平台合作，通过平台推广吸引线上流量。此外，还可以利用微信公众号、小程序等社交媒体渠道进行宣传和推广。对于零售门店，可以选择在淘宝、京东等电商平台开设店铺，通过电商平台的流量优势吸引目标客户。同时，也可以利用抖音、快手等短视频平台进行产品展示和引流。

在选择平台与渠道时，还需要考虑平台的用户规模、活跃度、覆盖区域等因素，以确保所选平台能够覆盖到足够多的目标客户。此外，还需要关注平台的费用结构、合作模式等细节问题，确保门店在合作中能够获得实惠。

（三）制订具体的引流活动方案

在选定平台与渠道后，还需要制订具体的引流活动方案。引流活动的设计应紧密结合门店的实际情况和目标客户的需求，确保活动具有吸引力和实效性。

对于餐饮门店，可以设计诸如“新品试吃”“满减优惠”“限时折扣”等促销活动。通过活动吸引客户到店品尝菜品，进而提高门店的知名度和美誉度。同时，还可以设置会员制度，通过积分、会员专享优惠等方式，增加客户黏性，促使其成为门店的忠实客户。

对于零售门店，可以设计诸如“限时秒杀”“满额赠品”“组合优惠”等促销活动。通过活动刺激客户的购买欲望，增加门店的销售额。此外，还可以开展线上线下互动活动，如线上抽奖、线下体验等，以增强客户的参与感和体验感。

（四）注重营销内容创作与传播策略

在制订具体的引流活动方案后，也需要关注营销内容的创作与传播策略。营销内容的质量和传播效果直接影响到引流活动的效果。

在营销内容的创作上，应注重内容的创意性和实用性。通过撰写具有吸引力的文案、设计美观的图片等，提升内容的质量和观赏性。同时，还要确保内容能够准确传达门店的品牌形象和核心价值，以提高客户对门店的信任度和好感。

在传播策略上，应注重多渠道、全方位的推广。除了利用所选平台的推广资源外，还可以通过社交媒体、线下宣传等渠道进行推广。同时，还可以利用优质顾客进行口碑传播，提高门店的知名度和影响力。此外，还可以通过数据分析工具对传播效果进行监测和评估，以便及时调整传播策略，提高引流效果。例如，可以关注传播渠道的流量、转化率等指标，以评估传播效果的好坏。

综上所述，构建与实施混圈引流策略需要紧密结合门店的实际情况和目标客户的需求，通过识别目标客户群体、选定合适的平台与渠道、制订具体的引流活动方案以及注重创作与传播优质的营销内容，实现有效的引流和转化。

三、混圈引流策略在餐饮行业的应用

（一）快餐店混圈引流的成功之路

快餐店作为餐饮市场中的一支重要力量，对于混圈引流策略的应用也尤为突出。近年来，随着人们生活节奏的加快，人们对快餐店的需求不断上升，如何在这一竞争激烈的市场中脱颖而出，混圈引流成为一个值得探索的课题。

以某知名快餐品牌为例，其成功运用混圈引流策略，实现了门店业绩的稳步增长。该品牌首先通过市场调研，明确了目标客户群体为年轻白领和学生群体，这些人群对于方便快捷的餐饮服务有着较高的需求。随后，该品牌选定了社交媒体平台作为混圈的主要渠道，通过发布美食图片、优惠活动等方式吸引目标客户的关注。

同时，该品牌还积极开展线上互动活动，如推出限时折扣、会员积分兑换等，进一步提高了客户的参与度。这些活动不仅吸引了大量新客户，还促使老客户复购，形成了稳定的客流。

此外，该品牌还与其他企业、机构进行跨界合作，共同举办线上线下活动，实现了资源共享和互利共赢。这种合作方式不仅扩大了品牌的影响力，还吸引了更多潜在客户的关注。

（二）饮品店利用社交媒体引流

饮品店作为餐饮行业中的一股清流，以其时尚、健康、美味的特点吸引了大量年轻消费者的喜爱。在混圈引流方面，饮品店同样有着丰富的实践经验。

以某知名饮品品牌为例，其通过社交媒体平台成功地吸引了大量粉丝，并将这些粉丝转化为实际消费者。该品牌注重在社交媒体上发布高质量的原创内容，如新品推荐、制作过程分享等，这些内容不仅吸引了用户的眼球，还提高了用户对品牌的认知度和好感度。

此外，该品牌还积极参与社交媒体上的热门话题讨论，与粉丝进行互动，及时回应粉丝的反馈和建议。这种亲近用户的做法不仅拉近了品牌与消费者之间的距离，还提高了品牌的口碑和形象。

同时，该品牌还与其他饮品店、美食博主等进行合作，共同推广饮品文化，扩大品牌的影响力。这些合作不仅提高了品牌的曝光率，还吸引了更多潜在客户的关注。

（三）火锅店混圈策略解析

作为餐饮市场中的热门品类，在混圈引流方面，火锅店更加注重线下活动的组织和线上内容的传播。

以某知名火锅品牌为例，其在线下举办了多场主题活动，如火锅文化节、美食节等，吸引了大量消费者的参与。这些活动不仅为消费者提供了一个品尝美食、交流文化的平台，还提高了品牌的知名度和美誉度。

在线上方面，该品牌积极利用社交媒体平台发布美食图片、视频等内容，展示其独特的火锅文化和美食魅力。同时，该品牌还与其他餐饮品牌、旅游机构等进行合作，共同推广火锅文化，吸引了更多潜在客户的关注。

此外，该品牌还注重客户关系的维护和管理，通过提供优质的服务和体验，让客户感受到品牌的关怀和温暖。这种良好的客户关系不仅提高了客户的忠诚度和满意度，还为品牌带来了更多的口碑传播和业务增长。

四、混圈引流策略在零售行业的应用

（一）服装店混圈引流策略分享

在服装行业，混圈引流策略已成为门店提升知名度和销售额的重要手段。成功的服装店通过精心策划和执行混圈营销策略，成功地吸引了大量潜在顾客，实现了销售业绩的显著提升。

首先，服装店需要明确目标客户群体和品牌定位。通过市场调研和数据分析，确定目标顾客的年龄、性别、消费习惯等特征，并据此制定有针对性的营销策略。同时，根据品牌定位，选择符合品牌形象和风格的混圈平台和渠道，如时尚类社交媒体、潮流论坛等。

其次，制订具体的混圈引流活动方案。服装店可以通过举办线上折扣促销、新品试穿体验、时尚搭配分享等活动，吸引顾客参与和互动。同时，结合社交媒体平台的特性，利用短视频、直播等平台展示产品特点和穿着效果，提升顾客购买欲望。

最后，与博主等合作也是服装店混圈引流的有效手段。通过利用他们的影响力和粉丝基础，将品牌形象和产品信息传递给更多潜在顾客，吸引更多顾客关注和购买。

（二）书店混圈活动引流策略分享

书店作为传播知识文化的重要场所，也需要通过混圈引流策略来吸引更多读者。

某书店针对年轻读者群体，精心策划了一场名为“书香青春”的混圈活动。活动以线上线下的形式展开，通过社交媒体平台发布活动信息，邀请读者参与。

线上环节，书店利用社交媒体平台的直播功能，邀请知名作家进行线上分享和互动。作家们分享自己的创作经历和阅读体验，与读者进行互动交流，吸引了大量粉丝关注和参与。同时，书店还通过短视频等形式展示店内环境和书籍特色，提升读者对书店的认知度和好感。

线下环节则更加注重读者的体验和互动。书店在店内设置了阅读区、分享区等区域，为读者提供良好的阅读环境。同时，还举办了签名售书、读者交流会等活动，让读者与作家面对面交流，深入了解作品背后的故事。

通过这场混圈活动，书店成功地吸引了大量年轻读者的关注和参与，提升了品牌知名度和影响力，同时也增加了书店的销售额和客流量，为书店的长远发展奠定了坚实的基础。

（三）超市混圈引流策略分享

超市作为日常生活中的重要购物场所，也面临激烈的市场竞争。为了吸引更多顾客，超市需要不断创新混圈引流策略，提升品牌形象和竞争力。

首先，超市可以利用社交媒体平台的短视频功能进行商品展示和推荐。通过拍摄商品的制作过程、使用效果等短视频内容，吸引顾客的注意力并提升购买欲望。同时，结合平台的推荐算法，将短视频内容推送给目标顾客群体，实现精准营销。

其次，超市可以举办线上线下的促销活动来吸引顾客。例如，可以开展“满减优惠”“限时折扣”等促销活动，吸引顾客前来购物。同时，还可以结合社交媒体平台的直播功能，邀请主播进行直播带货，将促销信息传递给更多潜在顾客。

最后，超市还可以与周边的餐饮、娱乐等商家进行合作，共同打造综合性的消费体验。例如，可以与附近的餐厅合作推出“购物+用餐”的优惠套餐，吸引顾客在购物的同时享受美食。这种跨界合作不仅能够增加超市的客流量和销售额，还能够为顾客提供更加便捷、丰富的消费体验。

未来的混圈引流将更加注重实体门店与线上平台的深度融合。通过构建线上线下一体化的商业模式，实体门店可以充分利用线上平台的流量优势和资源优势，拓展销售渠道，提升市场竞争力。同时，线上平台也可以借助实体门店的实体资源和品牌优势，提升用户体验和信任度。

为了实现线上线下深度融合，实体门店需要积极拥抱数字化转型，加强技术投入和人才培养。通过搭建完善的电商平台、建立智能化的仓储物流系统、实现线上线下数据互通等方式，实现线上线下业务的无缝衔接。此外，实体门店还应注重提升客户服务水平，为消费者提供更加便捷、个性化的购物体验，进一步巩固客户关系，提升品牌忠诚度。

总之，实体门店混圈引流未来发展趋势将更加注重技术创新、策略创新和线上线下深度融合。在这一过程中，实体门店需要保持敏锐的市场洞察力和创新能力，不断探索新的方法和手段，以适应不断变化的市场环境和消费者需求。同时，实体门店还应注重提升服务质量和客户满意度，以赢得更多消费者的青睐和信任。

第四章

筛选系统的四大方法

指令行为筛选

条件交换筛选

押金退还筛选

问题筛选

在我们引流的过程中，
要想做到百分百成交，就必须筛选过滤群体。
筛选系统的四大方法，
让你的门店更精准地提升成交率。

——欧海老师

第一节 指令行为筛选

一、指令行为筛选的概念与重要性

指令行为筛选是一种通过对顾客的行为进行分析，从而筛选出符合特定标准的客户群体的方法。在实体门店经营中，指令行为筛选主要应用在提升客户精准度、优化营销策略和提高顾客满意度等方面。

指令行为筛选的基础在于对顾客行为的深度洞察。具体包括顾客在店内的购买行为、浏览行为、互动行为等各个方面。通过对这些行为数据的收集和分析，实体门店能够了解顾客的需求、偏好和消费习惯，从而筛选出具有潜力的目标客户群体。

在实际应用中，指令行为筛选通常结合现代化的技术手段进行。例如，利用电子支付系统记录顾客的购买信息，通过监控设备观察顾客的浏览和互动行为，以及运用大数据分析技术对这些数据进行深入挖掘和分析。这些技术的应用使指令行为筛选更加精确和高效。

指令行为筛选在提升客户精准度方面发挥着至关重要的作用。通过筛选出符合特定标准的客户群体，实体门店能够更加精准地定位目标市场，制定更加符合顾客需求的营销策略和产品组合。

具体而言，指令行为筛选可以帮助实体门店识别出具有购买潜力的顾客群体，这些顾客通常具有较高的购买意愿和购买力。同时，筛选出的顾客群体在兴趣、需求等方面也更为相似，这使实体门店能够更容易地找到他们的共同点和需求点，从而制定更加有效的营销策略。

此外，指令行为筛选还有助于实体门店对顾客进行细分和差异化服务。通过对不同顾客群体的行为数据进行对比和分析，实体门店可以了解他们的需求差异，进而提供更加个性化的服务。这种差异化服务不仅能够提高顾客的满意度和忠诚度，还有助于增加实体门店的销售额和市场份额。

当前，实体门店面临来自线上和线下多方面的竞争压力。实体门店需要不断提升自身的核心竞争力，而指令行为筛选正是提升核心竞争力的关键手段。

指令行为筛选在实体门店经营中具有重要的应用价值和实际意义。通过实施指令行为筛选，实体门店能够提高客户精准度、优化营销策略、提高顾客满意度，从而在激烈的市场竞争中保持领先地位并实现高质量发展。

二、指令行为筛选策略的实施步骤

（一）分析目标客户群体及需求

在实施指令行为筛选时，实体门店需要深入了解自己的目标客户群体及其需求。具体包括对现有客户的画像描绘以及通过市场调研和数据分析，预测潜在客户的特征和需求。实体门店可以通过多种方式获取客户数据，如会员信息、消费记录、反馈问卷等，以便对客户进行深入分析。

在分析目标客户群体时，实体门店需要关注目标客户的基本信息，如年龄、性别、职业以及他们的消费习惯、购买偏好、品牌忠诚度等。这些信息有助于实体门店更好地了解客户的真实需求，从而为后续的筛选工作提供有力支撑。

（二）制定明确的筛选标准和指标

实体门店需要制定明确的筛选标准和指标，根据实体门店的经营特点和客户需求进行量身定制，以确保筛选结果的准确性和有效性。

筛选标准可以从多个维度进行设定，如客户的消费能力、购买频率、忠诚度等。实体门店可以通过设定一定的门槛值，将符合标准的客户筛选出来。同时，实体门店还可以结合客户的反馈和评价，对筛选标准进行持续优化和调整。

筛选指标的选择应该能够量化客户的价值，以便实体门店能够对客户进行排序和优先级划分。例如，实体门店可以将销售额、毛利额等财务指标作为筛选指标，也可以根据客户的满意度、忠诚度等非财务指标进行评估。

（三）设计有效的筛选方法和工具

为了有效地实施指令行为筛选，实体门店需要设计适合的筛选方法和工具。这些方法和工具应该能够高效地处理大量的客户数据，并准确地筛选出符合标准的客户。

实体门店可以利用现代化的技术手段，如大数据分析、人工智能等，辅助做好筛选工作。通过对客户数据的深入挖掘和分析，实体门店可以发现客户的潜在需求和购买意愿，从而更加精准地筛选客户。

此外，实体门店还可以设计一些专门的筛选工具，如客户画像系统、客户价值评估模型等，来更好地完成筛选工作。这些工具可以根据门店的实际需求进行定制，以确保筛选结果的准确性和有效性。

（四）执行筛选过程并持续优化

在执行筛选过程时，实体门店需要确保筛选工作的准确性和公正性。同时，实体门店还需要不断优化筛选过程，以提高筛选效率和客户体验。

首先，实体门店需要建立严格的筛选流程和规范，确保每个步骤都得到正确的执行。具体包括数据的收集、分类、分析以及筛选结果的确认等。同时，实体门店还需要注意保护客户的隐私和数据安全，避免泄露客户的个人信息。

其次，实体门店需要定期对筛选过程和结果进行反思和评估，以便及时发现问题并进行改进。具体包括对筛选标准的调整、筛选方法的优化以及筛选工具的升级等。通过持续优化筛选过程，实体门店可以不断提高筛选的准确性和效率，从而提高客户运营的精准度和效果。

总之，指令行为筛选是实体门店实现精准客户运营的关键步骤之一。通过深入分析目标客户群体及需求、制定明确的筛选标准和指标、设计有效的筛选方法和工具，以及执行筛选过程并持续优化，实体门店可以筛选出更符合自身经营特点的客户群体，从而实现更加精准和高效的运营。

三、指令行为筛选策略在餐饮行业的应用

（一）筛选案例介绍：某知名连锁餐厅

位于城市中心的某知名连锁餐厅，以其独特的菜品和优质的服务吸引了大量食客。然而，在激烈的市场竞争中，如何筛选出精准的目标客户群体，提高营销效果，一直是该餐厅面临的挑战。为了解决这一问题，该餐厅采用了指令行为筛选策略，通过收集和分析客户的消费数据，筛选出对餐厅最具价值的客户群体。

该餐厅的客户群体多样，包括上班族、学生、家庭客户等。通过对这些客户的消费行为进行分析，该餐厅发现了一些共同点和规律。例如，上班族通常在工

作日的午餐时段光顾，而学生则更倾向于在周末或节假日聚餐。此外，不同客户群体对菜品的口味、价格等方面的偏好也存在差异。

（二）筛选过程解析：运用数据分析进行客户画像绘制

为了更准确地识别出目标客户群体，该餐厅运用数据分析技术进行了深入的客户画像绘制。首先，该餐厅通过收银系统、会员管理系统等渠道收集客户的消费数据，包括消费金额、消费频次、菜品选择等。其次，利用数据分析工具对这些数据进行挖掘和分析，识别出不同客户群体的特征和行为模式。

通过分析，该餐厅发现了一些有价值的客户群体。例如，经常光顾且消费金额较高的上班族客户对餐厅的品质和服务有着较高的要求；而学生客户则更注重价格和菜品的多样性。此外，该餐厅还发现了一些潜在的客户群体，如喜欢尝试新菜品的食客和注重健康饮食的消费者。

（三）成功经验分享：精准营销提高客户满意度

在识别出目标客户群体后，该餐厅开始实施精准营销策略。首先，针对不同客户群体，推出了不同的优惠活动和菜品推荐。例如，针对上班族客户，推出了午餐套餐优惠，并优化了菜品口味和营养搭配；针对学生客户，该餐厅则推出了团购优惠和特色小吃，吸引了更多学生前来就餐。其次，该餐厅加强了与客户的互动和沟通。通过会员管理系统，该餐厅定期向客户发送优惠信息和活动通知，同时收集客户的反馈和建议，不断改进服务质量。此外，该餐厅还利用社交媒体等渠道与客户进行互动，增强了客户对餐厅的信任和归属感。

通过这些精准营销措施的实施，客户对该餐厅的满意度有了显著提升。同时，餐厅的营业额和口碑也逐步提升，在市场竞争中占据了有利地位。

（四）面临的挑战与应对策略

在实施指令行为筛选策略进行精准营销的过程中，该餐厅也面临一些挑战。首先，数据的收集和分析需要投入大量的人力和物力，对餐厅的运营和管理提出了更高的要求。其次，随着市场环境和客户需求的不断变化，餐厅需要不断更新和优化筛选标准和营销策略，以适应新的市场形势。

为了应对这些挑战，该餐厅采取了一系列措施。首先，与数据分析和营销服务机构加强合作，借助专业的团队和技术手段提高数据分析和营销策略的精准度。其次，注重人才培养和团队建设，提升员工的营销技能。同时，该餐厅还建立了完善的反馈机制，及时收集客户的反馈和意见，不断提高服务质量和营销效果。

总之，该餐厅通过采用指令行为筛选策略，并运用数据分析技术进行客户画像绘制和精准营销，成功地提高了客户的满意度，在市场竞争中占据了优势地位。面对挑战，该餐厅也积极应对，不断完善和优化运营与管理策略，为未来的发展奠定了坚实的基础。

四、指令行为筛选策略在零售行业的应用

（一）筛选案例介绍：某时尚服装品牌店

在零售行业中，时尚服装品牌店作为市场竞争的焦点之一，通过实施指令行为筛选策略，成功地吸引了大量忠实客户。以某知名时尚服装品牌店为例，该品牌店通过一系列创新性的筛选手段，有效地识别并吸引了目标客户群体，实现了业绩的快速增长。

该品牌店通过市场调研，明确了目标客户群体的特征。他们发现，年轻、时尚、注重品质与个性的消费者是其主要客户群体。因此，该品牌店在设计产品、制定营销策略以及提供客户服务时，都紧密围绕这一主要客户群体展开。

此外，该品牌店还注重与消费者的情感连接。他们通过举办时尚活动、发布潮流资讯等方式，与消费者建立良好的互动关系。这不仅提高了消费者对品牌的认知度和忠诚度，还为品牌带来了更多的口碑传播和潜在客户。

（二）筛选过程解析：利用会员制度筛选忠实客户

在指令行为筛选策略的实施过程中，该品牌店充分利用会员制度这一方式。通过设立会员门槛、提供会员专享优惠和服务等手段，筛选出了一批忠实客户。

首先，该品牌店设定了较高的会员门槛，要求消费者在一定时间内购买一定金额的商品才能成为会员。这一设定有效地排除了那些对品牌不够信任或购买力较弱的消费者，使会员群体更加精准和有价值。

其次，该品牌店为会员提供了丰富的专享优惠和服务。例如，会员可以享受

更优惠的商品价格、更快速的退换货服务、更优先的购买权等。这些优惠和服务不仅提升了会员的购物体验，还提高了他们对品牌的忠诚度。

最后，该品牌店还通过数据分析对会员的购物行为进行深入挖掘，进一步了解他们的需求和偏好。基于这些数据，该品牌店能够更精准地制定营销策略和产品设计方案，满足会员的个性化需求。

（三）成功经验分享：个性化服务提升客户购物体验

在提升客户购物体验方面，该品牌店通过提供个性化服务取得了显著成效。他们根据会员的购物历史和偏好，为会员推荐符合其风格和需求的商品。这种个性化的推荐服务大大提高了会员的购物满意度和品牌忠诚度。

此外，该品牌店还注重营造舒适的购物环境。店内装修风格时尚、优雅，灯光和音乐设计也充满了艺术感。这些细节的打磨使消费者在购物的同时也能享受到愉悦的视觉和听觉体验。

在客户服务方面，该品牌店提供了一对一的专属服务，让消费者在购物过程中感受到贴心的关怀和尊重。无论是选购商品、搭配建议还是售后服务，店员都能提供专业和周到的帮助。

（四）取得的成效与启示

通过实施指令行为筛选策略和利用会员制度筛选忠实客户，该品牌店取得了显著的成效。他们的客户群体更加精准、更加有价值，业绩也实现了快速增长。同时，个性化服务的提供也大大提升了客户的购物体验，提高了客户对品牌的忠诚度。

在零售行业中，通过实施指令行为筛选策略和利用会员制度等手段，可以有效地吸引和留住忠实客户。同时，提供个性化服务和营造舒适的购物环境也是提升客户购物体验的重要途径。这些做法不仅能够增加销售业绩，还能够为品牌带来更长远的效益。

五、指令行为筛选策略在其他行业的应用

（一）教育培训行业的应用实例

在教育培训行业，指令行为筛选策略展现出其独特的应用价值。以某知名在

线教育平台为例，该平台利用大数据和人工智能技术，通过深入分析学生的学习行为、兴趣偏好和成绩表现等指令行为，对学生进行精准画像。

该平台首先根据学生的学习时长、观看视频次数、完成作业情况等数据，筛选出积极参与学习的学生群体。其次，通过分析学生的答题准确率、成绩提升幅度等信息，进一步识别出学习效果好、潜力巨大的优秀学生。此外，该平台还结合学生的兴趣偏好和课程需求，为不同学生推荐合适的课程内容和学习资源。

通过指令行为筛选策略，该平台实现了对学生的精准分类和个性化服务。针对不同学生的学习需求和特点，提供差异化的教学方案和辅导策略，有效提高了学生的学习效果和对课程的满意度。

（二）美容美发行业的应用实例

在美容美发行业，指令行为筛选策略也发挥着重要作用。以某高端美发沙龙为例，该美发沙龙通过收集顾客的预约记录、消费习惯、发型喜好等指令行为，对顾客进行精准分析。

首先，该沙龙根据顾客的预约频率和到店时间，筛选出忠实顾客和潜在顾客。对于忠实顾客，该沙龙提供更为个性化的服务，如专属造型师、私人定制发型等，以增加顾客的黏性，提高其对门店的满意度。对于潜在顾客，该沙龙则通过优惠活动、新品体验等方式吸引其到店消费。

此外，该沙龙还通过分析顾客的消费习惯和发型喜好，为顾客推荐合适的发型和护理服务。例如，针对经常染发的顾客，推荐具有护发功能的染发产品；对于喜欢尝试新发型的顾客，则会提供多样化的发型设计和搭配建议。

通过指令行为筛选策略，该沙龙成功地实现了对顾客的精准服务和个性化营销，有效提高了顾客的忠诚度。

（三）案例分析：行业共性及差异

通过以上实例，可以看到指令行为筛选策略在不同行业实体门店的应用都发挥了重要作用。尽管不同行业的指令行为数据具有各自的特点和规律，但通过深入分析和挖掘，都可以实现对客户的精准识别和个性化服务。

在行业共性方面，指令行为筛选策略都强调对数据的收集、分析和应用。无论是教育培训行业还是美容美发行业，都需要通过收集用户的指令行为数据来建立用户画像，并根据用户的特点和需求提供相应的服务。同时，这些行业也都注重利用技术手段来提高数据分析的准确性和效率。

然而，不同行业在指令行为筛选策略的应用上也存在一定的差异。在教育培训行业中，指令行为筛选策略更注重对学生学习行为和成绩表现的深入挖掘，以便为学生提供个性化的教学方案和辅导策略。而在美容美发行业中，指令行为筛选策略则更侧重对顾客消费习惯和喜好的把握，以便为顾客提供个性化的服务体验。

综上所述，指令行为筛选策略在不同行业中都有其独特的应用方式和价值体现。随着技术的不断发展和应用场景的日益丰富，指令行为筛选策略将在更多行业中得到广泛应用，并为企业创造更大的商业价值。

第二节　条件交换筛选

一、条件交换筛选策略的制定

（一）分析目标客户群体

在制定条件交换筛选策略时，首先需要对目标客户群体进行深入的分析。了解客户的消费习惯、需求特点、年龄层次、收入水平等是制定有效策略的基础。通过市场调研、数据分析等方式，获取目标客户群体的详细信息，以便更好地把握其消费心理和行为特征。

对于实体门店来说，不同的客户群体对于产品、服务的需求差异较大。例如，年轻群体可能更注重潮流、时尚和品质，而中老年群体则可能更看重实用性和性价比。所以，针对不同客户群体需要设置不同的筛选条件，以更好地满足其需求。

同时，分析目标客户群体还需要考虑客户的地理分布和消费习惯等因素。因为地理位置的不同可能会导致客户的消费习惯和偏好存在差异。因此，在制定条件交换筛选策略时，需要考虑客户的地理分布，以便更好地制定符合当地消费特点的策略。

（二）确定筛选条件与标准

筛选条件与标准的选择应该基于客户的需求特点和店铺的经营特点，以实现双方的共赢。

筛选条件可以包括客户的消费金额、消费频率、消费习惯等方面。例如，可以设置一定的消费金额门槛，对达到一定消费金额的客户给予一定的优惠或奖励；或者根据客户的消费频率来设定不同的优惠力度，以鼓励客户保持一定的消费频率。

同时，筛选条件还可以考虑客户的忠诚度。对于长期稳定的客户，可以设置更优惠的条件，以表达对其支持的感激之情，并激励其继续选择本店。

在确定筛选条件时，还需要注意遵循公平、公正的原则，确保所有客户在同等条件下都能享受到公平的待遇。

（三）制订交换策略与优惠方案

基于确定的筛选条件与标准，可以进一步制订交换策略与优惠方案。这些策略与方案旨在通过条件交换的方式，吸引更多的目标客户群体，并提高他们的消费满意度和忠诚度。

交换策略可以包括提供特定的优惠服务或产品，如赠送礼品、提供会员特权等。这些优惠措施可以根据筛选条件的不同而有所区别，以体现对客户的个性化关怀。

此外，实体门店还可以推出积分制度或会员制度，通过积分或会员等级来设置不同级别的优惠和权益。客户在消费时可以获得积分，积分可以累积并用于兑换商品或享受更多优惠。门店根据客户的会员等级，提供不同级别的服务和优惠，以鼓励客户提升会员等级并增加消费。

在制订交换策略与优惠方案时，还需要注意以下几点。

一是要确保优惠方案具有吸引力和竞争力，能够吸引目标客户群体的关注和参与。

二是要合理控制优惠力度和成本，避免过度优惠导致经营利润下降。

三是要及时评估和调整交换策略与优惠方案，根据市场变化和客户需求的变化进行灵活调整，以确保策略的有效性和可持续性。

总之，制定条件交换筛选策略需要深入了解目标客户群体的需求特点，确定合理的筛选条件与标准，并制定具有吸引力和竞争力的交换策略与优惠方案。只有这样，才能有效地吸引目标客户群体，提高店铺的知名度和美誉度，促进业务的长期发展。

二、条件交换筛选策略的执行与优化

在执行条件交换筛选策略时，制订一个详细的实施计划与时间表至关重要。这有助于确保策略能够有条不紊地推进，避免执行过程中的混乱和遗漏。

首先，我们需要明确实施的具体步骤和先后顺序。从筛选条件的设定、交换策略的制定到推广宣传的开展，再到后期优化调整，每一个步骤都需要精心规划和设计。

其次，要确定时间表。包括整个策略实施的时间跨度以及每个具体步骤的开始时间和结束时间。时间表应该具有足够的灵活性，以应对可能出现的变化。

最后，要将实施计划与时间表详细记录在文档中，供团队成员查阅和参考。这样有助于保持策略执行的连贯性和一致性，避免因为沟通不畅或理解不一致而影响执行效果。

三、条件交换筛选策略在不同行业的应用

（一）条件交换筛选策略在餐饮行业的应用

1. 某知名连锁餐厅的应用

在繁华的城市中心，某知名连锁餐厅深受市民喜爱。为了吸引更多顾客并提高回头率，该餐厅管理者采用了条件交换筛选策略，并成功地将该策略与门店的日常运营相结合。

该餐厅对目标客户群体进行了深入分析。他们发现，年轻白领和家庭客群是主要的消费群体，这些顾客更注重菜品口味、环境氛围和服务质量。因此，该餐厅在筛选条件上，特别强调了菜品创新、环境幽雅以及服务周到等方面。

在交换策略方面，该餐厅推出了“会员专享”活动。顾客只需在餐厅消费满一定金额，即可成为会员，享受会员专属折扣、优先预订等权益。此外，该餐厅还针对家庭客群推出了“亲子套餐”，套餐中包含适合儿童口味的菜品和饮品，同时赠送亲子活动券，吸引家庭顾客前来就餐。

通过实施条件交换筛选策略，该餐厅不仅成功地吸引了大量目标客户，还提

高了顾客的满意度和忠诚度。门店的经营业绩也因此稳步提升，市场占有率不断提高。

2. 某特色小吃店的应用

某特色小吃店以其独特的口味和亲民的价格赢得了顾客的喜爱。为了进一步提高门店的知名度，增加门店的客流量，该小吃店老板采用了条件交换筛选策略。

老板对门店的目标客户群体进行了精准定位。他发现，附近的居民、上班族以及游客是主要的消费群体。因此，在筛选条件上，老板特别注重了菜品的口味正宗、价格实惠以及环境整洁等方面。

在交换策略方面，该小吃店推出了“集赞送餐”活动。顾客只需在社交媒体上分享门店的菜品照片并集齐一定数量的点赞，即可享受免费送餐服务。此外，该小吃店还针对上班族推出了“早餐优惠”活动，凡是在早上购买早餐的顾客，均可享受一定的折扣优惠。

通过这些交换筛选活动，该特色小吃店的知名度不断提高，吸引了大量目标客户前来就餐。同时，这些活动也有效地提高了顾客的复购率，门店的营业额也随之增加。

3. 某高端西餐厅的应用

某西餐厅以幽雅的环境和精致的菜品吸引了众多高端客户。为了进一步提升门店的品牌形象和顾客体验，该西餐厅管理者采用了条件交换筛选策略。

该西餐厅对目标客户群体进行了严格筛选。他们主要面向高端商务人士、情侣以及追求高品质生活的顾客。因此，在筛选条件上，特别强调了菜品品质、环境氛围以及服务水平等方面。

在交换策略方面，该西餐厅推出了“私人订制”服务。顾客可以根据自己的口味和需求，提前预约并订制专属的菜品和饮品。同时，该西餐厅还提供了专业的侍酒师服务，为顾客提供个性化的葡萄酒搭配建议。

此外，该西餐厅还针对情侣客群推出了“浪漫之夜”活动。在特定的节日或纪念日，情侣们可以享受特别的菜品、音乐和氛围布置，共度浪漫时光。

通过实施条件交换筛选策略，该西餐厅成功地吸引了大量目标客户，并提升了门店的品牌形象和顾客体验。门店的客流量和营业收入也因此稳步提升，为餐厅的长远发展奠定了坚实的基础。

（二）条件交换筛选策略在零售行业的应用

1. 某大型购物中心的应用

大型购物中心是城市零售消费的重要场所，集购物、餐饮、娱乐等多功能于一体，为消费者提供了丰富的消费体验。在这样的场景下，条件交换筛选策略的应用可以有效地增加消费者黏性和提高购物中心的经营效率。

某知名大型购物中心为了吸引更多的顾客并提高购物体验，实施了一系列的条件交换筛选活动。该购物中心利用自身的优势资源，如品牌多样性、交通便利等，制定了有针对性的筛选条件。例如，针对家庭消费群体，推出了“家庭套票”优惠活动，购买套票的顾客可以享受多家品牌店的折扣优惠以及购物中心的娱乐设施免费体验。这样既吸引了目标客群，又提升了购物中心的整体销量。

同时，该购物中心还根据顾客的购物历史和喜好，对消费者进行了精细化的筛选，并提供个性化的购物建议。在数据分析的支撑下，该购物中心为消费者推荐了更符合其喜好的品牌和产品，从而提高了顾客的购买率和满意度。

2. 某品牌专卖店的应用

品牌专卖店代表高品质、专业化的零售体验。在市场竞争日益激烈的今天，如何利用条件交换筛选策略提升品牌影响力和销售业绩，已成为专卖店经营的重要课题。

某知名服装品牌专卖店，为了吸引更多潜在顾客并提升品牌形象，实施了条件交换筛选策略。该专卖店根据目标顾客群体的特点，推出了一系列条件交换筛选活动。例如，针对年轻时尚的消费群体，推出了“时尚搭配套餐”活动，顾客在购买指定款式的同时，搭配其他配饰或服装，可以享受一定的折扣优惠。这样不仅满足了消费者的个性化需求，也提升了品牌的时尚度和市场竞争力。

此外，该专卖店还利用社交媒体等渠道，开展线上线下的互动营销活动，筛选符合条件的消费者参与活动，不断扩大品牌知名度和影响力。

3. 某社区便利店的应用

社区便利店作为居民日常消费的重要场所，具有贴近社区、服务便捷的特点。将条件交换筛选策略应用于社区便利店经营中，同样可以发挥重要作用，提升经营效率。

某社区便利店为了吸引更多居民并提升销售额，实施了条件交换筛选策略。该便利店根据社区居民的消费需求和购物习惯，制定了相应的筛选条件。例如，针对老年人消费群体，推出了“健康食品组合套餐”活动，购买组合套餐的老年人可以享受优惠价格及送货上门服务。这样既满足了老年人的健康需求，也增加了便利店的销售额。

同时，该便利店还利用会员制度，对顾客进行积分累计和兑换，通过筛选符合条件的会员参与活动，提高顾客的忠诚度和购物体验。此外，该便利店还根据顾客的购物历史和行为，进行数据分析和精准营销，为消费者提供更优质的购物服务。

总之，在零售门店经营中，条件交换筛选策略的应用能够有效地提高经营效率和市场竞争力。无论是大型购物中心、品牌专卖店还是社区便利店，都可以根据自身的特点和目标顾客群体，制定相应的筛选条件，为消费者提供更为优质的服务体验，提高顾客的购物满意度和忠诚度。

（三）条件交换筛选策略在美容美发行业的应用

1. 某知名美发连锁机构的应用

为了满足不同客户的需求，美容美发机构通常会设置多种服务项目，但如何有效筛选出目标客户并为其提供个性化的服务体验呢？这就需要巧妙运用条件交换筛选策略。

某知名美发连锁机构在营销策略上大胆创新，推出了“会员专享服务”活动。通过设立一定的门槛，如消费金额、消费频次等，筛选出对品牌忠诚度较高、消费能力较强的客户群体。针对这些客户，该机构提供了一系列专属优惠，如专属造型师服务、会员专属折扣、优先预约权等。

这些优惠条件的设置，不仅增加了客户的黏性，还进一步提升了品牌的口碑。同时，通过这一策略，可有效地降低营销成本，提高客户的满意度和忠诚度。

2. 某高端美容会所的应用

高端美容会所的客户群体相对更为特殊，他们追求的是高品质的服务和个性化的护理方案。因此，在筛选目标客户时，门店更注重客户的消费能力和对服务品质的追求。

为了筛选出符合条件的客户，某高端美容会所采用了条件交换筛选策略。首先，通过设立较高的入门费用和会籍费用，排除了那些对价格敏感的客户群体。其次，通过举办各类活动，如会员沙龙、专业讲座等，筛选出对美容行业有浓厚兴趣的客户。

针对筛选出的目标客户，提供全方位的个性化服务。从客户进店开始，便有专业的美容顾问为其提供咨询服务，制订个性化的护理方案。同时，该会所还配备了先进的美容设备和专业的美容师团队，确保客户能够享受最优质的服务。

通过这一策略，该会所成功地吸引了大量优质客户，提升了品牌形象和市场竞争力。

3. 某社区美容美发店的应用

社区美容美发店由于其地理位置的特殊性，面对的客户群体更加多样和复杂。如何在有限的资源条件下，筛选出符合门店定位的客户群体，成为社区美容美发店需要面对的问题。

位于社区中心的某美容美发店，通过实施条件交换筛选策略，成功地吸引了目标客户并提升了业绩。首先，该店通过推出优惠套餐和会员制度，吸引了对价格敏感但又有一定消费潜力的客户。同时，该店还根据客户的消费记录和需求，制订了个性化的服务方案，提高了客户的满意度，增强了客户黏性。

此外，该店还积极与社区内的其他商家进行合作，通过互相推广和资源共享，扩大了客户来源。这些合作不仅为该店带来了更多的潜在客户，还提高了该店的知名度和美誉度。

通过这一策略的实施，该店成功地实现了目标客户群体的筛选和优质客户的积累，为以后的长远发展奠定了坚实的基础。

无论是大型连锁机构、高端会所还是社区小店，都可以根据自身的定位和需求，灵活运用条件交换筛选策略，筛选出符合门店定位的目标客户群体，从而实现经营效益的提高。

（四）条件交换筛选策略在教育培训行业的应用

1. 某知名语言培训机构的应用

某知名语言培训机构通过条件交换筛选策略，有效提高了学生的参与度和学习质量。该机构针对不同语言类别，设定了不同的筛选条件。

在英语学习课程中，该机构根据学生的英语水平、学习需求和兴趣爱好等条件，筛选出合适的学生群体。对于具备一定基础的学生，提供进阶课程；对于初学者，则提供入门课程和辅助材料。此外，该机构还通过交换策略，为学生提供语言实践机会，如组织英语角、外语文化交流等活动，鼓励学生在实际应用中提升语言能力。

在日语学习课程中，该机构侧重于对学生的日语水平和学习目标进行筛选。针对有留学意向的学生，该机构提供专门的留学日语课程；对于希望在日本工作的学生，则提供职场日语课程。通过有针对性的课程设计和筛选条件，机构成功地吸引了大量有明确学习目标的学生，进一步提升了教学效果。

2. 某职业技能培训机构的应用

某职业技能培训机构通过条件交换筛选策略，针对不同职业领域，制定了相应的筛选条件和培训方案，为学生提供了更加精准的技能培训服务。

在信息技术技能培训课程中，该机构根据学生的编程基础、学习意愿和职业规划等条件，筛选出具有潜力的学生。针对这些学生，该机构提供了包括理论课程、实战演练和项目合作等多样化的培训方式，以帮助学生快速掌握所需技能。

在美容美发技能培训课程中，该机构侧重于对学生的审美观念、技术水平和创新能力进行筛选。通过严格的筛选条件和培训方案，该机构成功培养了一批具备专业素养和创新精神的美容美发人才，为美容行业发展注入了新的活力。

3. 某儿童兴趣班的应用

某儿童兴趣班通过条件交换筛选策略，为孩子们提供了更加个性化的兴趣培养服务。该兴趣班根据孩子的年龄、兴趣爱好和学习能力等条件，制定了不同的筛选标准和兴趣课程。

在绘画兴趣课程中，该兴趣班通过让孩子展示自己的绘画作品，观察他们的创作风格、色彩运用和表达能力等方面，筛选出具备一定绘画天赋和潜力的孩子。对于这些孩子，该兴趣班提供专门的绘画课程，并邀请知名画家进行授课和指导，以激发孩子们的创造力和想象力。

在舞蹈兴趣课程中，该兴趣班则根据孩子的舞蹈基础和身体协调能力等条件进行筛选。对于具备一定基础的孩子，该兴趣班提供进阶的舞蹈课程；对于初学者，则提供基础的舞蹈动作和节奏感培养等课程。此外，该兴趣班还定期组织舞蹈表演和比赛等活动，让孩子们在舞台上展示自己的风采，增强自信心和提高表达能力。

条件交换筛选策略在教育培训行业的应用中起到了重要的作用。通过制定合理的条件交换筛选策略，教育培训机构能够吸引更加符合自身定位和目标学生群体，提升教学效果和学习质量，同时也能够增强机构的品牌形象和市场竞争力，实现机构的高质量发展。

第三节　押金退还筛选

一、押金退还筛选策略的重要性

（一）押金退还筛选策略在实体门店中的意义

押金退还筛选是指在实体门店中，通过设定一定的押金退还机制，对客户进行筛选的过程。这种筛选机制可以包括押金的金额、退还的条件和方式等多个方面。

首先，押金退还筛选有助于门店筛选出更有可能进行实际消费的客户。通过设置一定的押金门槛，门店可以吸引那些真正有购买意向的潜在客户，而非只是随意逛逛的顾客。这样，门店可以更精准地把握目标客户群体，提高营销和服务的效率。

其次，押金退还筛选有助于提高门店的服务质量和客户体验。通过设定明确的押金退还条件和流程，门店可以引导客户更加关注自己的消费行为，并在一定程度上减少客户因为不满意产品或服务而引发的纠纷。同时，对于能够顺利退还押金的客户来说，这也是一种对其消费行为的肯定和奖励，有助于提高客户对门店的满意度和忠诚度。

（二）押金退还筛选策略带来的潜在客户筛选优势

押金退还筛选在潜在客户筛选方面具有显著的优势。

首先，押金退还筛选能够帮助门店过滤一部分不符合目标客户群体的潜在客户。通过设置合理的押金金额和退还条件，门店可以将那些对产品或服务不感兴趣的客户排除在外，从而更加专注于服务那些真正有购买意向的客户。

其次，押金退还筛选有助于门店识别高价值客户。通过观察客户对押金退还的态度和行为，门店可以初步判断客户的消费能力和消费习惯，进而为这些高价值客户提供更加精准和优质的服务。

最后，押金退还筛选还有助于门店与客户建立更加紧密的联系。通过与客户在押金退还过程中的沟通和互动，门店可以更加深入地了解客户的需求和期望，从而提供更加符合客户需求的产品和服务，进一步提高客户对门店的忠诚度，增加其黏性。

（三）押金退还筛选策略在提高客户满意度与忠诚度方面的潜在影响

押金退还筛选在提高客户满意度和忠诚度方面具有潜在的积极影响。

首先，押金退还筛选有助于增强客户对门店的信任感。通过设置押金退还机制，门店向客户传达了一种积极、负责任的态度，使客户更加相信门店的产品和服务质量。

其次，押金退还筛选有助于增强客户对门店的归属感。通过与客户在押金退还过程中的互动和沟通，门店可以让客户享受到更加人性化的服务，从而增强客户对门店的归属感。这种归属感有助于提高客户的忠诚度，使客户更愿意选择该门店进行消费。

最后，押金退还筛选还有助于门店建立起良好的口碑和品牌形象。通过提供优质的押金退还服务，门店可以赢得客户的赞誉和推荐，进一步扩大市场份额和提高品牌知名度。这种良好的口碑和品牌形象将进一步增强客户对门店的信任感和归属感，从而形成良性循环。

综上所述，押金退还筛选在实体门店经营中具有重要的意义和优势。在未来的发展中，越来越多的实体门店将会采用押金退还筛选策略来优化经营管理和提升竞争力。

二、押金退还筛选策略的实施与技巧

（一）设定合理的押金金额与退还条件

设定合理的押金金额和退还条件，需要根据实体门店的经营特点、客户群体和所提供的服务类型来进行精准判断。

首先，押金金额应适中，既能有效地筛选出潜在客户，又不至于给顾客带来过重的经济负担。过高的押金可能会吓退一部分潜在客户，而过低的押金则可能无法起到筛选作用。门店应根据所提供服务的价值、成本以及顾客的消费能力来设定押金金额。

其次，退还条件要合理。合理的退还条件既符合门店的经营需求，又能保证顾客的权益。例如，可以设置在一定期限内消费达到一定金额即可退还押金，或者根据损坏物品的情况扣除押金等条件。这些条件应根据门店的具体情况进行灵活设定，以确保既能筛选出优质客户，又能保证门店的利益。

（二）优化门店流程与退还操作的便利性

在实施押金退还筛选时，优化门店流程和提高退还操作的便利性同样重要。

首先，门店应建立简洁明了的押金收取和退还流程，确保顾客能够迅速了解相关操作。在收取押金时，应明确告知顾客押金的金额、用途和退还条件，避免出现误解或纠纷。在退还押金时，应确保流程的顺畅和高效，避免因退还操作烦琐而导致顾客不满或流失。

其次，门店应提供多样化的退还方式，以满足不同顾客的需求。例如，可以设置线上退还渠道，方便顾客随时进行退还操作；也可以提供到店退还服务，为不便线上操作的顾客提供便利。此外，门店还可以考虑与第三方支付平台合作，实现押金的快速退还，提高顾客的满意度。

（三）加强门店员工对押金退还筛选策略的培训

门店员工不仅是押金收取和退还的直接执行者，也是与顾客进行沟通和交流的主要人员。因此，加强对员工的培训与指导，提高他们的专业素养和服务意识，是确保押金退还筛选策略顺利实施的关键。

首先，门店应定期对员工进行押金退还筛选相关知识的培训，包括押金金额和退还条件的设定、流程优化和便利性提升等内容。通过培训，使员工深入了解押金退还筛选的重要性和操作要点，提高他们的工作效率和准确性。

其次，门店还应加强与员工的沟通，鼓励他们在实践中不断总结经验，提高服务质量。对于员工在工作中遇到的问题，门店应及时给予帮助和支持，确保他们能够熟练掌握押金退还的操作技巧，为顾客提供优质的服务。

最后，门店还可以通过建立激励机制，鼓励员工积极参与押金退还筛选策略的实施。例如，可以设立优秀员工奖或退还操作奖等，对在工作中表现突出的员工进行表彰和奖励，激发他们的工作热情和积极性。

通过这些措施的实施，门店可以有效地筛选出优质客户，提高客户对门店的满意度和忠诚度，进而提高门店的经营效益和市场竞争力。

三、押金退还筛选策略在餐饮行业的应用

（一）某知名连锁餐厅的押金退还筛选实践

近年来，某知名连锁餐厅为了提升客户体验和精准营销，实施了押金退还筛选策略。该餐厅在客户预订位置时，会收取一定的押金，以确保客户按时到店就餐。若客户准时赴约并完整用餐，押金将全额退还。

这一策略的实施不仅有效地降低了餐厅的空座率，还提高了客户的预约积极性。通过押金退还筛选策略，该餐厅能够更精准地识别出那些真正有需求并愿意遵守规则的客户，从而为他们提供更加优质的服务。

同时，该餐厅还结合押金退还筛选策略，推出了一系列会员优惠活动。客户通过支付押金预订位置并成功用餐后，可以获得积分奖励。积分可用于抵扣下次用餐的费用或兑换礼品。这一举措不仅提高了客户的忠诚度，也为餐厅带来了稳定的客源和良好的口碑。

（二）某特色小吃店通过押金退还筛选策略提高客户精准度

某特色小吃店为了在众多竞争对手中脱颖而出，也采用了押金退还筛选策略。该小吃店在客户购买食品时，会要求客户支付一定的押金，以确保客户能够

在店内完整享用所购食品。

通过押金退还筛选策略，该小吃店成功地筛选出了一批对食品品质和用餐环境要求较高的客户。这些客户往往更加注重食品的口感和用餐体验，愿意为优质的小吃支付更高的价格。因此，该小吃店通过押金退还筛选，不仅提高了客户筛选的精准度，还实现了销售额的增加。

同时，该小吃店还结合押金退还筛选策略，开展了一系列营销推广活动。例如，推出“押金变现金”活动，客户在支付押金后，若能在规定时间内完整享用食品，即可获得一定比例的现金返还。这一活动不仅吸引了更多客户前来消费，还增强了客户对小吃店的信任感和好感。

（三）某快餐店利用押金退还筛选策略优化客户体验

对于快餐店而言，如何在忙碌的用餐高峰时段提高服务效率并优化客户体验是个巨大的挑战。某快餐店通过押金退还筛选策略成功地解决了这一问题。

该快餐店在客户点餐后，会要求客户支付一定金额的押金，以确保客户能够按照预定的时间前来取餐。若客户能够准时取餐并享用美食，押金将全额退还。

通过押金退还筛选策略，该快餐店能够更准确地预测每个时段的客流量，从而合理安排员工的工作时间和任务分配。此外，押金退还筛选策略还能够有效地减少客户因等待时间过长而产生的不满情绪，提高客户的满意度和忠诚度。

同时，该快餐店还利用押金退还筛选策略对菜品进行优化。通过分析客户的点餐偏好和用餐时间，该快餐店能够了解客户的口味需求和消费习惯，从而调整菜品的种类和口味，更好地满足客户的需求。

综上所述，押金退还筛选策略在餐饮行业中的应用取得了显著成效。通过合理设置押金金额和退还条件，餐饮企业能够筛选出真正有需求的客户，提高客户的预约积极性和精准度，从而优化服务流程和提升客户体验。同时，押金退还筛选还能够为企业带来稳定的客源和口碑，促进企业的持续发展。

四、押金退还筛选策略在零售行业的应用

（一）某大型购物中心通过押金退还筛选策略提高客户忠诚度

大型购物中心在零售行业中占据重要地位，每日客流众多，产品种类丰富。

在这种环境下，押金退还筛选策略成为购物中心优化客户体验、提升经营效益的有力手段。

某知名大型购物中心引入了押金退还筛选策略，对使用租赁设施的顾客收取一定金额的押金。该购物中心通过设定合理的押金金额和退还条件，筛选出真正有消费意向和购物需求的顾客。同时，该购物中心还优化了押金退还流程，确保顾客在购物结束后能够及时、便捷地退还押金，提升了顾客满意度和忠诚度。

这种策略不仅有助于购物中心筛选出高质量的客户，还降低了因顾客不当使用租赁设施而带来的损失。此外，通过押金退还筛选策略，购物中心还能够更好地了解顾客的购物习惯和偏好，为未来的营销策略制定提供有力支持。

（二）某品牌专卖店通过押金退还筛选策略增加客户黏性

品牌专卖店注重品牌形象和客户服务，通过提供高品质的商品和服务吸引消费者。然而，随着市场竞争的加剧，品牌专卖店需要不断创新，增加客户黏性。

某知名品牌专卖店采用押金退还筛选策略，为购买高价值商品的顾客提供试用服务，并收取一定金额的押金。在试用期间，该专卖店员工会提供专业的咨询和服务，帮助顾客更好地了解商品的特点和使用方法。如果顾客在试用期内决定购买商品，押金将全额退还；如果顾客不满意商品，则需在规定时间内退还商品并扣除一定比例的押金作为试用费用。

这种策略不仅让顾客能够更放心地试用商品，还加强了专卖店与顾客之间的互动。同时，通过押金退还筛选策略，该专卖店能够筛选出真正对品牌有兴趣、有购买意愿的顾客，增加了客户黏性。

（三）某便利店利用押金退还筛选策略优化库存管理

便利店作为零售行业的一种重要形式，以其便利、快捷的特点受到广大消费者的喜爱。然而，便利店的库存管理一直是个难题。

某便利店采用了押金退还筛选策略，针对一些易过期、易损耗的商品实行押金制度。顾客在购买这些商品时需要支付一定金额的押金，待商品退回时押金全额退还。通过这种方式，便利店能够有效地控制这些商品的库存量，减少过期和损耗的风险。

此外，该便利店还通过押金退还筛选了解顾客的购买习惯和喜好，从而更准确地预测和调整库存需求。这不仅有助于优化库存管理，还能够提升顾客满意度和忠诚度，实现双赢。

总之，押金退还筛选策略在零售行业具有广泛的前景和潜力。无论是大型购物中心、品牌专卖店还是便利店，都可以通过实施押金退还筛选策略来提升客户体验、优化库存管理并增加客户黏性。同时，这种策略也有助于零售企业更好地了解顾客需求和习惯，为未来的营销策略制定提供有力支持。

五、押金退还筛选策略在服务行业的应用

（一）押金退还筛选策略在美容美发行业的实践

在美容美发行业，押金退还筛选策略逐渐成为提高服务质量和客户满意度的一种有效手段。通过设定一定金额的押金，店家能够筛选出对服务有一定需求并愿意为高质量服务付费的客户。这种筛选方式有助于减少因客户频繁更换造型师或频繁退约而导致的资源浪费，提升整体服务效率。

在美容美发店中，押金通常作为预约保证金收取。客户在预约服务时，需要支付一定金额的押金，以确保能够按时到店接受服务。如果客户能够按时到店并完成服务，押金将会全额退还；反之，如果客户未能按时到店或取消预约，押金将作为违约金予以扣除。这种方式既能够保障店家的权益，也能够确保客户享受到更优质的服务。

实践中，美容美发店还可根据客户需求和服务项目设置不同金额的押金。例如，对于高端发型设计或特殊护理项目，店家可以设定更高的押金金额，以筛选出对服务质量和价格有更高要求的客户。同时，店家也可通过优化服务流程、提升员工技能等方式，提高服务质量和客户满意度，从而吸引更多客户并降低押金退还的风险。

（二）押金退还筛选策略在健身行业的创新应用

在健身行业，押金退还筛选策略同样具有广泛的应用价值。随着健身行业的快速发展，越来越多的消费者开始关注健身服务的品质和体验。因此，通过押金退还筛选策略筛选出对健身服务有一定需求和期望的客户，成为提高服务质量和客户满意度的重要手段。

在健身房中，押金通常作为会员卡的预付款或保证金收取。客户在办理会员卡时，需要支付一定金额的押金，以确保能够按时到店进行锻炼。如果客户能够按时到店并完成锻炼计划，押金将会在一定期限内逐步退还；反之，如果客户未能按时到店或频繁退约，押金将作为违约金或继续作为会员卡的预付款使用。

此外，健身房还可通过押金退还筛选策略优化会员结构和提高会员活跃度。对于长期未到店或消费频次较低的会员，健身房可以通过提高押金金额或设定更严格的退还条件，以激励其增加到店频次。同时，健身房还可根据会员的锻炼需求和偏好，提供个性化的服务项目和优惠活动，以提高会员满意度和忠诚度。

（三）押金退还筛选策略在教育培训行业的探索

在教育培训行业，押金退还筛选策略作为一种新的服务模式正在逐步得到应用。通过设定一定金额的押金，教育培训机构能够筛选出对课程有较高需求和期望的学生，从而确保教学质量和课程效果。

在教育培训机构中，押金通常作为课程报名费或教材费收取。学生在报名课程时，需要支付一定金额的押金，以确保能够按时参加课程并完成学习任务。如果学生能够按时上课并完成课程要求，押金将会在课程结束后全额退还；反之，如果学生未能按时上课或未完成课程要求，押金将作为违约金或继续作为课程费用使用。

此外，押金退还筛选还可用于激励学生的学习积极性和参与度，例如设定一定的奖励机制或优惠活动，以鼓励学生按时上课并完成学习任务。

六、押金退还筛选策略的发展趋势与潜力预测

随着消费者对购物体验和服务品质要求的不断提升，押金退还筛选这种创新的门店经营策略在未来将具有更广阔的发展空间和潜力。

首先，押金退还筛选策略将与更多先进的技术手段相结合，提升筛选的精准度和效率。例如，利用大数据分析技术对客户的行为习惯和购买偏好进行深度挖掘，为门店提供更加精准的潜在客户筛选方案。同时，通过应用人工智能、机器学习等技术手段，实现自动化的押金退还筛选和流程优化，降低门店的人力成本和时间成本。

其次，押金退还筛选策略将在更多行业和领域得到广泛应用，以满足消费者

对个性化、高品质服务的需求。

再次，押金退还筛选策略将为门店带来更多的创新经营模式。例如，通过设定不同层次的押金金额和退还条件，实现产品的分级销售；或者将押金退还筛选与会员制度相结合，为会员提供更优质的购物体验和专属权益。

最后，门店经营者应关注行业的发展趋势和消费者的需求变化，及时调整和优化押金退还筛选策略。同时，门店经营者需要保持敏锐的市场洞察力和创新精神，不断寻找新的增长点和发展机遇。

第四节　问题筛选

一、实体门店问题筛选的重要性与策略制定

（一）问题筛选策略在吸引精准客户中的作用

在实体门店的经营过程中，问题筛选策略是至关重要的，它有助于商家更加精准地把握客户需求，提升客户体验，从而吸引更多精准客户。通过有效的问题筛选，门店能够识别并满足不同客户的需求和偏好，进而实现销售额增长和市场份额的扩大。

首先，问题筛选策略有助于商家了解客户的真实需求。在与客户沟通的过程中，商家可以通过提问的方式，引导客户表达自己的需求和期望。通过收集和分析相关信息，商家可以准确地把握客户的心理和行为特点，为后续的精准营销和服务提供有力支持。

其次，问题筛选策略有助于商家提升客户体验。通过有针对性的提问，商家可以了解客户对产品的满意度、对服务的评价以及对门店的整体印象。这些信息可以帮助商家发现服务中的不足，并及时进行调整和改进，从而提升客户体验。

最后，问题筛选策略有助于商家建立长期的客户关系。通过深入了解客户的需求和期望，商家可以为客户提供更加个性化和贴心的服务，增强客户对门店的信任和依赖。同时，通过积极解决客户遇到的问题和困扰，商家还能够建立良好的口碑和品牌形象，获得更多潜在客户的关注和认可。

（二）问题筛选策略的基本步骤

问题筛选策略是实体门店吸引精准客户的关键步骤，需要综合考虑市场需求、客户需求以及门店的实际情况。以下是问题筛选策略的基本步骤。

首先，进行市场调研和分析。商家需要了解当前市场的竞争态势、行业发展趋势以及潜在客户的需求特点。通过收集和分析这些信息，商家可以更加准确地把握市场动态和客户需求，为制定问题筛选策略提供有力支持。

其次，确定目标客户群体。商家需要根据自己的产品和服务特点，明确目标客户群体的年龄、性别、地域、收入等方面的特征。这些特征可以帮助商家更加精准地识别目标客户，并为其制定更加合适的问题筛选策略。

再次，设计问题筛选工具。商家可以根据目标客户群体的特征，设计一系列问题筛选潜在客户。这些问题应该能够覆盖客户的需求、期望、购买意愿等方面，以便商家能够全面了解客户的真实想法和需求。

又次，进行试点和推广。在确定问题筛选策略后，商家需要选取一部分门店进行试点推广，以检验策略的有效性和可行性。在此过程中，商家需要密切关注客户的反馈和意见，及时进行调整和改进。

最后，总结经验和优化策略。在试点推广结束后，商家需要总结经验教训，分析策略的优缺点，并根据客户的反馈和意见进行优化和完善。通过不断迭代和优化问题筛选策略，商家可以更加精准地把握客户需求，提升客户体验，从而实现销售业绩的稳步增长。

二、餐饮门店：运用问题筛选策略吸引食客

（一）某餐饮门店面临的经营困境

在当前的市场环境中，某知名餐饮连锁门店面临诸多困境，如同类型餐饮门店涌现，消费者的选择更加多样化等。这家门店虽然拥有多年的品牌积累和口碑优势，但未能有效应对市场的变化，客流量日益减少。

具体来说，该门店在菜品口味、服务质量、价格定位等方面均存在不足。菜品口味过于单一，缺乏创新和特色；服务质量参差不齐，部分员工态度冷漠，让顾客感到不满；价格定位相对较高，与市场上其他同类型的餐饮门店相比，竞争优势不明显。

这些问题使该餐饮门店的客流量逐渐减少，营业额持续下滑。门店的管理层意识到问题的严重性，开始寻找解决问题的策略。

（二）通过问题筛选策略提高客户满意度

在分析了市场趋势和门店的经营困境后，管理层决定引入问题筛选策略，以提升客户满意度。

首先，该餐饮门店对现有顾客进行了深入调研，通过问卷调查、面对面访谈等方式，收集了顾客对菜品口味、服务质量、价格定位等方面的意见和建议。这些反馈为门店指明了改进方向。

其次，该餐饮门店对收集到的问题进行了筛选和分类。将那些影响顾客满意度的主要问题作为重点改进对象，如菜品的口味和创新、服务态度的提升等。同时，该餐饮门店还制订了详细的改进计划，包括调整菜品结构、加强员工培训、优化价格策略等。

在实施改进计划的过程中，该餐饮门店密切关注顾客的反馈，不断调整和优化策略。例如，该餐饮门店根据顾客的口味偏好，推出了新的菜品系列，并加强与顾客的互动，让顾客参与菜品的研发过程。此外，该餐饮门店还加强了对员工的培训和管理，提升了服务质量和专业水平。

通过这些措施的实施，该餐饮门店的顾客满意度得到了显著提升。顾客对菜品的口味、服务质量和价格定位等方面的满意度均有所提高，客流量也逐渐增加。

（三）问题筛选策略对增加营业额有积极影响

问题筛选策略的实施不仅提升了顾客满意度，还对该餐饮门店的营业额产生了积极的影响。

首先，通过筛选和分类问题，该餐饮门店能够更精准地把握顾客的需求和痛点，从而有针对性地制定改进措施。这使门店的改进更加高效和精准，避免了资源的浪费。

其次，通过提升菜品口味和服务质量等方面的改进，该餐饮门店吸引了更多的新顾客，并留住了更多的老顾客，为门店营业额的增加奠定了坚实的基础。

最后，通过优化价格策略和调整菜品结构等措施，该餐饮门店的营利能力也得到了提升。虽然部分改进措施需要投入一定的成本，但这些投入与获得的收益相比是微不足道的。因此，该餐饮门店的利润率得到了进一步提高。

通过实施问题筛选策略，该餐饮门店的营业额明显增加，重新焕发活力。这也充分证明了问题筛选策略在实体门店经营中的有效性和实用性。

三、零售门店：问题筛选策略助力商品销售

（一）零售门店在市场竞争中的挑战

随着市场竞争的日益激烈，零售门店面临越来越多的挑战。其中，最显著的挑战莫过于消费者需求的多样化和个性化。现代消费者对于商品的需求不再仅仅局限于价格和品质，更关注商品的个性化、时尚性以及是否符合自己的生活方式。

此外，线上购物的兴起也给零售门店带来了巨大的冲击，消费者可以随时随地通过电商平台浏览和购买商品。为了应对这些挑战，零售门店需要不断创新，寻找新的经营策略，以吸引和留住消费者。

（二）运用问题筛选策略优化商品结构

当前，问题筛选策略已成为零售门店经营中的一种重要方法。零售门店可以通过设置一系列问题，对消费者的需求进行深入挖掘和了解。这些问题涉及消费者的年龄、性别、职业、兴趣爱好、购物习惯等方面，通过收集和分析这些信息，门店可以更加精准地把握消费者的需求。

在此基础上，零售门店可以根据问题筛选结果对商品结构进行优化。对于年轻人或喜欢追求时尚潮流的消费者，门店可以引入更多时尚潮流商品，增加时尚元素，满足他们对于个性化和时尚性的需求。对于注重品质和性价比的消费者，门店则可以提供更加优质、价格合理的商品，满足他们对于品质和价格的需求。

通过问题筛选策略，零售门店不仅可以更加精准地把握消费者的需求，还可以根据需求调整商品结构，提高商品的针对性和吸引力。

（三）运用问题筛选策略提高客户忠诚度

问题筛选策略不仅有助于优化商品结构，还能有效提升客户忠诚度。通过问题筛选，零售门店可以深入了解消费者的购物习惯和偏好，从而为消费者提供更加个性化的服务。比如，对于经常购买某一类商品的消费者，门店可以提供相关

的推荐和优惠活动，增强他们的购物体验。

此外，问题筛选策略还可以帮助门店加强与消费者的互动。通过积极回答消费者的问题、提供专业的购物建议，可以提高消费者对门店的信任感和满意度。同时，门店还可以通过定期收集消费者的反馈意见，及时调整经营策略，提高服务质量。

通过这些措施，零售门店可以在消费者心中树立起良好的形象，增加客户黏性。这样，消费者在面临其他零售门店的吸引时，会更倾向于选择熟悉的、信任的门店进行购物。

综上所述，问题筛选策略在零售门店经营中发挥着重要作用。通过深入挖掘消费者需求、优化商品结构以及提高客户忠诚度，零售门店可以更好地应对市场竞争的挑战，实现高质量发展。

四、美容美发门店：通过问题筛选策略提升服务质量

（一）美容美发门店的服务现状

在当前的美容美发行业，许多门店为了吸引客户，纷纷推出各种优惠活动，但在服务质量和专业性方面却存在不少问题。许多顾客反映，一些美容美发门店在接待过程中缺乏专业性和针对性，导致服务体验不佳。同时，由于缺乏有效的客户信息管理，门店往往难以对客户的需求和偏好进行深入了解，从而无法提供个性化的服务。

针对这些问题，美容美发门店亟须改进服务策略，提高服务质量。通过实施问题筛选策略，门店可以更好地了解客户的需求和期望，从而为客户提供更加精准、专业的服务。

（二）通过问题筛选策略增强服务专业性

在美容美发门店中，问题筛选策略的运用可以从以下几个方面展开。

首先，门店可以通过设置问题表单，收集客户的基本信息和需求。这些问题包括客户的年龄、性别、职业等基本信息以及他们对美容美发的需求、期望和偏好等。通过这些问题，门店可以初步了解客户的背景和需求，为后续的服务做好铺垫。

其次，门店可以在服务过程中主动询问客户，获取更加详细的信息。例如，在为客户提供发型设计服务时，门店可以询问客户对发型的喜好、日常生活中的使用场景等，以便为客户量身定制合适的发型。通过主动沟通，门店可以更好地把握客户的需求，增强服务的针对性和专业性。

最后，门店还可以通过定期的客户回访，了解客户对服务的满意度和意见。在回访过程中，门店可以针对客户提出的问题和建议，进行深入分析和改进，不断提升服务质量和客户满意度。

（三）问题筛选策略对门店口碑的影响

通过问题筛选策略的运用，美容美发门店可以在多方面提升服务质量和专业性，进而对门店的口碑产生积极影响。

首先，精准的服务体验可以赢得客户的认可和好评。当门店能够准确把握客户的需求，提供个性化的服务时，客户往往会感受到被尊重和重视，从而产生良好的服务体验。这种体验会促使客户向亲朋好友推荐该门店，进而扩大门店的知名度和影响力。

其次，专业性的提升有助于树立门店的品牌形象。通过问题筛选策略，门店能够深入了解客户的需求和期望，从而提供更加专业、精准的服务。这种专业性不仅体现在技术的精湛上，更体现在对客户需求的理解和满足上。当客户感受到门店的专业性时，他们往往会更加信任和支持该门店，进而形成良好的口碑效应。

最后，通过问题筛选策略，门店还可以及时发现和解决服务中存在的问题和不足。在收集和分析客户反馈的过程中，门店可以发现自身在服务流程、服务质量等方面存在的问题，并及时进行改进和优化。这种持续改进的态度和行动，也会赢得客户的认可和尊重，进一步提升门店的口碑。

综上所述，通过问题筛选策略的运用，美容美发门店可以提升服务质量和专业性，进而提高客户满意度。在竞争激烈的市场环境中，问题筛选策略的运用对于门店的长期发展具有重要意义。

五、教育培训机构：问题筛选策略助力招生工作

（一）教育培训机构的招生难点

在教育培训市场中，各机构纷纷推出多样化的课程以满足不同学生的需求。

然而，在招生过程中，教育培训机构常常面临一系列难点。首先，如何精准定位目标学生群体，避免无效推广和资源浪费是一大挑战。其次，面对海量的学生咨询，如何高效筛选出真正有意向且符合机构要求的潜在学生也是一项艰巨的任务。此外，提升招生转化率，将潜在学生转化为实际报名者，同样是机构必须关注的重点。

这些难点对教育培训机构的发展造成了严重阻碍。因此，探索有效的招生策略，特别是利用问题筛选策略提升招生效率，成为教育培训机构亟待解决的问题。

（二）问题筛选策略在招生过程中的应用

问题筛选策略在教育培训机构的招生过程中具有广泛的应用价值。首先，机构可以通过设置一系列有针对性的问题，对潜在学生进行初步筛选。这些问题可以涉及学生的学习需求、兴趣爱好、学习能力等方面，帮助机构了解学生的基本情况和需求，从而判断其是否适合机构的课程设置和教学方式。

其次，在招生咨询环节，机构可以通过与潜在学生进行深入的沟通和交流，进一步了解其真实需求和学习期望。通过与学生的对话，机构不仅可以解答学生的疑问，还可以引导学生思考自己的学习目标和发展方向，从而增强学生对机构的信任感和归属感。

最后，在招生后期，机构可以通过对学生学习进度和反馈的持续关注，筛选出需要特别关注和帮助的学生，以便提供个性化的教学服务和支持。这种基于问题筛选的招生策略，不仅有助于提高招生效率，还有助于提高学生的学习效果和满意度。

（三）问题筛选策略对提高招生效率有积极作用

问题筛选策略在教育培训机构的招生过程中发挥着重要的作用。首先，通过初步筛选，机构可以排除不符合要求或无意向的学生，从而避免浪费时间和资源。这有助于机构更加精准地定位目标学生群体，提高招生工作的针对性和有效性。

其次，深入的咨询沟通能够加深机构与学生之间的了解和信任。通过解答学生的疑问和引导学生思考，机构可以展示其专业性和教学实力，从而增强学生对机构的认同感和归属感。这种信任关系的建立有助于提高学生的报名意愿和转化率。

最后，基于问题筛选策略的个性化教学服务能够提升学生的学习效果和满意度。机构可以根据学生的学习进度和反馈提供有针对性的教学支持，帮助学生解决学习中遇到的问题，从而提高学生的学习成绩和自信心。这种个性化的教学服务不仅能够提升学生的学习体验，还能够提高机构在市场上的竞争力。

综上所述，问题筛选策略在教育培训机构的招生过程中具有显著的提升作用。通过精准定位目标学生群体、深入沟通建立信任关系以及提供个性化教学服务，可以有效提升机构招生效率，吸引更多优质学生加入，推动机构的进一步发展。

六、问题筛选策略的多元应用

（一）问题筛选策略在不同行业中应用的异同

不同行业在问题筛选策略的实施过程中，也会根据行业特点和顾客需求进行差异化处理。例如，在餐饮行业，问题筛选策略可能更注重对顾客口味偏好和饮食需求的了解；在教育培训行业，问题筛选策略则可能更注重对学生学习需求和目标的了解。在服装行业，问题筛选策略更注重对顾客个人喜好和需求的了解，以便为他们推荐符合个人风格的服装。在电子产品行业，问题筛选策略则更注重顾客对产品性能、价格等关键因素的关注，以便为他们推荐性价比高的产品。

虽然不同行业在实施问题筛选策略时，具体的操作方式和内容可能会有所不同，但它们的核心目标是一致的，即通过深入了解顾客需求，为他们提供更加精准、专业的服务。

（二）问题筛选策略的普遍适用性和有效性

通过以上案例，可以发现问题筛选策略在不同行业中都具有广泛的应用价值。它能帮助门店更好地了解顾客需求，提升服务质量和客户满意度。

问题筛选策略的有效性也得到了充分的验证。通过实施问题筛选策略，门店可以更加精准地推荐符合顾客需求的产品或服务，提高顾客的购买意愿和忠诚度。此外，问题筛选策略还有助于门店优化商品结构、提升服务质量、改善客户体验等，也进一步提升了门店的竞争力。

因此，问题筛选策略是一种普遍适用于各行业的有效策略。在未来的实体门店经营中，问题筛选策略将继续发挥重要作用，帮助门店更好地满足顾客需求，提升销售业绩。

第五章

培育系统的三个途径

深挖痛苦需求

语言塑造产品价值

客户案例呈现

顾客购买的永远不是产品本身，
而是产品带给他的价值和满足他的需求。
培育系统的三个途径，
让你瞬间掌握顾客的欲望和需求。

——欧海老师

第一节　深挖痛苦需求

一、深挖痛苦需求的必要性

（一）理解客户需求是门店成功经营的基础

实体门店的成功经营离不开对客户需求的深入理解和精准把握。只有真正理解客户的真实需求，实体门店才能提供符合客户期望的产品或服务，进而赢得客户的信任和支持。客户需求包括产品功能、价格、品质、服务等方面，门店需要全面考虑这些因素，确保所提供的产品或服务能够满足客户的实际需求。

为了更好地理解客户需求，实体门店需要采取多种方式进行市场调研和数据分析。例如，通过调查问卷、客户访谈、社交媒体反馈等方式收集客户对产品的意见和建议；利用数据分析工具对客户行为、消费习惯进行深度挖掘；观察竞品和行业动态，了解市场趋势和客户需求的变化。通过这些方式，门店可以更加精准地把握客户需求，为门店的成功经营奠定坚实的基础。

（二）深挖痛苦需求，提高客户满意度和忠诚度

深挖痛苦需求是提高客户满意度和忠诚度的重要手段。痛苦需求是指客户在使用产品或服务过程中遇到的困难和不便，这些问题通常会给客户带来较大的负面情绪和困扰。实体门店如果能够深入挖掘这些痛苦需求，并有针对性地提供解决方案，将极大地提高客户对门店的满意度和忠诚度。

深挖痛苦需求的过程需要门店关注客户的体验和感受，主动收集客户的反馈和意见。门店可以通过客户反馈、社交媒体、论坛等途径获取客户的需求，了解他们在使用产品或服务过程中遇到的问题和困难。同时，门店还需要对这些问题进行深入分析，找出问题的根源和解决方案，确保能够为客户提供更加优质的服务。

通过深挖痛苦需求，门店不仅能够提高客户的满意度和忠诚度，还能够实现客户的口碑传播和品牌推广。当客户对门店的产品或服务感到满意时，他们往往

会向身边的朋友、家人和同事推荐该门店，从而带动更多的潜在客户来店消费。

（三）平衡客户需求与门店利益，实现共赢

在深挖客户需求的过程中，实体门店需要注重平衡客户需求与门店利益之间的关系，实现共赢。客户需求是门店经营的核心，但门店也需要考虑自身的利益和发展。因此，门店需要在满足客户需求的同时，保证门店的利润和发展空间。

为了实现共赢，门店可以采取多种方式。首先，精准定位目标客户群体，确保门店提供的产品或服务符合客户的真实需求；其次，优化产品和服务，提升品质和性价比，确保客户在享受服务的同时，门店也能获得合理的利润；最后，加强客户关系管理，建立良好的沟通机制，及时了解客户反馈和需求变化，为门店的持续发展提供有力保障。

综上所述，深挖痛苦需求是实体门店成功经营的关键所在。通过理解客户需求、提高客户满意度和忠诚度以及平衡客户需求与门店利益等方式，门店可以实现长期稳定的发展。

二、不同行业的客户痛点与需求

（一）餐饮行业：口味、环境、服务等方面的痛点与需求

在餐饮行业，客户的痛点与需求主要集中在口味、环境、服务等方面。

口味方面，随着人们生活水平的提高和口味需求的多样化，客户对于菜品的要求越来越高。他们希望餐厅能够提供新鲜、健康、美味的菜品，而且能够满足不同的口味需求。对于经常光顾的餐厅，客户更希望餐厅能够不断创新，推出新的菜品，让他们每次都能有新的体验。

环境方面，餐厅的装修风格、空间布局和卫生状况都会影响客户的用餐体验。客户期望餐厅能够提供舒适、整洁、温馨的用餐环境，让他们能够放松心情，享受美食。同时，餐厅的噪声水平、空气质量等细节因素也会影响到客户的满意度。

服务方面，餐厅的服务质量直接决定了客户的忠诚度。客户希望餐厅的服务员能够热情周到、专业有礼，为他们提供及时、高效的服务。同时，客户也期望餐厅能够关注他们的需求，提供个性化的服务，如特殊饮食要求、生日庆祝等。

（二）零售行业：品质、价格、购物体验等方面的痛点与需求

在零售行业，客户的痛点与需求主要体现在品质、价格、购物体验等方面。

品质方面，客户对于商品的品质要求越来越高。他们希望购买的商品具有高品质、高性价比，能够满足他们的实际需求和审美要求。同时，客户也期望门店能够保证商品的来源可靠、安全卫生，避免购买到假冒伪劣产品。

价格方面，价格是客户购买商品时最关心的因素之一。客户希望门店能够制定合理的价格，让他们能够以最低的成本购买到心仪的商品。同时，客户也期望门店能够定期推出优惠活动，降低商品的购买成本，提高购物的性价比。

购物体验方面，门店需要关注客户的购物体验，提供舒适、便捷的购物环境。例如，布局合理的货架、清晰的商品标识、便捷的支付方式等都能够提升客户的购物体验。此外，零售商还可以通过提供优质的售后服务、个性化的购物建议等方式，提高客户的购物满意度和忠诚度。

（三）美容行业：效果、安全、个性化服务等方面的痛点与需求

在美容行业，客户的痛点与需求主要体现在美容的效果、安全、个性化服务等方面。

效果方面，客户希望通过美容改善肌肤根本问题。他们希望美容项目能够带来明显的效果，并且效果能够持久稳定；期望美容项目能够有针对性地解决问题，达到最大化的美容效果。

安全方面，美容项目的安全性是客户非常重视的问题。客户希望美容门店能够使用高品质的产品、科学的技术，确保美容服务的安全性和可靠性。同时，客户也期望美容门店能够提供专业的咨询和评估，避免因为使用不适合自己的项目而导致不良反应或风险。

个性化服务方面，随着消费者对美的追求越来越个性化，客户期望美容门店能够提供定制化的服务方案。他们希望美容师能够了解自己的需求和喜好，根据自己的肌肤状况、生活习惯等因素，提供个性化的美容建议和解决方案。此外，客户还期望美容门店能够提供专业的后续跟进服务，如定期回访、效果评估等，确保美容效果的持久性和稳定性。

在实体门店经营过程中，深入了解和分析客户的痛点与需求是提高客户满意

度和忠诚度的关键。实体门店有针对性地制订营销策略和服务方案，满足客户的期望，可提升其经营效益和市场竞争力。

三、挖掘客户需求的具体方法与策略

（一）通过调查问卷了解客户的痛点与需求

调查问卷是一种常见且有效的调查工具，用于深入了解客户的痛点和需求。在设计问卷时，应注意问题的针对性、清晰性和易答性，确保客户能够准确地表达自己的意见和感受。

首先，根据门店所处的行业和定位，明确调查目的，确定需要了解的客户痛点和需求。例如，餐饮门店可以关注菜品口味、服务质量和环境氛围等方面；零售门店则可以关注产品质量、价格优惠和购物体验等方面。

其次，在问卷中设置开放式和封闭式问题，引导客户表达自己的见解和感受。例如，可以询问客户对门店整体服务的满意度，或者对某个具体环节的改进建议。通过收集这些反馈，可以深入挖掘客户的痛点和需求。

最后，对收集的问卷数据进行分析，找出客户需求的共性和差异，为门店经营提供有价值的参考。例如，可以统计客户对某一菜品的喜好程度，或者分析客户对服务态度的满意度等。

（二）观察客户行为，发现潜在需求

观察客户行为是一种有效的调查方法。在门店经营过程中，通过观察客户的言行举止、消费习惯和互动方式等，可以从中发现客户的潜在需求。例如，餐饮门店可以观察客户对菜品的挑选和品尝过程，了解客户对口味、分量和搭配等方面的偏好；零售门店可以观察客户在货架前的停留时间和选购行为，判断客户的兴趣点和需求点。

通过观察客户的反馈和互动情况，了解客户对门店服务的满意度和期望。例如，通过观察客户在结账时的表情和言语，可以判断客户对价格的接受程度；通过观察客户离开门店时的动作和神态，可以了解客户对整体购物体验的满意度。

通过观察客户行为，可以更加直观地了解客户的需求和偏好，为门店提供个性化的服务和产品奠定坚实的基础。

（三）深度访谈，了解客户的真实想法和期望

深度访谈是挖掘客户需求的一种高级方法，通过与客户进行深入的交流和探讨，可以了解客户内心的真实想法和期望。这种方法对于提高门店服务质量和客户满意度具有重要意义。

在进行深度访谈前，需要选择合适的访谈对象。访谈对象应具有代表性，能够反映不同客户群体的需求和偏好。同时，还需要制订详细的访谈计划，包括访谈时间、地点和访谈问题等。

在访谈过程中，应注意倾听和引导客户表达自己的观点和感受。通过提问和讨论，可以深入挖掘客户的痛点和需求，并了解客户对门店服务的期望和建议。同时，还需要记录访谈内容，为后续的分析和总结提供素材。

通过深度访谈，可以更加深入地了解客户的真实想法和期望，为门店提供精准的服务，并为产品提供有力的支持。同时，这种方法也可以增强客户对门店的信任感和归属感，增强口碑传播效果。

综上所述，通过调查问卷、观察客户行为和深度访谈等多种方法，可以深入挖掘客户的痛点和需求，为客户提供精准的服务，同时也可以帮助门店不断优化经营策略和提高客户满意度，实现持续健康的发展。

四、深挖痛苦需求策略在不同门店的应用实践

（一）餐饮门店的精准营销实践

1. 挖掘客户需求，定制特色菜品

在餐饮行业，挖掘客户需求并定制特色菜品是精准营销实践的核心环节。成功的餐饮门店会通过市场调研、顾客访谈和线上数据分析等方式，深入了解顾客口味偏好、消费习惯和健康需求，从而精准定制特色菜品。

以某知名川菜馆为例，该门店通过市场调研发现，当地顾客对辣味菜品有着极高的热情，同时也希望能够在用餐时体验更多的口味和特色。为了满足顾客需求，该门店特地推出了“麻辣香锅”和“川味烤鱼”等特色菜品，这些菜品不仅满足了顾客对辣味的追求，还通过独特的烹饪方式和调料搭配，让顾客品尝到了与众不同的口感和风味。

此外，该门店还根据顾客的反馈和需求，不断优化菜品口味和配方，以使特色菜品更加符合顾客的口味偏好。这种精准定制的特色菜品不仅吸引了大量顾客，也提高了顾客的复购率和满意度。

2. 营造舒适环境，提升用餐体验

营造舒适环境是提升用餐体验的关键。成功的餐饮门店会注重餐厅的装修风格、灯光照明、温度控制和音乐播放等细节，让顾客在用餐时感受到舒适和愉悦。

以某西餐厅为例，该门店在装修上采用了简约而优雅的设计风格，营造出一种浪漫而温馨的氛围。同时，该门店还注重灯光照明和温度控制，使餐厅内的光线柔和、温度适宜，让顾客在用餐时感到舒适和放松。此外，该门店还精心挑选了轻松愉悦的音乐，为顾客营造出一个愉悦的用餐环境。

通过营造舒适环境，该门店成功地提升了顾客的用餐体验，使顾客在享受美食的同时，也能感受到舒适和愉悦。这种用餐体验让顾客愿意多次光顾门店，也为门店带来了更多的口碑宣传和顾客推荐。

3. 精准推广，扩大市场份额

精准推广是餐饮门店扩大市场份额的重要手段。成功的餐饮门店会利用社交媒体、广告、优惠活动等多种渠道，对特色菜品和舒适环境进行精准推广，吸引更多潜在顾客。

以某知名火锅品牌为例，该品牌通过社交媒体平台发布美食图片、顾客评价和门店活动等信息，吸引了大量顾客关注和转发。同时，该品牌还利用广告投放和线下活动等方式，提高品牌知名度和曝光率。此外，该品牌还推出了会员制度和优惠券等优惠活动，吸引更多顾客前来用餐。

通过精准推广，该品牌成功地增加了市场份额。同时，也吸引了更多潜在顾客前来用餐，为门店带来了更多的客流和销售收入。这种精准推广不仅有助于餐饮门店提高品牌知名度，还为其后续持续发展奠定了坚实的基础。

（二）零售门店的个性化服务策略

1. 挖掘客户需求，提供个性化购物建议

个性化服务是吸引和留住客户的关键。某知名时尚品牌实体门店通过深入挖掘客户需求，成功地实现了个性化服务，取得了良好的市场效果。

该品牌门店在日常经营中，注重与客户的沟通和互动。每当有顾客进店，店员都会主动上前询问顾客的需求和喜好，包括颜色、款式、尺码等方面的偏好。同时，店员还会通过观察和交流，了解顾客的年龄、职业、身材等特征，以便为顾客提供更加精准的购物建议。

此外，该品牌门店还借助现代科技手段，利用大数据和人工智能技术，对客户的购物行为和偏好进行深度分析。通过分析客户的购买记录、浏览记录等信息，门店能够准确地掌握客户的购物需求和消费习惯，从而为客户提供更加个性化的购物建议。

通过深入挖掘客户需求和提供个性化购物建议，该品牌门店成功地吸引了大量忠实客户。顾客们纷纷表示，在这里购物不仅能够获得心仪的商品，还能享受到贴心的服务，真正实现了购物体验的提升。

2. 优化购物流程，提高客户满意度

除了提供个性化购物建议外，该品牌门店还注重优化购物流程，提高客户满意度。

首先，该品牌门店对店内布局进行了合理规划。根据商品的种类和风格，将商品分为不同的区域，方便顾客浏览和选择。同时，在店内设置了多个试衣间和休息区，为顾客提供更加舒适的购物环境。

其次，该品牌门店还采用了先进的支付系统，支持多种支付方式，包括现金、银行卡、移动支付等，顾客可以根据自己的需求和习惯选择最合适的支付方式。

最后，该品牌门店还注重售后服务。对于顾客在购买过程中遇到的任何问题，门店都会及时给予解答和处理。对于需要退换货的顾客，门店也会提供快捷的退换货服务，确保顾客的权益得到保障。

通过优化购物流程，该品牌门店成功地提高了客户满意度。顾客在享受购物的同时，也感受到了门店的专业和用心。

3. 搭建会员体系，增加客户黏性

为了进一步增加客户黏性，该品牌门店还搭建了一套完善的会员体系。

首先，该品牌门店为会员提供了多种优惠和特权。例如，会员可以享受商品折扣、积分兑换、会员日活动等专属福利。这些优惠和特权不仅降低了顾客的购物成本，还增加了顾客购物的乐趣和满足感。

其次，该品牌门店通过会员体系，与会员建立了更加紧密的联系。门店会定期向会员推送新品上市、促销活动等信息，让会员第一时间了解门店的最新动态。同时，该品牌门店还会邀请会员参加各类线下活动，如新品发布会、时尚讲座等，增强会员对品牌的认同感和归属感。

最后，该品牌门店还通过会员体系，收集和分析会员的购物数据和反馈意见，以便更好地了解会员的需求和偏好，为会员提供更加精准的服务和商品。

通过搭建完善的会员体系，该品牌门店成功地增加了客户黏性，使越来越多的顾客愿意成为会员，并愿意在门店进行长期消费。这不仅增加和提升了门店的销售额和利润水平，也为品牌的长期发展奠定了坚实的基础。

（三）美容门店的专业化服务转型

1. 深入了解客户需求，提供专业美容方案

在美容行业，客户的皮肤状况、美容需求以及个人喜好上是千差万别的。因此，深入了解客户需求，提供个性化的专业美容方案，是美容门店实现专业化服务转型的关键。

位于繁华商业街的某知名美容门店，就是一家成功转型的专业化美容机构。该门店通过一系列措施，深入了解客户需求，并据此制订个性化的美容方案。首先，该门店在每位客户进店时，都会安排专业的美容顾问进行一对一的咨询服务。美容顾问会详细询问客户的皮肤状况、美容需求以及个人喜好，从而建立起客户的个性化档案。其次，该门店会定期邀请皮肤专家为客户进行皮肤检测，以便更准确地了解客户的皮肤类型和潜在问题。最后，该门店根据客户的个性化档案和皮肤检测结果，制订一系列有针对性的美容方案，包括护肤、按摩、激光美容等多个方面。

通过深入了解客户需求并提供专业美容方案，该门店不仅赢得了客户的信任和满意，还成功地吸引了大量新客户。

2. 引进先进设备和技术，提升服务质量

引进先进设备和技术也是美容门店实现专业化服务转型的重要一环。通过引进先进的设备和技术，该门店可以为客户提供更加高效、安全的美容服务，从而提高服务质量和客户满意度。

该门店注重引进国内外先进的美容设备和技术，不断更新和升级门店的美容服务项目。例如，该门店引进了最新的激光美容设备，可以针对客户的皮肤问题进行精准治疗；该门店还引进了先进的皮肤管理系统，可以帮助客户更好地管理和维护皮肤健康。这些先进设备和技术的应用，使该门店的服务质量和效率都得到了显著提升。

此外，该门店还注重培养员工的专业技能和素质，定期组织员工参加专业培训和学习，以提升员工的专业水平和服务意识。员工通过不断学习和实践，逐渐掌握了先进的美容技术和服务方法，能够为客户提供更加专业和周到的服务。

3. 举办主题活动，增强客户归属感

为了进一步增强客户归属感，该门店可以定期举办各种主题活动。这些活动不仅可以为客户提供一个交流互动的平台，还可以提高门店的知名度和影响力。

该门店非常注重举办各种主题活动，会根据季节、节日等因素，制订不同的主题活动方案，邀请客户参与。例如在春季，门店会举办“春季护肤大讲堂”活动，邀请皮肤专家为客户讲解春季护肤知识和技巧；在圣诞节期间，门店则会举办“圣诞美妆派对”活动，邀请客户参加化妆比赛和互动游戏。

这些主题活动的举办，不仅让客户感受到了门店的用心和热情，还增强了客户对门店的归属感。客户通过参与活动，不仅可以学到更多的美容知识和技巧，还可以结交到更多志同道合的朋友。同时，该门店也通过活动提高了知名度和影响力，吸引了更多的新客户加入。

通过以上措施的综合应用，该门店成功地实现了专业化服务转型，并赢得了客户的广泛认可和好评。

五、实体门店经营过程中需要注意的问题

（一）避免忽视客户需求，只关注门店利益

在实体门店经营过程中，有些经营者容易陷入忽视客户真实需求和感受，只关注门店利益的误区。这种短视的行为往往会导致客户流失，进而影响门店的长期发展。

为避免这一误区，实体门店应始终以客户需求为导向，不断调整和优化产品和服务。在推出新品或制定营销策略时，要充分考虑客户的需求和偏好，确保产品和服务能够满足客户的期望。同时，门店应加强与客户的沟通，定期收集客户反馈，及时调整经营策略，以提高客户的满意度和忠诚度。

（二）防范过度挖掘客户需求，造成客户反感

在挖掘客户需求的过程中，实体门店应把握好度，避免过度挖掘造成客户反感。有些门店为了获取更多客户信息和需求，可能会采取过于烦琐或侵入性的方式，如频繁的电话推销、邮件轰炸等，这不仅会打扰客户的正常生活，还可能引起客户的反感和抵触。

因此，实体门店在挖掘客户需求时，应尊重客户的隐私和意愿，采用合适的方式和渠道进行信息收集。同时，门店应加强对员工的培训和管理，确保员工在与客户沟通时能够保持礼貌和耐心，避免给客户带来困扰。

此外，实体门店还可以通过优化服务流程、提高服务质量等方式来满足客户需求。例如，可以通过设置智能客服系统，提供24小时在线客服服务，解答客户的疑问和问题；同时，还可以定期举办优惠活动或会员专享活动，以吸引更多客户前来消费。

（三）强调真实案例的参考性，避免夸大其词

在宣传和推广过程中，实体门店应注重真实案例的参考性，避免夸大其词或虚构事实。有些门店为了吸引客户，可能会夸大产品或服务的功效和优势，甚至虚构一些成功案例来误导客户。这种行为不仅会损害门店的信誉和形象，还可能引发法律纠纷。

为避免这一误区，实体门店在宣传和推广时应以事实为依据，注重真实性和

客观性。可以通过展示客户的好评和反馈、分享真实的成功案例等方式来提高宣传的可信度。同时，门店还可以邀请客户参与产品体验或试用活动，让他们感受产品或服务的品质和效果。

此外，门店可以通过建立良好的口碑和品牌形象来提高客户的信任度和忠诚度；还可以通过提供优质的产品和服务、积极参与公益活动等方式来树立良好的企业形象，赢得客户的认可和支持。

总之，实体门店在经营过程中需要避免这些误区。通过注重客户需求导向、合理挖掘客户需求、真实宣传等方式来培育精准消费思想，不断提高客户满意度和忠诚度，实现门店的可持续发展。

综上所述，实体门店在经营过程中应该注重深挖痛苦需求，通过不断了解和分析客户需求，实现精准营销和个性化服务。只有这样，门店才能在激烈的市场竞争中立于不败之地，实现持续健康发展。

第二节　语言塑造产品价值

一、语言塑造产品价值的概述

面对市场挑战，实体门店需要寻找新的突破点以提升自身竞争力。语言塑造产品价值策略是其中一种重要的手段。所谓语言塑造产品价值，是指通过精心设计的语言描述和表达方式，使消费者对产品产生更高的认知价值和购买欲望。

语言塑造产品价值策略的核心在于将产品的特点、优势用生动、形象的语言表达出来。这需要实体门店经营者深入了解产品本身的特点，以及目标客户的需求和期望。同时，还需要掌握一定的沟通技巧和表达能力，以便将产品的价值准确地传递给消费者。

通过语言塑造产品价值策略，实体门店不仅可以提升消费者对产品的认知和信任，还可以提高产品的附加值，吸引更多消费者前来购买。此外，通过精准的语言描述和定位，实体门店还可以更好地满足目标客户的需求，提高销售转化率。

在数字时代，实体门店需要充分利用语言工具，通过精心设计的语言描述和表达方式，将产品的价值传递给消费者，从而在激烈的市场竞争中脱颖而出。

二、语言塑造产品价值策略的作用

（一）提高消费者对产品的认知

在实体门店经营中，语言作为沟通的桥梁，扮演着至关重要的角色。通过巧妙的语言运用，经营者能够有效地增强消费者对产品的认知和信任，从而提升销售业绩。

首先，语言是传递产品信息的重要工具。通过清晰、准确地描述产品的特点、优势和使用方法，能够让消费者对产品有一个全面、深入的了解。这不仅有助于消费者作出购买决策，还能提高他们对产品的满意度和忠诚度。

其次，语言能够激发消费者的购买欲望。通过生动、形象地描述产品带来的好处和感受，经营者可以触动消费者的情感需求，激发他们的购买欲望。例如，在推销一款护肤品时，经营者可以强调其保湿、抗衰老等功效，并结合消费者的实际需求进行个性化推荐，从而增加销售机会。

最后，语言沟通是建立信任关系的关键。在实体门店经营中，经营者需要通过语言与消费者建立良好的信任关系，以便更好地进行销售。经营者可以通过真诚、热情的态度和专业的产品知识，向消费者展示自身的专业性和可靠性，从而赢得消费者的信任和认可。

（二）提升产品附加值，吸引更多消费者

通过运用恰当的语言，经营者不仅能够传递产品的基本信息，还能够为产品提高附加值，从而吸引更多消费者。

首先，语言能够塑造产品的品牌形象。通过精心设计的广告语、宣传语等，经营者可以将产品的特点和优势凸显出来，形成独特的品牌形象。这样有助于提高产品在消费者心中的认知度和美誉度，进而吸引更多的潜在消费者。

其次，语言能够增加产品的文化内涵。通过深入挖掘产品的文化内涵和故事背景，经营者可以用语言将产品打造成一种具有文化价值的商品。这不仅能够满足消费者的精神需求，还能够提高产品的附加值、增加产品的吸引力。

最后，语言能够提高产品的情感价值。经营者可以通过描述产品给消费者带来的美好感受、温馨体验等，将产品情感化，让消费者产生共鸣和认同感，增加

消费者与产品之间的黏性，促进重复购买和口碑传播。

（三）精准定位目标客户，提高销售转化率

精准的语言运用不仅有助于提高产品的附加值，还能帮助经营者精准定位目标客户，提高销售转化率。

首先，经营者需要深入了解目标客户的消费心理和需求特点。通过市场调研和数据分析，经营者可以了解目标客户的年龄、性别、职业、兴趣等信息以及他们对产品的期望和需求。基于这些信息，经营者可以制定有针对性的语言策略，以更好地满足目标客户的需求。

其次，经营者需要运用恰当的语言风格和表达方式。不同的目标客户群体有不同的语言习惯和喜好，经营者需要根据目标客户的特点选择合适的语言风格和表达方式。例如，针对年轻客户群体，可以采用更加时尚、活泼的语言风格；而针对中老年客户群体，则应更加注重语言的稳重和亲和力。

最后，经营者需要不断优化和完善语言策略。随着市场环境和消费者需求的变化，经营者需要不断调整和优化语言策略，以确保其始终能够精准定位目标客户，并提高他们的购买意愿。通过不断地尝试和改进，经营者可以逐步找到最适合自己门店的语言表达方式，从而实现销售业绩的持续提升。

三、咖啡店的品牌语言塑造

（一）突出咖啡豆的产地与特色

在咖啡店的日常经营中，突出咖啡豆的产地与特色是塑造品牌语言的关键一环。通过精心挑选优质咖啡豆，并在产品描述中强调其独特的产地和风味特点，可以有效提升咖啡的品牌价值和市场认可度。

我们可以借助详细的语言描述来呈现咖啡豆的独特魅力。例如，对于来自哥伦比亚的咖啡豆，可以强调其生长在海拔较高、气候宜人的地区，这使咖啡豆拥有丰富的果香和丝滑的口感。而对于来自埃塞俄比亚的咖啡豆，则可以突出其独特的花香和酸度，能够为消费者带来与众不同的味蕾享受。

同时，咖啡店还可以定期更新咖啡菜单，以应对不同季节和消费者的口味变化。通过引入新的咖啡豆品种和独特的咖啡饮品，不仅可以吸引更多消费者尝

试，还可以在社交媒体上引发话题讨论，进一步提高品牌知名度。

（二）强调咖啡师的专业技能与独特风格

除了咖啡豆的产地与特色外，咖啡师的专业技能与独特风格也是品牌语言塑造的重要方面。优秀的咖啡师不仅能够准确地掌握咖啡的冲泡技巧，还能够在咖啡制作过程中融入自己的独特风格，为消费者带来个性化的消费体验。

因此，在塑造品牌语言时，我们可以突出咖啡师的专业技能和个性化特点。例如，可以在店内设置咖啡师介绍栏，展示他们的专业证书和获奖经历，以增强消费者对他们的信任。同时，咖啡师在制作咖啡时，可以充分发挥自己的创造力，制作出富有特色的咖啡口味，并通过语言和行动将这些特色传达给消费者。

此外，咖啡店还可以定期举办咖啡品鉴会等活动，邀请咖啡师与消费者进行互动和交流。这不仅可以增加消费者对咖啡的了解和兴趣，还可以让他们更加深入地了解咖啡师的专业技能和独特风格。

（三）通过社交媒体传递品牌故事

在数字时代，社交媒体已成为品牌传播的重要渠道之一。通过社交媒体平台，咖啡店可以更加便捷地与消费者进行互动和沟通，传递品牌故事和价值观。

首先，咖啡店可以在社交媒体上发布关于咖啡豆产地、咖啡师故事、新品上市等内容，以吸引消费者的关注和兴趣。同时，通过运用富有情感和创意的语言，将这些内容生动有趣地呈现出来，进一步激发消费者的购买欲望。

其次，咖啡店还可以利用社交媒体平台开展线上活动，如咖啡知识竞赛、咖啡制作教程等，以吸引更多消费者参与并分享。这些活动不仅可以提高消费者对品牌的认知度和好感度，还能通过消费者的分享和转发进一步扩大品牌的影响力。

最后，咖啡店还可以通过社交媒体平台收集消费者的反馈和建议，以便及时调整经营策略和产品方向。通过与消费者的互动和沟通，不断完善品牌语言，使之更加贴近消费者的需求和期望。

总之，通过突出咖啡豆的产地与特色、强调咖啡师的专业技能与独特风格以及通过社交媒体传递品牌故事等方式，咖啡店可以有效地塑造出具有吸引力和个性的品牌语言，提高品牌的知名度和美誉度，从而实现更好的经营效果。

四、书店的文化氛围营造

（一）利用语言塑造书店的文化氛围

在书店经营中，语言对于文化氛围的营造起着至关重要的作用。书店作为传承文化、传播知识的重要场所，其文化氛围的营造不仅关乎书店的形象，更直接影响读者的阅读体验。因此，书店经营者应充分利用语言的力量，为书店营造出一种独特而富有魅力的文化氛围。

首先，书店的装饰和布局应体现出浓厚的文化气息。墙面可以悬挂名人名言或经典文学作品的海报，让读者一进入书店就能感受到文化的气息。同时，书架上的图书分类也应清晰明了，以方便读者快速找到自己感兴趣的书籍。

其次，书店员工的沟通表达能力也是塑造文化氛围的关键因素。员工在与读者交流时，应使用热情、专业且富有感染力的语句，让读者感受到书店的热情与专业。同时，员工还可以根据读者的需求和兴趣，推荐适合的图书，引导读者深入阅读。

最后，书店还可以通过举办各种文化活动来增强文化氛围。比如，可以邀请作家进行签名售书或举办讲座，让读者与作家面对面交流；也可以举办读书会、诗歌朗诵会等活动，让读者在参与中感受文化的魅力。

（二）推荐经典图书，传递知识价值

在书店经营中，推荐经典图书是传递知识价值的重要途径。经典图书是人类文化的瑰宝，蕴含着丰富的知识和智慧。书店经营者应根据读者的需求和兴趣，精心挑选并推荐经典图书。

在推荐经典图书时，书店可以通过多种方式吸引读者的注意。比如，可以在书店的显眼位置设置经典图书推荐区，展示推荐的图书；也可以通过店内的宣传栏或社交媒体等渠道，向读者介绍经典图书的内容、作者及阅读价值。

此外，书店还可以定期举办经典图书阅读分享会等活动，邀请读者分享自己的阅读体验和感悟。这样的活动不仅可以激发读者对经典图书的兴趣，还可以促进读者之间的交流与互动。

（三）举办文化活动，吸引读者参与

举办文化活动是书店营造文化氛围、吸引读者参与的重要手段。通过举办丰富多彩的文化活动，书店不仅能够提高品牌形象和知名度，还能够为读者提供更多的阅读体验和文化享受。

首先，书店可以定期举办作家签售会、新书发布会等活动，让读者有机会与作家面对面交流，了解作家的创作背景和心路历程。这样的活动不仅能够激发读者的阅读兴趣，还能够增强读者对书店的信任和好感。

其次，书店还可以举办诗歌朗诵会、文学讲座等文化活动，为读者提供一个展示自己才华、交流思想的平台。这些活动不仅能吸引更多的读者参与，还能让书店成为当地文化交流的重要场所。

最后，书店还可以结合当地文化特色，举办一些具有地方特色的文化活动。比如，可以邀请当地的民间艺人进行表演，或者举办一些与当地历史文化相关的展览等。这样的文化活动不仅能够丰富读者的生活，还能让书店更好地融入当地社会。

五、时尚服饰店的个性化语言打造

（一）强调服饰的设计理念与时尚元素

在时尚服饰店中，通过强调服饰的设计理念与时尚元素，可以有效地吸引消费者的目光并提高销售转化率。首先，我们可以突出服饰的设计理念，让消费者了解设计师背后的灵感来源和创作过程。例如，在介绍某款连衣裙时，我们可以强调其“融合东西方文化元素”的设计理念，通过详细解读设计师如何从传统艺术和现代时尚中汲取灵感，让消费者感受到这款连衣裙的独特性和文化内涵。

同时，我们还可以着重强调服饰的时尚元素，例如面料、色彩、剪裁等。以面料为例，我们可以描述其“采用环保材料”的特点，这样，既符合当代社会的环保理念，又突出了产品的品质。此外，在色彩和剪裁方面也可以结合当前流行趋势和消费者的喜好，设计出既时尚又实用的服饰产品。

通过强调服饰的设计理念与时尚元素，我们可以让消费者对产品产生浓厚的兴趣，进而促使他们购买。

（二）针对不同人群，制订个性化营销方案

在时尚服饰店中，针对不同的人群制订个性化的营销方案是非常重要的。通过市场调研和消费者画像，了解不同年龄、职业、消费习惯等方面的特点，进而制定相应的营销策略。

例如，对于年轻人群，我们可以强调服饰的个性化和潮流感，通过社交媒体、短视频等渠道进行宣传推广，引起他们的关注。而对于成熟人群，我们则可以注重服饰的品质感和文化内涵，通过举办品鉴会、搭配指导等方式丰富他们的购买体验。

此外，我们还可以根据季节、节日等时机制订不同的促销方案，例如夏季推出清凉舒适的服饰产品，节日期间推出优惠折扣等，吸引更多的消费者到店选购。

通过制订个性化的营销方案，我们可以更好地满足不同人群的需求，提高销售效果。

（三）营造独特的购物体验

独特的购物体验是提高时尚服饰店销售转化率的重要因素，主要通过打造温馨舒适的购物环境、提供个性化的服务以及举办丰富多彩的活动等方式来营造。

首先，在购物环境方面，我们可以注重店面装修和陈列设计，营造时尚、优雅、舒适的购物氛围。例如，在店内设置舒适的休息区，提供免费的茶水和小吃，让消费者在选购过程中自由舒适。

其次，在服务方面，我们可以提供个性化的购物指导和搭配建议，根据消费者的需求和喜好为他们推荐合适的服饰产品。同时，我们还可以建立会员制度，为会员提供更多的优惠和专属服务，增加消费者的黏性。

最后，在活动方面，我们可以举办各种时尚活动，如时装秀、新品发布会、搭配比赛等，吸引消费者的关注和参与。这些活动不仅可以展示店铺的时尚品位和创新能力，还可以加强与消费者的互动和联系，进一步提高消费者的购物体验。

通过营造独特的购物体验，可以让消费者在选购服饰的过程中享受到更多的乐趣，进而增强他们购买的意愿。

六、餐饮店的菜品语言包装

（一）描述菜品的原料与烹饪过程

在餐饮店的菜品语言包装中，描述菜品的原料与烹饪过程是至关重要的。详细生动地描述食材的来源、新鲜度和特色，以及烹饪的精湛技艺和独特方法，可以极大地提升消费者对菜品的兴趣和期待。

例如，对于经典的川菜“麻婆豆腐”，我们可以这样描述它的原料与烹饪过程：精选上等的黄豆，经过多道工艺精细制作而成。在烹饪时，采用传统的川菜技法，将豆腐切成均匀的小块，与咸香的豆瓣酱和麻辣的辣椒酱完美融合。在烹饪过程中，严格控制火候，确保豆腐口感嫩滑，同时保留其原有的营养和风味。

通过如此细致的描述，消费者不仅能够了解到菜品的独特之处，还能够感受到厨师的用心和技艺。这种语言包装方式有助于提升菜品的附加值，增强消费者对餐饮店的信任和好感。

（二）强调菜品的营养价值与口感特点

菜品的营养价值和口感特点是餐饮店菜品语言包装中不可或缺的。通过突出菜品的营养成分和健康效益，以及描述菜品的独特口感，可以进一步增加消费者的购买欲望。

以清蒸鲈鱼为例，我们可以这样强调其营养价值和口感特点：选用新鲜捕捞的鲈鱼，富含蛋白质、钙、镁等营养元素。烹饪时采用清蒸的方式，既保留了鱼肉的鲜嫩口感，又避免了油炸带来的油腻感。每一口既能品尝到鱼肉的鲜美和细腻，又能享受到健康饮食的愉悦。

这样的描述可以让消费者更深入地了解菜品的营养价值，增加购买的信心，同时独特的口感描述也能够给消费者留下深刻印象。

（三）结合当地文化，打造独特风味

在餐饮门店的菜品语言包装中，结合当地文化元素是非常有必要的。通过对地域特色的深入了解和巧妙运用，可以将菜品的文化属性体现出来，使其更具特色和吸引力。

例如，如果餐饮门店位于江南水乡，我们可以结合当地的水乡文化和传统美

食，打造一系列具有地域特色的菜品。在描述这些菜品时，我们可以突出其蕴含的水乡风情和传统文化元素：这道“荷塘月色”以当地特产的莲藕为主料，融入水乡特色的烹饪技艺，呈现出清新淡雅的风味。每一口都能感受到江南水乡的宁静与美好。

这样的描述不仅能够引起消费者对地域文化的兴趣，还能够让他们对菜品产生更多的情感共鸣。通过结合当地文化元素，为餐饮门店的菜品增添一份独特的魅力。

综上所述，餐饮门店的菜品语言包装在提升消费者体验和促进销售方面发挥着重要作用。通过描述原料与烹饪过程、强调营养价值和口感特点以及结合当地文化打造独特风味等方式，我们可以有效地塑造菜品价值，增强消费者对餐饮店的认同感。在未来的发展中，餐饮门店应该注重菜品语言包装的创新和个性化，以吸引更多消费者的关注和喜爱。

七、实体门店经营者的语言能力提升途径

（一）加强产品知识学习，深入了解产品特点

实体门店经营者应深化对产品知识的理解与掌握。只有充分掌握产品的核心特点、优势所在，才能够有效地将这些信息传递给消费者。为此，经营者应定期参加产品培训，通过阅读产品手册、观看教学视频或请教专业人士等方式，不断更新自己的产品知识库。

同时，经营者还需要关注市场动态和消费者需求的变化，以便及时调整自己的产品知识结构和沟通策略。通过深入了解市场趋势和消费者偏好，经营者可以更有针对性地介绍产品，从而增加消费者的购买意愿。

此外，经营者还应关注产品背后的故事和文化内涵。一个有故事的产品往往能够吸引更多消费者的关注和喜爱。所以，经营者可以通过了解产品的设计灵感、生产过程和品质保证等方面的信息，丰富自己的产品知识，并在与消费者沟通时将这些故事分享给他们。

（二）学习有效的沟通技巧，提升表达能力

实体门店经营者需要不断提升自己的沟通技巧和表达能力。有效的沟通能

够让消费者更好地理解产品的特点和优势，同时也能增强消费者对经营者的信任感。

首先，经营者应学会倾听消费者的需求和意见。通过耐心聆听消费者的声音，经营者可以更好地了解他们的购物心理和期望，从而为他们提供更加贴心的服务。

其次，经营者需要学会用简洁明了的语言来介绍产品。避免使用过于专业或复杂的术语，以免给消费者带来理解上的困难。同时，经营者还可以借助生动的比喻、有趣的例子等方式来增加表达的吸引力。

最后，经营者还可以通过参加演讲培训、阅读沟通技巧书籍等方式来提高自己的表达能力。通过不断地练习和反思，经营者可以逐渐形成适合自己的沟通技巧和表达方式。

（三）善于观察消费者需求，制定个性化的沟通策略

实体门店经营者需要善于观察消费者的需求和行为特点，以便制定个性化的沟通策略。每个消费者都有自己独特的购物习惯和偏好，因此经营者需要根据不同消费者的特点来制定不同的沟通方案。

例如，对于注重品质的消费者，经营者可以强调产品的品质保证和售后服务；对于追求性价比的消费者，经营者可以突出产品的性价比优势和优惠活动。此外，针对不同年龄、性别和职业的消费者，经营者也可以采用不同的沟通方式和话题来吸引他们的注意力。

在制定个性化沟通策略时，经营者还需要关注消费者的心理变化。例如，当消费者表现出犹豫不决或疑惑时，经营者可以通过提供详细的解释、展示相关证明或提供试用等方式来消除他们的顾虑；当消费者表现出浓厚的兴趣或需求时，经营者则可以适时地提出购买建议或优惠活动，以促进交易的达成。

综上所述，门店经营者可以通过加强产品知识学习、学习有效的沟通技巧和善于观察消费者需求等途径来提高自己的语言能力。通过这些努力，经营者可以更加精准地向消费者讲述产品价值，实现精准消费的目标。

第三节　客户案例呈现

一、客户案例呈现的重要性

目前，实体门店面临线上平台、竞争对手以及消费者需求多样化等多重挑战。赢得消费者的信任与认可对实体门店的发展至关重要。客户案例呈现作为一种有效的营销手段，其重要性不言而喻。

首先，客户案例呈现策略有助于建立消费者对品牌的信任。通过展示真实、可信的客户案例，门店可以向消费者传递出品牌的诚信度和专业性。这些案例不仅是对品牌产品或服务质量的有力证明，更能让消费者感受到品牌的可靠与专业。

其次，客户案例呈现策略有助于提升消费者对实体门店的认可度。在实体门店经营过程中，成功案例的分享不仅能激发潜在消费者的购买欲望，还能让现有客户感受到门店对客户的重视和关怀。通过展示不同客户的故事和满意度评价，门店能够营造出一种温馨、贴心的购物氛围，从而提高消费者对门店的认可度和忠诚度。

最后，客户案例呈现策略还能够促进消费者之间的口碑传播。当消费者看到门店成功案例时，他们可能会主动向身边的朋友、家人或同事分享自己的购物体验。这种口碑传播不仅能为门店带来更多的潜在客户，还能进一步扩大品牌的影响力。

客户案例呈现策略不仅有助于增强消费者对品牌的信任与认可，还能够显著提高品牌的影响力和竞争力。

首先，通过精心策划和呈现客户案例，门店能够展示出独特的品牌形象和特色。这些案例可以是关于产品创新、服务升级、客户体验改善等方面的成功故事，充分展示门店在市场上的领先地位和差异化优势。这种差异化的品牌形象有助于吸引更多目标消费者，提高品牌在消费者心中的认知度和记忆度。

其次，客户案例呈现策略有助于建立品牌的口碑效应。在社交媒体和网络平台日益普及的今天，消费者更倾向于通过口碑和评价来了解品牌和产品。当消费者看到门店分享的客户案例时，他们可能会主动进行分享和转发，从而进一步扩大品牌的影响力和知名度。同时，这些真实的客户案例也能够激发潜在消费者的购买欲望，进一步提高品牌的竞争力。

最后，客户案例呈现策略还能够促进品牌与消费者之间的情感连接。通过分享客户的成功故事和心路历程，门店能够触动消费者的情感共鸣，让他们感受到品牌的温度和人性化。这种情感连接有助于提高消费者对品牌的忠诚度，提高品牌在市场上的整体竞争力。

综上所述，客户案例呈现策略对于实体门店而言具有非常重要的意义。它不仅能够提高消费者对品牌的信任与认可，还能够提高品牌的影响力和竞争力。因此，实体门店应该重视客户案例的呈现和传播，积极挖掘和分享成功案例，为门店的持续发展注入新的活力和动力。

二、运用客户案例呈现策略的主要内容

（一）精选成功案例，突出核心价值

在实体门店中，成功案例的选择需要基于目标客户群体的需求和偏好，并注重案例的真实性和可信度。同时，案例所呈现的核心价值需要与门店的品牌定位和产品特点相符合，从而增强客户对品牌的认同感和信任感。

实体门店可以从以下几个方面入手精心挑选成功案例。首先，要关注客户的使用体验，通过深入了解客户使用产品或服务的过程和感受，选取能够真实反映产品优势和客户满意度的案例。其次，要注重案例的代表性，选择能够代表大多数客户需求的案例，以便更好地吸引潜在客户。最后，考虑案例的展示效果，通过图片、视频等形式展示，使案例更具吸引力和说服力。

通过精选成功案例并突出核心价值，实体门店可以进一步提高品牌知名度和美誉度，从而有效吸引更多潜在客户的关注和购买，提高客户转化率。

（二）创新展示形式，提升吸引力

实体门店可以根据产品特点和目标客户群体的喜好对展示形式进行创新。例如，可以通过搭建产品展示场景、制作精美的产品画册、举办互动体验活动等方式，让客户更加深入地了解产品。同时，门店还可以利用数字化技术来增强展示效果，如通过AR技术让客户体验产品的虚拟效果，或者通过视频直播等形式展示产品的使用过程和效果。

富有创意的展示形式不仅能够吸引客户的眼球，还能够增加客户对产品的了解和兴趣，从而促进购买决策的产生。

（三）结合社交媒体，扩大传播范围

在数字化时代，社交媒体成为人们获取信息、交流思想的重要渠道。实体门店可以通过结合社交媒体的方式来扩大客户案例的传播范围，进一步提高品牌知名度和影响力。

门店可以将成功案例发布在社交媒体平台上，并配以精美的图片或视频素材，吸引更多潜在客户的关注和点赞。此外，门店还可以借助社交媒体平台上的广告推广功能，将案例推送给更多目标客户群体。

同时，门店还可以邀请客户在社交媒体平台上分享自己的使用心得和体验感受，通过客户的口碑传播来扩大品牌的影响力。

结合社交媒体扩大传播范围，不仅可以提高品牌知名度和美誉度，还可以吸引更多潜在客户的关注和购买。通过不断优化社交媒体营销策略，实体门店可以不断拓展客户群体，实现持续稳定地发展。

三、客户案例呈现策略在不同行业的应用

（一）餐饮行业：分享美食故事，增加复购率

餐饮行业是客户案例呈现应用得相当广泛的一个行业。借助精心挑选的客户案例，餐厅可以成功塑造自己的品牌形象，吸引更多食客光顾。客户案例不仅能够展示餐厅的特色菜品，还能够分享食客们的美食故事，从而加深顾客对餐厅的印象和好感。

某知名的中式餐厅注重将传统与现代相结合，为顾客提供别具一格的用餐体验。餐厅内设有专门的客户故事墙，上面展示了食客们的美食故事和照片。这些故事不仅涵盖了菜品的制作过程和特色，还涉及食客们的用餐经历、感受和评价。这些真实且富有情感的故事，让顾客在品尝美食的同时，也能感受到餐厅的文化底蕴和人文关怀。

此外，该餐厅还通过社交媒体等平台，定期发布客户案例，吸引更多潜在顾客关注。这些案例不仅展示了餐厅的菜品和环境，还通过顾客的口碑传播，提升

了餐厅的知名度和影响力。顾客在看到这些案例后，更容易产生对餐厅的好感和信任。

（二）服装行业：展示搭配案例，吸引目标客户

服装行业也是客户案例中呈现应用得十分成功的行业。通过展示搭配案例，服饰门店能够更直观地展现产品的风格、特点以及穿着效果，从而吸引目标客户群体的关注和购买。

一家专注于时尚潮流的服饰品牌，注重通过客户案例展示产品的独特魅力。在品牌的官方网站和线下门店中，都设有专门的搭配案例展示区。这些案例以模特或真实顾客的穿着效果为呈现形式，展示不同款式、不同风格的服饰搭配，让顾客更直观地感受到产品的魅力。

同时，该品牌还通过社交媒体等平台，发布时尚搭配教程和穿搭建议，引导顾客更好地理解和使用产品。这样不仅提升了顾客的穿搭技巧，还进一步提高了顾客对品牌的好感度。通过客户案例的展示和分享，品牌成功地吸引了大量目标客户，实现了销售业绩的稳步增长。

（三）家居用品行业：提供家居改造方案，增加用户黏性

家居用品行业同样可以通过客户案例呈现策略来提升用户的购买体验和黏性。通过提供家居改造方案，家居用品店可以帮助顾客更好地理解和使用产品，从而实现销售和口碑的双赢。

一家知名的家居用品店，注重通过客户案例为顾客提供个性化的家居改造方案。在店内，顾客可以找到各种风格的家居用品和装饰品，以及与之相匹配的改造方案。这些方案以图文结合的形式呈现，详细说明了产品的使用方法、搭配建议以及改造前后的对比效果。

此外，店内还设有专业的家居顾问团队，为顾客提供一对一的咨询服务。顾客可以根据自己的需求和喜好，与顾问一起制订个性化的家居改造方案。这种个性化的服务不仅提升了顾客的购买体验，还增加了顾客黏性。

通过客户案例的呈现和应用，家居用品店成功地将产品与顾客的实际需求相结合，实现了销售和口碑的双重提升。同时，这些案例也为品牌树立了良好的口碑形象，吸引了更多潜在顾客的关注和购买。

四、客户案例呈现在不同场景的应用

（一）线上平台推广：借助案例增加购买意愿

当前，线上平台已成为实体门店不可或缺的销售渠道。通过客户案例呈现策略，门店可以有效地吸引潜在客户，提升其在线上平台的转化率。具体而言，线上平台可通过以下方式运用客户案例。

首先，在电商平台或品牌官网中，设置专门的“客户案例”板块，展示真实客户的购买体验、使用效果以及评价反馈。这些案例可以包括文字描述、图片展示和视频分享等多种形式，以便让潜在客户更直观地了解产品特性和使用效果。同时，可以挑选具有代表性或有趣味性的案例进行重点突出，引起客户的关注和兴趣。

其次，利用社交媒体平台进行客户案例的传播。通过微博、微信、抖音等社交媒体平台，发布客户的使用心得、产品对比和搭配建议等内容，让潜在客户在浏览社交媒体时就能了解到门店的产品和优势。同时，可以邀请具有影响力的用户进行产品体验并分享案例，以扩大传播范围和影响力。

最后，线上平台还可以结合数据分析工具，对客户案例进行精准推送。通过分析客户的浏览记录、购买历史和兴趣爱好等信息，为客户推荐符合其需求的案例内容，提高购买意愿和转化率。

（二）线下活动互动：用案例增强客户体验感

线下活动是实体门店与客户面对面互动的重要场合，也是展示客户案例的绝佳机会。通过精心策划和组织活动，门店可以让客户亲身体验产品，进而加深其对品牌和产品的印象和认知。

首先，在门店内设置客户案例展示区，摆放一些典型的客户使用前后的对比照片、视频或实物展示等。这些案例可以直观地展示产品的使用效果，让客户对产品的性能和品质有更直观的了解。同时，可以设置互动环节，邀请客户参与产品试用和体验，并分享自己的使用感受和评价。

其次，在门店举办的主题活动或促销活动中，也可以结合客户案例进行宣传和推广。例如，可以举办“客户分享会”等活动，邀请一些忠实客户或具有代表性的案例主人公到现场分享自己的购买和使用经验，以及产品给他们带来的改变和惊喜。这种形式的互动不仅能增强客户对品牌的归属感，还能吸引更多潜在客户的关注和参与。

总之，通过客户案例呈现策略在不同场景中的应用，实体门店可以有效增强客户的购买意愿和体验感，进而提高品牌影响力和市场竞争力。

五、客户案例呈现策略在具体门店的应用

（一）咖啡店：客户故事墙，讲述咖啡与人的故事

咖啡店作为一种受年轻人喜爱的休闲场所，在经营中运用客户案例呈现策略不仅能够为顾客提供更加个性化的体验，还能够提升店铺的品牌形象。

某咖啡店在店内设置了一面独特的客户故事墙，墙上挂满了顾客亲手书写的咖啡故事卡片。每张卡片上都记录着顾客与咖啡之间的独特回忆、感受或体验。有的卡片上写着顾客与朋友的相聚时光，有的则记录着第一次品尝某款咖啡的惊喜，还有的则分享了顾客在咖啡店中度过的浪漫约会。这些故事既展现了咖啡的多样性，也展现了人们与咖啡之间的情感联系。

客户故事墙的设置，不仅为顾客提供了一个分享故事的平台，也让该店的氛围更加温馨和亲切。顾客在品尝咖啡的同时，也能够感受到该店对每一位顾客的关注和尊重。这种个性化的体验，让顾客更愿意在店内停留、交流和消费，从而提升了该店的客流量和销售额。

此外，客户故事墙还起到了品牌传播的作用。那些感人至深、有趣或有启发性的故事，会吸引更多的顾客前来体验和分享。顾客们在社交媒体上分享自己的咖啡故事，也会带动更多的人关注这家咖啡店，从而提升了店铺的知名度和影响力。

（二）美妆店：妆前妆后对比，凸显产品效果

美妆店作为一个以产品效果为核心竞争力的场所，通过展示客户的前后对比照片，能够直观地展示产品的实际效果，从而吸引更多的顾客购买。

某美妆店在店内设置了专门的展示区，用于展示顾客使用产品前后的对比照片。这些照片都是在顾客同意的情况下拍摄的，真实地反映了使用产品前后带来

的改变。在展示区内，顾客可以清楚地看到使用某款美妆产品前后的皮肤变化、妆容效果等，从而更加直观地感受到产品的魅力。

此外，这家美妆店还结合社交媒体的力量，将顾客的前后对比照片分享到平台上，吸引了更多的关注和讨论。顾客在看到这些照片后，往往会产生购买的欲望，并愿意尝试使用这些产品。这种传播方式不仅提高了店铺的知名度，也促进了销售额的增长。

通过妆前妆后对比的展示方式，美妆店不仅能够吸引更多的顾客购买，还能够提高顾客对产品的信任度和满意度。顾客亲身体验到产品带来的改变后，会更加愿意消费，并向身边的人推荐。

（三）健身房：分享会员成功经历，激励潜在顾客

健身房作为一个提供健身服务的场所，其成功案例的呈现对于吸引潜在顾客、增加会员黏性具有重要意义。

某健身房在店内设置了成功经历展示区，用于展示会员们的健身成果和心得。展示区内不仅有记录着会员们的体型变化、力量提升等成果的照片和视频，还有会员们亲手书写的健身日记和心得分享。这些真实的案例让潜在顾客看到了健身带来的实际改变，从而激发了他们加入健身房的动力。

此外，这家健身房还定期举办会员分享会等活动，邀请成功的会员上台分享自己的健身经历和感受。这些活动不仅为会员们提供了一个交流和互动的平台，也让潜在顾客更加深入地了解健身房的服务和效果。在分享会上，会员们纷纷表示通过健身不仅改变了体形，还提升了自信心和生活质量。这些真实的声音让潜在顾客更加信任和认可这家健身房。

通过会员成功经历的展示和分享，这家健身房成功地吸引了更多的潜在顾客加入，并提高了会员的忠诚度和满意度。这种策略不仅有助于健身房扩大市场份额，还能够带来更加稳定的客源和收入。

六、持续优化客户案例呈现效果的建议

（一）定期更新案例内容，保持新鲜感

为了保持客户案例呈现的新鲜感和吸引力，定期更新案例内容显得尤为重要。

实体门店需建立一套案例更新机制，确保每个月至少有一次案例更新。在选择新的案例时，门店应注重案例的多样性和时效性，以满足不同顾客群体的需求。

首先，门店可通过客户反馈、员工推荐等多种途径，广泛收集新的成功案例。这些案例可以是顾客的购物体验、使用感受、改善效果等。在收集过程中，门店应注重案例的真实性和可信度，避免虚假宣传。

其次，对于收集到的案例，门店需进行筛选和优化。在筛选过程中，门店可结合市场趋势、顾客需求等因素，挑选出最具代表性和吸引力的案例。在优化过程中，门店可对案例的内容、形式进行调整，使其更符合品牌形象和传播策略。

最后，门店应充分利用各种渠道对新的案例进行宣传和推广。具体包括在门店显眼位置展示案例海报、在社交媒体上发布案例故事、通过电子邮件或短信向顾客推送案例信息等方式。通过广泛传播，让更多人了解并认可门店的客户案例，从而提高门店的知名度和美誉度。

（二）强化案例的真实性，提高可信度

客户案例的真实性直接关系到顾客对门店的信任度。为了确保案例的真实性，门店需从多个方面入手。

首先，门店在收集案例时，应要求顾客提供真实的购买记录、使用前后的对比照片等证明材料。这些材料可以作为案例真实性的有力证据，消除顾客的疑虑。

其次，门店可对收集到的案例进行核实和确认。例如，通过电话、邮件等方式与顾客进行沟通，确认案例的详细内容和细节。在核实过程中，门店应保持客观公正的态度，避免对案例进行夸大或美化。

再次，门店可邀请第三方机构或专家对案例进行评估和认证。这些机构或专家通常具有较高的权威性和公信力，他们的评估结果可以为门店的案例真实性提供有力支持。

最后，门店在展示案例时应注重展示案例的真实性和可信度。例如，在展示案例海报时，可注明案例的来源、时间、地点等信息，以提高案例的可信度。同时，门店也可通过分享顾客的真实评价、使用感受等方式，让更多人了解并认可门店的客户案例。

（三）结合市场调研，优化案例选择方向

市场调研是了解顾客需求和市场趋势的重要手段。为了优化客户案例的选择方向，门店需结合市场调研结果进行分析和判断。

首先，门店需定期进行市场调研，了解目标顾客群体的需求、喜好和购物习惯。通过问卷调查、访谈等方式收集顾客信息，并对数据进行深入分析。这有助于门店更准确地把握顾客心理和市场趋势，从而制定出更符合顾客需求的案例选择策略。

其次，在市场调研的基础上，门店可结合品牌形象和传播策略，筛选出具有代表性和吸引力的案例。这些案例应能够充分体现门店的产品特色和服务优势，同时能够引起顾客的兴趣。

最后，门店在筛选案例时，还需考虑案例的时效性和可持续性。时效性是指案例能够反映当前市场热点和顾客关注点；可持续性是指案例具有长期传播价值，能够持续为门店带来正面影响。这样，可以确保案例能够在不同时间段内发挥最大的传播效果。

第六章

成交系统的三个流程

身份影响打造

演讲价值输出

制订解决方案

顾客不向你购买，不是产品不好，
而是你说的每一句话，顾客都不相信。
成交系统的三个流程，
让你的顾客产生购买欲望。

——欧海老师

第一节　身份影响打造

一、身份影响打造策略概述

身份影响打造是指实体门店通过为顾客设立不同的身份等级，给予其相应的特权和优惠，增强顾客对门店的认同感和归属感，从而促进顾客的消费决策。在实体门店经营中，身份影响打造不仅是一种有效的营销策略，也是一种能够深度挖掘顾客需求、提升顾客体验的经营手段。

门店可以根据顾客的购买行为、消费频次、消费金额等因素，将顾客划分为不同的身份等级，如银卡、金卡、黑卡等。为确保门店顾客身份等级体系的有效实施，门店会针对不同身份等级制定差异化的服务内容。这样的设定，旨在让顾客感受到门店对他们的重视和尊重，从而建立起更紧密的关系。

身份影响打造策略的必要性主要体现在以下几个方面。

首先，面对激烈的市场竞争，实体门店需要通过差异化服务脱颖而出。身份影响打造策略正是实现差异化服务的重要手段之一。通过为顾客提供个性化的身份等级和特权，实体门店可以吸引并留住更多的顾客。

其次，身份影响打造策略有助于提高顾客的忠诚度和复购率。通过为顾客设立不同的身份等级，门店可以让顾客感受到自己的成长和进步，从而使其产生更强烈的归属感。同时，不同等级所享有的特权和优惠也会让顾客更加愿意在门店进行消费，进而提高复购率。

最后，身份影响打造策略有利于提升品牌形象和口碑。通过为顾客提供优质的服务和特权，门店可以赢得顾客的信任和好评，从而树立起良好的品牌形象和口碑。这不仅有助于吸引更多的新顾客，还能促进门店的长期发展。

通过实施身份影响打造策略，实体门店不仅能提高顾客体验和满意度，还能实现门店的长期发展。因此，实体门店应该重视身份影响打造的核心理念，并在日常经营中加以运用和推广。

二、打造真实有效的门店顾客身份体验

（一）确保身份等级权益落实到位

对于实体门店而言，身份影响打造策略的关键在于确保身份等级权益落实到位。这意味着门店必须根据设定的身份等级体系，为不同等级的顾客提供相应的权益和服务。

首先，门店需要明确每个身份等级所享有的权益，并在店内显著位置进行公示。这有助于顾客了解自己所处的身份等级以及能够享受的权益，从而增强其对门店的信任感和归属感。

其次，门店在顾客进店后应迅速地识别其身份等级，并根据其等级提供相应的服务。例如，对于金卡、黑卡顾客，门店可以提供专人接待、优先选购、专属折扣等特权；而对于银卡顾客，则可以在其生日时送上小礼品或优惠券，增加其对门店的好感。

最后，门店还应建立有效的顾客反馈机制，及时了解顾客对身份等级权益的满意度。对于顾客提出的建议和意见，门店应积极采纳并改进，以确保身份等级权益能够真正满足顾客的需求和期望。

（二）提高顾客对门店身份体系的认同感

增强顾客对门店身份体系的认同感对实体门店运营十分重要。认同感能够使顾客更加深入地参与门店的营销活动，并愿意主动推荐给他人，从而帮助门店提高知名度和影响力。

首先，门店可以通过举办各种主题活动或优惠活动来增强顾客的归属感。例如在重要节日或纪念日时，门店可以推出限定商品或特别优惠，让顾客感受到自己作为门店一员所享有的特权。

其次，门店可以与顾客建立长期稳定的互动关系。例如，通过会员积分制度或会员推荐制度等方式，鼓励顾客积极参与门店的经营活动并推荐给他人。这样不仅能提升顾客对门店身份体系的认同感，还能有效吸引新的潜在顾客。

最后，门店还可以通过提供个性化服务来增强顾客的认同感。例如，对于长期支持的顾客，门店可以提供专属定制的商品或服务，以满足其独特的消费需求

和品味。这种个性化的服务方式能够让顾客感受到门店对自己的重视和关怀，从而增强其对门店身份体系的认同感。

展望未来，实体门店通过深化身份影响打造的策略，不断创新和优化身份体系，加强数字化技术应用和线上线下融合，以及注重顾客关系的维护和发展，有望实现持续的业务增长和稳健发展。

三、身份影响打造策略在不同门店的应用

（一）高端餐饮店

1. 案例背景介绍及门店特点

在繁华的核心商圈中，某高端餐饮门店以其独特的身份影响打造策略，成功地吸引了众多追求高品质生活的顾客。

该门店以中华传统美食为主打，融合现代餐饮理念，为顾客提供了视觉与味蕾的双重盛宴。门店的装修风格典雅而不失现代感，每一处细节都彰显品牌的尊贵与品位。此外，该门店还拥有一支专业的服务团队，他们热情周到，服务贴心，让顾客在用餐过程中享受到贵宾的礼遇。

该门店注重身份影响打造策略的运用，通过设置不同的顾客身份等级，为不同层次的顾客提供差异化的服务体验。这种策略不仅提高了顾客的满意度，还增加了顾客对品牌的黏性。

2. 通过身份影响打造提升顾客体验与满意度

运用身份影响打造策略是提升顾客体验与满意度的关键。实体门店通过设立银卡、金卡、黑卡等身份等级，为顾客提供了个性化的服务体验。

对于银卡顾客，该门店提供积分兑换、会员专享折扣等服务，让会员顾客感受到门店的关爱与诚意，增强他们对品牌的归属感和认同感。同时，该门店还会定期为会员顾客发送优惠信息和活动通知，让他们随时了解门店的最新动态。

对于金卡顾客，该门店提供专属的预约通道、私人包厢以及定制的菜品等服务。同时，该门店还会定期为VIP顾客举办专属活动，如品鉴会、主题晚宴等，让他们享受更多的特权和优惠。

对于黑卡顾客，该门店提供更加丰富的服务和优惠，不仅可以享受银卡和金卡顾客的所有权益，还可以获得门店赠送的精美礼品、专属管家服务等特权。

此外，该门店还注重提升顾客的整体用餐体验。该门店的菜品不仅味道上乘，而且摆盘精美，让顾客在品尝美食的同时也能欣赏到艺术的魅力。同时，该门店的服务团队都经过了专业培训，他们热情周到、细致入微的服务让顾客感受到了舒适与温暖。

通过身份影响打造的策略，该门店成功地提高了顾客满意度，也在当地树立了良好的口碑。如今，越来越多的顾客来店享受高品质的美食与服务，门店的客流不断增加。未来，该门店将继续完善其身份影响打造体系，为顾客带来更加优质的服务体验。

（二）连锁超市

1. 案例背景介绍及门店特色

近年来，随着消费者对购物体验和服务质量要求的不断提高，实体门店面临巨大的挑战。如何在激烈的市场竞争中脱颖而出，成为许多连锁超市思考的问题。在此背景下，某知名连锁超市成功地通过身份影响打造策略，实现了顾客成交率的显著提升，为行业树立了成功的典范。

该连锁超市以“顾客至上，品质为先”为经营理念，注重提高顾客购物体验和满意度。超市内布局合理，货架摆放整齐，方便顾客挑选商品。同时，该连锁超市还注重环保，倡导绿色购物理念，积极推广环保产品和绿色包装。

2. 身份影响打造在超市经营中的实际应用效果

该连锁超市通过完善的会员制度，实现了对顾客身份的精准识别和分类。会员制度包括普通会员、银卡会员、金卡会员和钻石会员等不同等级，每个等级享有不同的权益和优惠。

在实施过程中，该连锁超市通过线上线下相结合的方式，鼓励顾客注册成为会员。线上渠道包括官方网站、App等，顾客可以随时随地注册并查看自己的会员等级和权益；线下渠道则是门店内的会员服务区，顾客可以在此办理会员卡、了解会员优惠等。

针对不同等级的会员，该连锁超市提供了个性化的服务和专属的权益。例如，对于金卡和钻石会员，超市会定期推送个性化的商品推荐和促销信息，帮助他们更便捷地找到所需商品；同时，还为这些会员提供专属的购物通道，减少排队等候时间，提升购物体验。

此外，该连锁超市还根据会员的消费习惯和喜好，提供定制化的服务。例如，为喜欢健康食品的会员推荐营养丰富的商品；为喜欢家庭聚餐的会员推荐家庭套餐等。这些个性化服务不仅提高了顾客的满意度，还提高了他们对超市的忠诚度。

通过身份影响打造策略，该连锁超市增加了顾客黏性。许多顾客因为享受到会员制度带来的优惠和个性化服务，选择长期在该连锁超市购物，从而形成了稳定的客户群体。同时，该连锁超市的销售额也实现了稳步增长。

此外，该连锁超市还通过会员数据分析和挖掘，深入地了解顾客需求和购物习惯，为商品采购、库存管理和营销活动策划提供了有力的支持。这些举措进一步提升了超市的经营效率和营利能力。

综上所述，该连锁超市通过身份影响打造策略，实现了顾客成交率的显著提升。未来，随着市场竞争的加剧和消费者需求的不断变化，该连锁超市将继续优化和完善身份影响打造策略，为更多顾客提供优质的购物体验和服务。

（三）时尚服饰店

1. 案例背景介绍及门店定位

在繁华的商业街区中，某时尚服饰店以其独特的身份影响打造策略和精准的市场定位，吸引了众多追求时尚潮流的年轻顾客。这家店由一群年轻的创业者共同创立，他们深谙年轻人的喜好和时尚潮流的变迁，将店铺打造成了一个集时尚、潮流、个性于一体的购物天堂。

该服饰店定位于中高端市场，主要针对20~35岁的年轻消费者。他们注重品质和个性，追求时尚潮流的同时，也关注文化内涵和环保理念。为了满足这些年轻消费者的需求，该服饰店在产品设计、面料选择、制作工艺等方面都下足了功夫，力求打造出既有品位又具个性的时尚服饰。

除了产品本身，该服饰店还通过营造独特的购物环境和提供个性化的服务，增强顾客的身份认同感。店内装修现代简约，充满艺术气息，同时设有多个主题区域，方便顾客根据自己的喜好挑选服装。此外，店员们也都接受了专业的培训，能够根据不同顾客的需求和喜好，提供个性化的搭配建议，让顾客在购物的同时，感受到品牌的关怀和尊重。

2. 身份影响打造助力服饰店吸引并留住顾客

该服饰店通过巧妙的身份影响打造策略，成功地吸引了大量年轻顾客。

首先，通过设立 VIP 会员制度，将顾客分为不同等级，并针对不同等级提供差异化的优惠和服务。比如，VIP 会员可以享受更多的折扣和专属活动，而金卡和黑卡会员则可以获得更加个性化的服务体验。这种制度不仅让顾客感受到了被尊重和重视，也让他们更加愿意为品牌买单。

其次，该服饰店还通过举办各种时尚活动和合作活动，来进一步提升顾客的身份认同感。比如，他们会定期举办新品发布会、时尚走秀、主题派对等活动，邀请明星和时尚博主来助阵，让顾客能够直观地感受到品牌的时尚文化。同时，他们还会与其他知名品牌或设计师进行合作，推出联名款产品或限量版产品，满足顾客的收藏和炫耀心理。

最后，该服饰店还通过社交媒体等线上渠道，与顾客进行互动和沟通。他们会在微博、抖音等平台上发布时尚资讯、穿搭教程等内容，吸引年轻用户的关注和参与。同时，他们也会积极回应顾客的评论和反馈，及时处理顾客的投诉和建议，让顾客感受到品牌的用心和负责。

通过身份影响打造策略的实施，该服饰店成功地提高了顾客对品牌的认同感和忠诚度。许多顾客会自发地向亲朋好友推荐该服饰店的产品和服务。这种口碑传播的方式不仅让该服饰店品牌影响力进一步扩大，也为店铺的持续发展奠定了坚实的基础。

综上所述，该服饰店通过巧妙的身份影响打造策略和精准的市场定位，不仅提升了顾客对品牌的认同感和忠诚度，也为店铺的未来发展提供了有力的支持。未来，该服饰店将继续探索更多创新的身份影响打造方式，为年轻消费者提供更加优质的购物体验。

第二节　演讲价值输出

一、演讲价值输出的核心要素

（一）精准定位目标顾客群体

在实体门店中，演讲价值输出的首要任务是精准定位目标顾客群体。这需要我们深入了解顾客的需求、兴趣和行为特征，以便更好地满足他们的期望。对于不同的顾客群体，我们需要采取不同的策略，以确保演讲内容能够引起他们的共鸣。

例如，对于年轻顾客群体，我们可以选择具有时尚元素和创新思维的主题；而对于中老年顾客群体，我们则应该注重健康养生和实用性的内容。同时，我们还可以根据顾客的职业、地域等因素进行更加细致的分类，以确保演讲内容更具针对性和吸引力。

在定位目标顾客群体的过程中，我们还需要关注顾客的购买习惯和购买决策过程，以便可以更好地把握顾客的心理需求，从而设计更具有说服力的演讲内容，引导顾客进行购买。

（二）设计具有吸引力的演讲主题和内容

设计具有吸引力的演讲主题和内容是实现价值输出的关键。一个好的演讲主题应该能够引起顾客的兴趣和共鸣，让他们愿意投入时间和精力来聆听。在选择演讲主题时，我们需要充分考虑顾客的需求和关注点，结合实体门店的特色和优势，打造独特而富有吸引力的内容。

此外，我们还需要注重演讲内容的结构和表达方式。内容应该逻辑清晰、层次分明，让顾客能够轻松地理解并接受。同时，我们还可以运用生动的故事、案例和数据等素材，增强演讲的说服力和感染力。

为了确保演讲的质量，我们还需要对演讲者进行专业的培训和指导。具体包括对演讲技巧、语言表达、情绪控制等方面的培养，让演讲者能够自信、从容地面对顾客，展现出专业而富有魅力的形象。

（三）营造积极互动的氛围

在演讲过程中，营造积极互动的氛围对于提升顾客的参与度和购买意愿至关重要。通过设计有趣的互动环节、提问环节等，我们可以激发顾客的兴趣和好奇心，让他们积极地参与到演讲中来。

此外，我们也可以利用现代科技手段来增强互动效果。例如，通过大屏幕展示演讲内容、使用互动软件进行实时问答等，可以让顾客更加直观地了解演讲内容，同时也能够增强他们的参与感和体验感。

同时，我们需要注意保持与顾客的良好沟通。演讲者需要时刻关注顾客的反应和情绪变化，及时调整演讲节奏和内容，确保演讲的顺利进行。我们还需要积极回应顾客的反馈和提问，让他们感受到我们的专业和用心。

通过精准定位目标顾客群体、设计具有吸引力的演讲主题和内容以及营造积极互动的氛围等核心要素的实践，我们可以有效地提升实体门店演讲的价值输出效果，从而吸引更多顾客，增加销售额。在未来的发展中，我们还需要不断探索和创新，结合新的技术和理念，为顾客带来更加优质、个性化的演讲体验。

二、演讲技巧与语言艺术

（一）清晰表达，言简意赅

清晰表达是演讲中不可或缺的技巧之一。对于演讲者而言，清晰表达不仅能让顾客更好地理解演讲内容，还能提升演讲的专业性和可信度。

首先，演讲者应该尽可能地使用简单明了的语言，避免使用过于复杂或专业的术语。这样可以确保所有顾客都能理解演讲内容，并与之产生共鸣。同时，演讲者还需要注意语速和语调的控制，以确保演讲节奏适中、语速适中、语音清晰。

其次，演讲者应该注重内容的条理性和逻辑性。在演讲前，演讲者应该提前准备好演讲大纲和核心内容，并在演讲过程中按照大纲的框架来展开内容。此外，演讲者还可以使用恰当的例子和故事来辅助说明，使演讲更加生动、有趣。

最后，演讲者还需要注意与顾客的互动。在演讲过程中，演讲者应该时刻关注顾客的反应和提问，并及时给予回答和反馈。这样不仅能增强顾客对演讲内容的理解和信任，还能提升演讲的参与度和效果。

（二）运用幽默元素，活跃气氛

幽默是演讲中不可或缺的元素之一。在演讲过程中，适当运用幽默元素可以活跃气氛、缓解紧张情绪，使演讲更加生动有趣。

首先，演讲者应该了解目标顾客群体的喜好和兴趣点，从而选择恰当的幽默素材和表达方式。例如，针对年轻顾客群体，演讲者可以使用流行文化元素或网络热梗来引发共鸣和欢笑；而针对中老年顾客群体，演讲者则可以选择与生活经验或情感共鸣相关的幽默话题。

其次，演讲者应该注重幽默的时机和方式。在演讲过程中，幽默元素应该自然地融入内容中，而不是生硬地插入或过分夸张。演讲者应该根据演讲内容和现场氛围，选择适当的时机使用幽默元素，以缓解紧张气氛或提高顾客的注意力。

最后，演讲者还需要注意幽默的度。虽然幽默能够提高演讲的吸引力和参与度，但过于夸张或冒犯他人的幽默却可能适得其反。因此，演讲者应该在使用幽默时保持适度和尊重，避免引发不必要的争议或冲突。

（三）情感共鸣，触动顾客内心

情感共鸣是演讲中最重要的技巧之一。演讲者需要通过情感共鸣来触动顾客的内心，引发他们的共鸣和信任。

首先，演讲者应该深入了解目标顾客群体的需求和痛点，从而找到能够引发共鸣的话题和情感点。例如，针对注重健康养生的顾客群体，演讲者可以强调健康的重要性以及产品对健康的益处；而针对追求生活品质的顾客群体，演讲者则可以强调产品的品质和设计，以及它们如何提升生活品质。

其次，演讲者应该注重情感的表达。演讲者应该通过语言、声音、面部表情等多种方式来表达情感，使顾客能够感受到演讲者的真诚和热情。同时，演讲者还可以分享自己的故事或经历，以更好地引发顾客的共鸣和信任。

最后，演讲者还需要注重与顾客的互动和反馈。在演讲过程中，演讲者应该积极与顾客互动，了解他们的想法和感受，并给予积极的反馈和建议。这样不仅能增强顾客对演讲内容的理解和信任，还能提升演讲的参与度和效果。

三、会销活动的组织与执行

（一）会销活动前期筹备与策划

在策划一场成功的会销活动之前，我们必须进行充分的筹备工作。首先，明确活动的目标和定位，包括预期的顾客群体、活动的目的和预期的成效。其次，确定活动的主题和内容，使其与门店的经营特色和目标顾客的需求相匹配。同时，制订详细的活动方案，包括活动的时间、地点、参与人员、宣传策略等。

在筹备过程中，我们需要注重细节，确保各项工作能够有序进行。例如，确定活动场地，布置会场，安排座椅、音响、灯光等设备，准备活动所需的产品展示和宣传资料等。此外，需要制定应急预案，以应对可能出现的突发情况，确保活动的顺利进行。

在策划方面，我们需要创新思维，打造独具特色的活动形式和内容。例如，可以邀请行业内的专家或明星作为嘉宾，为活动增加亮点和吸引力；可以设置互动环节，增强顾客的参与感和体验感；还可以结合门店的特色产品和服务，推出优惠活动和抽奖环节，以提高顾客的购买意愿。

（二）活动现场布置与流程安排

活动现场布置与流程安排对于活动的成功举办至关重要。首先，我们需要根据活动的主题和内容，对会场进行精心布置，营造出符合主题的氛围和风格。具体包括布置背景板、摆放花卉、设置展示台等，使会场显得整洁、美观、有序。

在流程安排方面，我们需要合理安排各个环节的时间和顺序，确保活动能够紧凑有序地进行。一般来说，活动流程可以包括开场致辞、嘉宾演讲、产品展示、互动环节、优惠活动等部分。在每个环节之间，我们需要做好衔接和过渡，确保整个活动流程的连贯性和流畅性。

同时，我们还需要注意活动现场的秩序和安全。具体包括安排专人负责现场秩序的维护，确保观众能够有序入座、保持安静；制定安全预案，确保在紧急情况下能够迅速采取应对措施，保障观众和工作人员的安全。

（三）会后跟进与顾客关系维护

活动结束后，我们需要及时跟进和反馈，以巩固活动成果并维护良好的顾客关系。

首先，我们可以通过电话、短信或邮件等方式，对参与活动的顾客进行感谢和回访，了解他们对活动的满意度和反馈意见。这有助于我们及时发现活动的不足之处，并采取相应的改进措施。

其次，我们可以针对参与活动的顾客，推荐适合他们的产品和服务，并邀请他们再次光临门店。这不仅可以提高顾客的复购率，还可以增加门店的客流量和销售额。

最后，我们还需要注重对顾客关系的维护。在日常经营中，我们需要关注顾客的需求和反馈，及时解决他们的问题和困难。同时，我们可以通过定期举办优惠活动、赠送礼品等方式，表达对顾客的感激和关怀，提高顾客对门店的信任度和忠诚度。

通过以上的会销活动组织与执行策略，我们可以有效提升门店的知名度和影响力，吸引更多的潜在顾客，提高顾客的购买意愿和转化率，为门店的长期稳定发展奠定坚实的基础。

四、沙龙活动的创意与实施

（一）沙龙活动主题选择与内容设计

沙龙活动主题选择与内容设计是确保活动成功的首要因素。在确定沙龙主题时，我们需要充分考虑目标顾客群体的需求与兴趣，并结合实体门店的特色与定位。同时，关注当前行业的热点与趋势，确保沙龙主题的前沿性和吸引力。

在内容设计方面，我们需要注重内容的实用性和互动性。可以通过邀请行业内专家进行主题演讲、设置互动环节等方式，让顾客在参与沙龙活动的过程中获得有价值的信息和体验。此外，我们还可以根据沙龙活动的主题，设计一些具有创意的活动环节，如角色扮演、互动游戏等，以提高顾客的参与度和体验感。

（二）邀请嘉宾与专家，提升活动品质

邀请嘉宾与专家是提升沙龙活动品质的关键环节。我们应根据沙龙活动的

主题和内容，邀请合适的嘉宾和专家，他们具备丰富的行业经验、深厚的专业知识，能为顾客带来有价值的分享和启示。

在活动开始前，我们需要与嘉宾和专家建立良好的沟通与合作关系，确保他们能够按时参加沙龙活动，并准备好相关的演讲材料。同时，我们还应提供充分的支持和协助，如提供场地、设备、接待等服务，以确保他们在沙龙活动中能顺利发挥。

通过邀请嘉宾与专家，我们不仅可以提高沙龙活动的专业性和权威性，还能吸引更多潜在顾客的关注和参与，进一步提高实体门店的知名度和影响力。

（三）沙龙活动后的反馈与总结

沙龙活动结束后，我们需要及时收集顾客的反馈和意见，并对活动进行总结和评估。通过收集顾客的反馈，我们可以了解顾客对活动的满意度、意见和建议。同时，根据反馈和意见，调整和优化实体门店的产品和服务，提高顾客的忠诚度。

最后，我们需要对沙龙活动的各个方面进行全面的分析和评估，包括活动的组织、实施、效果等方面。通过总结经验教训，我们可以找出活动中的不足和短板，为下次活动提供改进和完善的建议。同时，将本次活动的成功经验进行总结和提炼，为实体门店的长期发展提供有益的参考和借鉴。

通过反馈与总结，我们不仅可以不断完善和优化沙龙活动，还能进一步提升实体门店的服务质量和顾客体验，为后续的长远发展奠定坚实的基础。

综上所述，沙龙活动的创意与实施对于实体门店来说具有重要的意义。通过选择合适的主题和内容、邀请嘉宾与专家、及时收集反馈和总结经验教训等方式，我们可以不断提升沙龙活动的品质和效果，吸引更多潜在顾客的关注和参与，为实体门店的长远发展注入新的活力和动力。

五、分享会与论坛的打造

（一）分享会的内容选择与参与者的组织

分享会作为实体门店吸引顾客、传递价值、促进销售的重要手段，其内容的选择和组织参与者尤为重要。在选择分享会内容时，我们需要充分考虑目标顾客群体的需求和兴趣，结合门店的经营特色和产品优势，确定符合门店定位且能吸引顾客参与的分享主题。

在内容选择方面，我们可以从多方面入手。首先，关注当前热门话题和行业趋势，确保分享内容的前沿性和时效性；其次，结合门店的专业知识和服务经验，分享实用技巧和案例，提高顾客对门店的信任度；最后，注重顾客的参与感和互动性，设计互动环节和讨论话题，激发顾客的参与热情。

在组织参与者方面，我们需要通过多种渠道进行宣传和推广，吸引目标顾客群体的关注。例如，利用门店的会员系统、社交媒体平台、合作伙伴等渠道进行宣传，提高分享会的知名度和影响力。同时，我们还需要根据分享会的规模和性质，合理安排参与人数和场地，确保活动的顺利进行。

（二）论坛的专家邀请与主题策划

论坛作为高层次、专业的分享活动，需要邀请具有权威性和影响力的专家进行演讲和交流。

在邀请专家方面，我们可以结合门店的资源和人脉，寻找与门店经营领域相关的专家进行合作。同时，还可以与行业协会、研究机构等组织建立联系，获取更多专家资源。

在主题策划方面，我们需要结合当前领域的热点话题和顾客需求，设计具有针对性、实用性和前瞻性的论坛主题。例如，健康论坛可以关注健康饮食、运动健身、心理健康等方面的主题，邀请专家进行深入讲解和分享。此外，我们还可以结合门店的特色产品和服务，设计相关主题的论坛，吸引更多潜在顾客的关注。

（三）活动后的成果展示与效果评估

分享会与论坛活动结束后，我们需要对活动成果进行展示和效果评估，以便总结经验教训，为今后的活动提供借鉴和参考。

在成果展示方面，我们可以通过多种方式进行呈现。例如，可以制作活动照片和视频集锦，展示活动的精彩瞬间和亮点；可以将专家的演讲内容整理成文字资料或视频回放，供顾客随时查看和学习；可以结合门店的社交媒体平台，发布活动总结和成果展示，扩大活动的影响力。

在效果评估方面，我们需要从多个维度进行考量。首先，可以通过参与人数、互动频率等指标，评估活动的吸引力和参与度；其次，可以通过顾客反馈、销售数据等信息，了解活动对顾客认知、信任和购买意愿的影响；最后，还可以对活动的组织和执行过程进行反思和总结，找出存在的问题和不足，提出改进措施和优化建议。

通过分享会与论坛的打造和实施，我们不仅可以提升实体门店的品牌形象和知名度，还可以为门店吸引更多的潜在顾客，促进销售转化。同时，通过不断优化和创新活动内容和形式，我们还可以不断提高顾客的参与度和满意度，增加顾客对门店的黏性。因此，在未来的经营过程中，我们应该注重分享会与论坛的打造和实施，将其作为提升门店竞争力和市场地位的重要手段之一。

六、真实成功案例的挖掘与运用

（一）行业内成功案例的收集与整理

在实体门店运营过程中，挖掘和整理行业内的成功案例是提高演讲价值输出的关键一环。成功案例能够生动地展示门店的专业能力、服务品质和市场竞争力，增强顾客的信任感和购买意愿。

在收集成功案例时，门店可以从多个渠道入手。首先，可以关注行业内的权威媒体和社交平台，了解最新的市场动态和成功案例。这些平台通常会发布行业动态、成功案例分析等内容，对于门店来说具有很高的参考价值。其次，门店可以积极与同行交流，分享彼此的成功经验。通过参加行业会议、研讨会等活动，门店可以结识更多同行，了解他们的成功案例和运营策略。最后，门店还可以从顾客反馈中挖掘成功案例。顾客的满意度和口碑是检验门店服务质量的重要标准，通过收集顾客的正面评价和反馈，门店可以筛选出具有代表性的成功案例进行展示。

在整理成功案例时，门店需要注重案例的真实性和可信度。真实案例不仅更具说服力，也能展示门店的实力和优势，增强顾客的信任感。此外，门店还需要对案例进行深入分析和总结，提炼出其中的关键要素和成功经验，以便在演讲中灵活运用。

（二）案例的呈现方式与演讲相结合

成功案例的呈现方式对于演讲价值输出的效果至关重要。实体门店需要根据演讲的主题和内容，选择合适的呈现方式，以吸引观众的注意力并提升演讲的说服力。

一种常见的呈现方式是使用图片或视频展示。通过展示案例现场的照片、视频或动画等素材，可以让观众更直观地了解案例的具体情况，增强观众的参与感和体验感。同时，门店还可以使用图表、数据等形式来呈现案例的成果和效果，以便更加直观地展示门店的实力和专业性。

此外，门店还可以结合演讲者的讲述和解释来呈现案例。演讲者可以通过生动的语言和丰富的表情来讲述案例的背景、过程和成果，引导观众深入理解案例的价值和意义。同时，演讲者还可以根据案例的内容，适时地提出问题和观点，引发观众的思考和讨论，提高演讲的互动性和吸引力。

（三）案例的启发与顾客购买行为的引导

成功案例的挖掘与运用是要从中提取有价值的经验和启示，引导顾客的购买行为。

通过成功案例的分享，实体门店可以向顾客展示其产品的实际使用效果和顾客的真实反馈。这有助于顾客更好地理解产品的功能和优势，并产生购买欲望。同时，门店还可以通过对成功案例的解读，向顾客传递门店的价值观和服务理念，增强顾客对门店的信赖。

在演讲过程中，门店可以运用成功案例来引导顾客的购买行为。例如，当推出新产品或活动时，门店可以通过分享类似案例的成功经验来激发顾客的购买意愿。同时，门店还可以根据顾客的需求和痛点，有针对性地推荐相关产品或服务，并通过成功案例的解读来增强说服力。

此外，门店还可以通过成功案例的分享来营造积极向上的氛围，激发顾客的购买决心。通过展示成功案例中的成功经验和成果，门店可以让顾客感受到购买产品所带来的价值和回报，从而更加积极地到店消费。

综上所述，挖掘与运用真实成功案例是提升实体门店演讲价值输出的重要手段。通过收集与整理成功案例、选择合适的呈现方式、提取有价值的经验和启示并引导顾客的购买行为，门店可以提升演讲的说服力和吸引力，增强顾客购买意愿，从而提高销售业绩和维护顾客关系。

七、演讲价值输出在成交过程中的作用

（一）提升顾客对实体门店的认知与信任

在实体门店的销售过程中，演讲价值输出是一种非常有效的手段，它能够显著增强顾客对门店的信任。通过精彩的演讲，门店可以将自身的产品、服务、品牌理念以及专业优势传递给顾客，使顾客对门店有更深入的了解和认识。

首先，演讲价值输出有助于塑造门店的专业形象。在演讲过程中，门店可以详细介绍自己的产品特性、技术实力、服务质量等优势，展现出自己在行业内的专业地位。

其次，演讲价值输出能够提高顾客对门店的认知。通过演讲，门店可以展示自己的品牌理念、企业文化以及社会责任等内容，让顾客更加了解门店的经营理念和价值观。这有助于增加顾客对门店的好感和认同感，进而促进顾客与门店之间的情感联系。

最后，演讲价值输出还能够增加顾客对门店的信任感。在演讲过程中，门店可以分享成功案例、客户评价以及售后服务等信息，让顾客更加信任门店的实力。这对于顾客的购买决策具有重要影响，能够促使顾客选择门店的产品和服务。

（二）促进顾客与门店的沟通与交流

演讲价值输出还能够促进顾客与门店之间的沟通与交流。在演讲过程中，门店可以通过互动、问答等方式与顾客建立更加紧密的联系，了解顾客的需求和意见，从而更好地满足顾客的期望。

首先，演讲为门店提供了一个与顾客直接交流的平台。在演讲过程中，门店可以通过提问、引导讨论等方式，鼓励顾客发表自己的观点和看法，从而深入了解顾客的需求和想法。这种直接交流有助于门店更准确地把握市场动态和顾客心理，为制定销售策略提供重要依据。

其次，演讲价值输出有助于建立顾客与门店之间的情感纽带。通过分享共同话题、传递正能量以及展示门店的关怀与体贴，门店能够与顾客建立起深厚的情感联系。这种情感纽带的建立有助于提高顾客的忠诚度，促使顾客更加频繁地光顾门店。

最后，演讲价值输出还能够提高顾客对门店的满意度和认可度。在演讲过程

中，门店可以积极回应顾客的关切和问题，提供专业的解答和建议，让顾客感受到门店的真诚和专业。这种满意度和认可度的提高有助于增强顾客对门店的信任感，为门店的长期发展奠定坚实的基础。

（三）提高顾客的购买意愿和转化率

演讲价值输出的最终目标是提高顾客的购买意愿和转化率。演讲价值输出为门店创造了良好的销售氛围和条件，使顾客更加倾向于选择门店的产品和服务。

首先，演讲价值输出能够激发顾客的购买欲望。通过精彩的演讲内容和生动的展示方式，门店可以充分展示产品的特点和优势，吸引顾客的眼球。同时，门店还可以借助演讲中的互动环节和优惠活动等方式，进一步刺激顾客的购买欲望，促使其产生购买行为。

其次，演讲价值输出能够提高顾客的购买信心。在演讲过程中，门店可以充分展示自身的实力和专业性，让顾客对门店的产品和服务产生充分的信任感。这种信任感的建立有助于消除顾客的疑虑，提高其购买决心。

最后，演讲价值输出还能够促进顾客的转化和复购。通过演讲中的互动和沟通，门店可以深入了解顾客的需求和偏好，为其提供更加个性化的产品和服务。这有助于提高顾客的满意度和忠诚度，促使其成为门店的忠实顾客，并愿意向亲朋好友推荐门店的产品和服务。同时，演讲价值输出策略还能够为门店积累宝贵的口碑和客户资源，为门店的长期发展提供有力支持。

总体而言，未来的实体门店在演讲价值输出方面有着广阔的发展前景。通过不断创新和优化演讲内容和形式，门店能够提升顾客的购买意愿和转化率，实现业绩的稳步增长。同时，实体门店还需要关注未来发展趋势，积极应对市场变化和挑战，以赢得更多顾客的青睐和信任。

第三节　制订解决方案

一、实体门店成交的关键

（一）定制化服务方案

实体门店要想吸引并留住顾客，提供定制化服务方案尤为重要。定制化服务方案是指根据顾客的个性化需求和偏好，量身定制符合其期望的产品或服务。这种服务方式能够提升顾客的购物体验，提高其对品牌的忠诚度和满意度。

为了实现定制化服务方案，实体门店首先需要深入了解顾客的需求。可以通过问卷调查、顾客访谈等方式，收集顾客对产品的期望、对服务的评价等信息。此外，利用大数据和人工智能技术，对顾客的消费行为、购买偏好等信息进行分析。

基于收集的顾客信息，实体门店可以制订相应的定制化服务方案。例如，在服装行业，门店可以根据顾客的体型、肤色、喜好等因素，为其推荐适合的款式和颜色；在美食行业，门店可以根据顾客的口味偏好、饮食禁忌等，为其定制个性化的菜品搭配。

在实施定制化服务方案时，实体门店需关注服务质量和效率。要确保所提供的服务能够满足顾客的期望，并在规定的时间内完成。同时，门店员工需要具备良好的沟通能力和专业素养，能够与顾客进行有效沟通，解答其疑问，提供专业建议。

（二）优化顾客体验

顾客体验对实体门店吸引和留住顾客至关重要。优化顾客体验需要从多个方面入手，包括店面环境、产品陈列、购物流程、服务态度等。

首先，店面环境的舒适度和美观度对顾客体验具有重要影响。门店应确保店内整洁、明亮、宽敞，并设置合理的休息区域和娱乐设施，以减轻顾客购物的疲劳感。同时，产品陈列布局也是吸引顾客的重要手段。合理的陈列布局能够突出产品的特点和优势，激发顾客的购买欲望。

其次，优化购物流程是提升顾客体验的关键。门店应简化购物流程，减少顾客的等待时间和操作步骤。例如，可以通过优化收银系统、提供自助结账设备等方式，提高结账效率。

最后，服务态度也是影响顾客体验的重要因素。门店员工需要具备良好的服务态度和专业素养，能够热情周到地接待顾客，解答其疑问，提供专业建议。同时，门店还应建立完善的顾客反馈机制，及时收集和处理顾客的投诉和建议，不断提高服务质量。

（三）情感营销与关系建立

情感营销是实体门店与顾客建立深厚关系的重要手段。通过情感营销，门店可以加深顾客对品牌的认知和情感联系，增强其对品牌的信任。

要实现情感营销，实体门店需要关注顾客的情感需求。通过举办各种主题活动、提供个性化服务等方式，营造轻松愉快的购物氛围，激发顾客的情感共鸣。同时，门店还可以利用社交媒体等渠道，与顾客进行互动和交流，了解其情感需求和偏好，为情感营销提供数据支持。

在建立与顾客的关系方面，实体门店需要注重与顾客的沟通和互动。通过建立会员制度、定期发放优惠券等方式，与顾客保持联系和互动。同时，门店还需要关注顾客的购物体验和反馈，及时解决顾客的困难，提高顾客的满意度和忠诚度。

此外，实体门店还可以通过与周边社区的合作和交流，扩大品牌知名度和影响力。例如，通过参与社区活动、为社区提供公益服务等方式，与社区居民建立良好关系，提高品牌在社区的认可度和美誉度。

综上所述，实体门店通过深入了解顾客需求、优化购物流程、提升服务质量、建立情感联系等手段，可提高顾客的购物体验和忠诚度，实现销售业绩的持续增长。

二、养生行业解决方案

（一）个性化养生套餐设计

个性化养生套餐设计是养生行业提高顾客满意度和成交率的重要策略之一。通过深入分析顾客的身体状况、年龄、性别、职业等个体差异，结合中医养生理论和现代营养学知识，为顾客量身定制养生套餐，可以显著增加顾客的黏性。

在个性化养生套餐设计过程中，首先，要对顾客需求进行调研，了解顾客的健康需求、养生偏好和预算范围。其次，根据调研结果，结合养生专家的建议，为顾客制订有针对性的养生方案。方案内容包括饮食调整、运动建议、作息安排等多个方面，旨在通过全方位的健康管理，帮助顾客改善身体状况，提高生活质量。

例如，某养生会所针对中年人群推出个性化养生套餐，根据每位顾客的身体状况和养生需求，制订不同的饮食和运动计划。例如，对于身体偏胖、血压偏高的顾客，推荐低脂、低盐、高纤维的饮食，并安排适量的有氧运动；对于体质虚弱、易疲劳的顾客，则推荐富含蛋白质和维生素的食物，并建议进行轻度的伸展运动。经过一段时间的调理，顾客的身体状况得到明显改善，满意度和回头率大幅提高。

（二）互动式健康咨询服务

互动式健康咨询服务是养生行业增加顾客黏性和提高成交率的重要举措。通过专业的健康咨询服务，解答顾客的健康疑虑，提供个性化的养生建议，可以建立顾客对养生服务的依赖。

互动式健康咨询服务可以通过多种形式实现，如电话咨询、在线咨询、线下讲座等。在咨询过程中，养生专家应根据顾客的身体状况和需求，提供科学、合理的养生建议，并关注顾客的反馈和意见，不断优化服务内容。

例如，某养生连锁品牌注重互动式健康咨询服务的开展。他们建立了一支专业的养生咨询团队，通过线上咨询平台和线下讲座活动，为顾客提供全方位的养生指导和建议。同时，他们还建立了顾客健康档案，记录顾客的身体状况、养生需求和调理效果等信息，以便为顾客提供更加精准、个性化的服务。这种互动式健康咨询服务模式不仅提高了顾客的满意度，也为品牌带来了良好的口碑和业绩。

（三）养生知识分享与社群建设

养生知识分享与社群建设是养生行业增加顾客的互动、提升品牌影响力的重要途径。通过分享养生知识、举办线上线下活动等方式，可以吸引更多潜在顾客关注养生服务，同时增强顾客的参与感和归属感。

在养生知识分享方面，养生企业可以通过微信公众号、抖音等社交媒体平台发布养生知识文章、视频等内容，吸引顾客关注和转发。此外，还可以定期举办养生讲座、健康沙龙等活动，邀请养生专家进行现场授课和答疑，增强顾客的参与感和体验感。

在社群建设方面，养生企业可以建立会员制度，通过积分兑换、会员优惠等方式激励顾客参与社群活动。同时，还可以建立线上社群，如微信群、QQ群等，为顾客提供一个交流养生经验、分享养生心得的平台。通过社群建设，可以加强顾客之间的联系和互动，提升品牌的凝聚力和影响力。

例如，某养生品牌通过养生知识分享与社群建设实现了良好的营销效果。他们不仅在社交媒体平台上发布了大量的养生知识内容，还建立多个线上社群，吸引了大量潜在顾客和现有顾客的关注和参与。同时，他们还定期举办线下活动，如养生体验课、健康跑等，增强了顾客的参与感和体验感。通过这些举措，该品牌的知名度和影响力得到了显著提升，顾客成交率和回头率也大幅提高。

三、美容行业解决方案

（一）精准定位目标客户群体

在美容行业，准确识别并定位目标客户群体是提高成交率的关键因素。为了实现这一目标，美容门店采取了一系列的方法。

首先，通过市场调研和数据分析，深入了解目标客户群体的消费习惯、审美偏好以及消费能力等。这些信息为实体门店制订有针对性的营销方案提供了有力的支持。

其次，根据目标客户群体的特点，设计并推广个性化的美容产品和服务。例如，对于年轻女性，推出以“自然、健康、时尚”为主题的美容产品，并提供专业的护肤建议和美容咨询；对于中年女性，则更注重提供抗衰老和紧致肌肤等方面的产品。

最后，积极与社交媒体平台合作，通过精准投放广告和内容营销等方式，吸引更多目标客户群体的关注和参与。这些举措不仅可以提高品牌知名度和美誉度，还可以带来更多的潜在客户和成交机会。

（二）定制化美容方案制订

美容门店可以为每位顾客量身定制个性化的美容方案，以满足不同客户的需求和期望。

在接待顾客时，专业美容顾问会仔细询问顾客的肤质、生活习惯以及美容需求等信息，并结合自身的专业知识和经验，为顾客制订符合其实际情况的美容方案。

同时，注重与顾客的沟通和交流，不断了解顾客的需求变化和反馈意见，及时调整和优化美容方案。这种定制化的服务模式不仅让顾客感受到门店的专业和用心，还大大提高了顾客的满意度和忠诚度。

此外，通过引进先进的技术和设备，不断提高美容服务的专业性和品质。例如，引进最新的激光美容技术，为顾客提供更加安全、有效的美容治疗。

（三）专业培训与技能提升

美容行业是一个需要不断学习和创新的行业，为了保持竞争力并不断提升服务质量，必须重视员工的专业培训与技能提升。

首先，定期邀请行业内的专家和资深从业者，为员工进行专业技能培训和经验分享，如最新的美容技术、产品知识、顾客沟通技巧等，旨在提升员工的专业素养和服务水平。

其次，鼓励员工参加各种行业会议和展览，了解最新的美容行业动态和发展趋势，以便及时调整和完善我们的服务内容。

最后，建立完善的员工考核机制，通过定期考核和绩效评估，激励员工不断进步和创新。这不仅可以提高员工的工作积极性和专业水平，还可以增强团队的凝聚力。

通过实施以上措施，可以提升美容门店的成交率，使其赢得客户的信任和好评。未来，美容门店应继续探索更多有效的解决方案，不断提升服务质量，为客户提供更加优质的美容体验。

四、餐饮行业解决方案

（一）创意菜品的开发与推广

在美食行业，创意菜品的开发与推广是吸引顾客、增加成交量的关键策略之一。针对顾客的口味偏好和市场需求，餐饮门店可以通过不断创新菜品来赢得顾客的青睐。

首先，餐饮门店需要定期进行市场调研，了解顾客对菜品的口味偏好、健康需求以及文化潮流。其次，门店还需分析竞争对手的菜品特色，寻找差异化竞争的突破口。在市场调研的基础上，门店可以结合自身特色和优势，进行创意菜品的开发。

创意菜品的开发需要注重食材的选取、烹饪技法的创新以及菜品的呈现方式。例如，可以采用当地特色食材，结合现代烹饪技术，创造出独具特色的菜品。同时，菜品的命名和摆盘也要具有创意和吸引力，能够引起顾客的兴趣和好奇心。

在创意菜品推广方面，餐饮门店可以利用社交媒体、线上平台等渠道进行宣传。通过发布美食图片、视频以及撰写富有吸引力的文案，吸引顾客的关注和点赞。此外，门店还可以与网红、美食博主等合作，邀请他们前来品尝菜品并分享给粉丝，扩大品牌的知名度和影响力。

（二）美食体验活动的组织与策划

美食体验活动是提升顾客体验、增加品牌黏性的重要手段。餐饮门店可以通过策划丰富多样的美食活动，吸引顾客参与并享受美食。

首先，门店可以在节假日、不同季节推出特色美食活动。例如，在春节期间推出“团圆宴”活动，为顾客提供丰盛的团圆菜品；在夏季推出“冰爽一夏”活动，提供清爽可口的冷饮和小吃。这些活动既符合顾客的消费需求，又能营造品牌的节日氛围。

其次，门店还可以举办美食DIY美食比赛、美食文化节等活动，邀请顾客参与菜品的制作。这种活动不仅能够提升顾客的参与感和满足感，还能够让他们更深入地了解品牌的特色和文化，提升门店的客流量和成交率。在活动过程中，门店可以安排专业厨师进行指导，让顾客在轻松愉快的氛围中学习烹饪技巧。

（三）口碑营销与品牌建设

口碑营销是美食行业中最具成本效益的营销方式。通过顾客的好评和推荐，餐饮门店能够迅速地扩大影响力并吸引更多潜在顾客。因此，提升口碑和品牌建设是美食行业成交顾客的关键环节。

首先，门店需要注重提高服务质量。优质的服务能够让顾客感受到品牌的温度和专业性，从而提高他们的满意度和忠诚度。门店可以通过培训员工、优化服务流程等方式来提高服务质量。

其次，门店需要注重菜品的质量和口感。只有让顾客感受到菜品的美味和特色，他们才会愿意进行二次消费并推荐给亲朋好友。因此，门店需要严格把控食材的选取和烹饪技艺的精湛程度。

最后，门店可以利用社交媒体、线上平台等渠道进行品牌建设和口碑传播。通过发布美食图片、分享美食故事等方式，展示品牌的特色和魅力。同时，门店还可以邀请顾客进行好评分享，鼓励他们在社交媒体平台上进行传播，提升品牌的知名度和美誉度。

通过以上解决方案，门店可以有效提升顾客的进店率和成交量。通过创意菜品的开发与推广、美食体验活动的组织与策划以及口碑营销与品牌建设等策略的实施，餐饮门店能够赢得顾客的青睐并提升品牌的竞争力。

五、服装行业解决方案

（一）时尚潮流趋势跟踪与应用

在服装行业，紧跟时尚潮流趋势至关重要。品牌需要通过多种渠道，密切关注国内外的时尚动态，以便及时了解并应用最新的设计理念和流行元素。

品牌可以定期参加国际时装周、时尚发布会等活动，与专业设计师、时尚博主等保持密切沟通，以获取最新的时尚信息和设计灵感。同时，可以利用社交媒体、时尚论坛等线上平台，收集和分析消费者对于时尚的喜好和反馈，从而精准把握市场需求。

在了解时尚趋势后，品牌需要将这些元素巧妙地融入自己的产品设计中。具体包括运用流行色彩、材质、款式等元素以及时尚搭配技巧，设计出符合品牌特色和市场需求的新款服装。同时，还需要注重产品质量和细节处理，以提升品牌整体形象和顾客满意度。

例如，某知名服装品牌通过深入研究国际时尚趋势，并结合国内市场特点，成功地推出了一系列备受消费者喜爱的时尚新品。这些新品在款式上新颖独特，在材质、色彩等方面也充分考虑了消费者的需求和喜好。同时，该品牌还注重线上线下的宣传推广，利用社交媒体、时尚博主等渠道进行广泛传播，从而实现了销售业绩的大幅提高。

（二）顾客体形分析与穿搭建议

在服装行业中，不同顾客的体形差异较大，因此提供个性化的穿搭建议显得尤为重要。门店可以通过对顾客体形的分析，提供针对性的穿搭建议，帮助顾客更好地展现自己的身材优势。

门店可以设置专业的体形分析系统或工具，通过测量顾客的身高、体重、三围等数据进行科学评估。根据评估结果，为顾客推荐适合其体形的服装款式和搭配方案。

在提供穿搭建议时，门店还可以结合顾客的年龄、职业、喜好等因素进行综合考虑。例如，对于年轻时尚的消费者，可以推荐款式新颖、色彩鲜艳的服装；对于成熟稳重的消费者，可以推荐款式经典、品质优良的服装。

例如，某服装品牌在其门店中设置了专业的体形分析系统，为顾客提供个性化的穿搭建议服务。顾客进店后，可以通过系统快速了解自己的体形特点，并得到专业的搭配建议。这种服务不仅提升了顾客的购物体验，还增加了品牌的忠诚度和口碑效应。

（三）线上线下融合销售渠道拓展

在数字化时代，线上线下融合已成为服装行业发展的必然趋势。通过整合线上线下的销售渠道和资源，品牌可以实现更广泛的市场覆盖和更高效的营销推广。

在线下方面，品牌可以加强实体门店的建设和管理，提升门店的形象和服务水平。例如，可以通过优化门店布局、提升产品陈列效果、加强员工培训等方式，提升顾客的购物体验和满意度。

在线上方面，品牌可以积极利用电商平台、社交媒体平台等线上渠道进行营销推广。例如，可以在电商平台上开设官方旗舰店或直播间，进行产品的展示和销售；同时，还可以利用社交媒体平台进行品牌宣传、活动策划等，吸引更多潜在消费者的关注和购买。

此外，线上线下融合还可以实现库存共享和订单互通。通过智能化的库存管理系统和订单处理系统，品牌可以实时掌握线上线下渠道的库存情况和销售数据，从而进行更加精准的库存调配和订单处理。

例如，某知名服装品牌通过线上线下融合的方式，实现了销售渠道的全面拓展；通过智能化的库存管理和订单处理系统，实现了线上线下渠道的库存共享和订单互通。这种融合模式不仅提升了品牌的知名度和影响力，也带来了显著的销售增长和利润提升。

六、其他的解决方案

（一）体验式营销实施策略

在实体门店解决方案中，体验式营销是一种行之有效的方法。通过为消费者提供真实、生动的产品或服务体验，帮助他们更好地了解产品特性，从而激发其购买欲望。

首先，门店需要创造一个充满吸引力和舒适感的体验环境。具体包括门店的装修风格、空间布局、灯光设计等方面，都要充分考虑到顾客的视觉、听觉、嗅觉等感官体验。同时，运用一些创新的展示方式，如虚拟现实、增强现实等技术，让顾客能够更直观地了解产品的功能和特点。

其次，门店需要举办有针对性的体验活动。这些活动可以是产品试用、现场制作、互动游戏等，旨在让顾客在参与过程中深入体验产品，并对产品产生兴趣和认同感。通过体验活动，门店还可以收集到顾客的反馈和建议，为产品和服务的改进提供宝贵的参考。

最后，门店还需要加强体验式营销的传播和推广。通过社交媒体、短视频平台等渠道，宣传门店的体验活动，吸引更多潜在顾客的关注和参与。同时，还可以与网络博主等合作，邀请他们到店体验并分享自己的感受，进一步提高门店的知名度和影响力。

（二）售后服务体系的完善与优化

在成交顾客的过程中，优质的售后服务同样不可忽视。完善的售后服务体系不仅能够提高顾客的满意度和忠诚度，还能够为门店带来口碑传播和业绩增长。

首先，门店需要建立健全的售后服务流程和标准。包括退换货政策、维修保养服务、技术支持等方面，都要有明确的规定和操作流程。同时，门店还需要定期对售后服务人员进行培训和考核，确保他们具备专业的知识和技能，能够为顾客提供优质的服务。

其次，门店需要积极收集和分析顾客的反馈和建议。通过顾客满意度调查、在线评价等方式，了解顾客对产品和服务的评价和建议，并针对问题进行改进和优化。同时，门店还可以运用大数据、人工智能等技术手段，对售后服务数据进行深度挖掘和分析，为门店的运营和决策提供有力的支持。

最后，门店还可以通过一些创新的售后服务方式来提升顾客体验。例如，建立会员制度，为会员提供专属的优惠和服务；开设线上客服渠道，为顾客提供便捷的咨询和解决方案；举办售后服务活动，如免费维修日、保养知识讲座等，加强与顾客的互动和联系。

（三）跨界合作与资源整合

跨界合作与资源整合也是实体门店提升竞争力的有效手段。通过与不同行业的品牌或企业进行合作，可以共享资源、扩大市场影响力，从而实现互利共赢。

首先，门店需要寻找与自身定位相符的合作伙伴。它们既可以是同一行业的其他品牌，也可以是不同行业但具有互补性的企业。通过合作，双方可以共同开展市场推广活动、分享客户资源、共同研发新产品等，从而提升双方的市场竞争力。

最后，门店需要充分利用合作伙伴的资源优势。例如，可以借用合作伙伴的品牌影响力和渠道资源，扩大自身产品的曝光度和销售渠道；或者与合作伙伴共同开发定制化产品，满足特定顾客群体的需求。

此外，门店还可以通过跨界合作来创新服务内容和形式。例如，与旅游公司合作推出“购物+旅游”套餐，让顾客在购物的同时享受旅游的乐趣；或者与健康产业合作，推出健康养生类产品和服务，满足顾客对健康生活的追求。

通过跨界合作与资源整合，实体门店不仅可以提升自身的竞争力和影响力，还可以为顾客提供更加多元化、个性化的服务体验。

七、顾客主动买单促成技巧探讨

（一）增强顾客信任与认同感

信任和认同感是促进顾客主动买单的关键因素。实体门店应当积极打造专业的服务团队，培养员工具备高度的专业素养和热情的服务态度。通过专业的知识讲解和耐心的服务，使顾客感受到门店的专业性和可靠性。同时，注重门店的形象建设和卫生标准，打造舒适的购物环境，让顾客愿意在此停留并享受服务。

为了增强顾客的认同感，实体门店可以定期举办一些互动活动，如会员日、新品体验等，让顾客感受到门店对他们的重视和关怀。此外，门店还可以根据顾客的喜好和需求，提供个性化的服务方案，让顾客感受到被关注和尊重。这种认同感不仅能够增强顾客对门店的信任，还能够激发他们的购买欲望。

（二）设定目标与激励措施

设定明确的目标和激励措施是促成顾客主动买单的有效手段。实体门店应该根据自身定位和目标顾客群体，设定合适的销售目标和任务，如月度销售目标、顾客满意度目标等。同时，制定具体的激励措施，如提成制度、奖金制度等，以激发员工的积极性和创造力。

在设定目标和激励措施时，实体门店还需要关注顾客的购买行为和心理需求。通过数据分析和市场调研，了解顾客的购买偏好和消费习惯，制定相应的营销策略和促销活动，引导顾客主动购买。同时，门店还需要关注市场动态和竞争对手的策略变化，灵活调整自己的目标和措施，以适应市场变化。

（三）持续跟踪与反馈机制的建立

持续跟踪与反馈机制的建立是提升顾客购买体验和促成主动买单的重要保障。实体门店应该建立完善的顾客信息数据库，记录顾客的购买记录、反馈意见等信息，以便进行后续的服务和营销工作。同时，门店还需要定期对顾客进行回访和调查，了解他们的满意度和需求变化，以便及时调整服务内容和策略。

在反馈机制方面，实体门店应该设立专门的客服团队或投诉渠道，及时处理顾客的投诉和建议。对于顾客的反馈意见，门店要认真倾听并认真分析，积极改进自身的服务和产品。这样不仅能够提高顾客的满意度和忠诚度，还能够吸引更多的潜在顾客前来消费。

此外，实体门店还可以通过建立会员制度和积分兑换等机制，激励顾客复购。通过数据分析，挖掘出顾客的购买偏好和需求趋势，提供更具个性化的产品和服务。这样不仅能提升顾客的购买体验，还能增强他们对门店的信任度和依赖感，从而促成更多的主动买单行为。

综上所述，增强顾客信任度与认同感、设定目标与激励措施以及建立持续跟踪与反馈机制可以促成顾客主动买单。实体门店应该根据自身实际情况和市场环境，灵活运用这些技巧，不断提升自身的服务水平和营销能力，以吸引更多的顾客。

第七章

裂变系统的三个维度

销售团队建设

“命运共同体”裂变

利益共同体裂变

售后服务才是销售的开始，
销售的核心不是卖产品，而是引爆客户背后的人脉资源。
裂变系统的三个维度，
瞬间让客户背后的资源为你所用。

——欧海老师

第一节　销售团队建设

一、实体门店销售团队建设的必要性

（一）提升门店经营效率与竞争力

实体门店为了有效应对外部挑战，要不断提升门店的经营效率与竞争力。销售团队作为门店经营的重要组成部分，其建设质量直接关系到门店的整体运营效果。

首先，优秀的销售团队能够准确地捕捉市场动态和顾客需求，为门店提供及时、有效的市场信息。通过对市场趋势的深入分析和对顾客需求的精准把握，销售团队能够帮助门店制定更加合理的销售策略和产品组合，从而提高销量和利润水平。

其次，销售团队的建设有助于提升门店的执行力。一个训练有素、执行力强的销售团队能够迅速响应门店的经营策略和目标，通过高效的工作流程和紧密的团队协作，将策略转化为实际行动，推动门店业绩的持续增长。

最后，销售团队能够通过优化客户服务流程、提升销售技能等方式，提升门店的整体服务水平。而优质的服务不仅能吸引更多的潜在顾客，还能进一步扩大门店的市场份额。

（二）提高顾客满意度与忠诚度

顾客满意度和忠诚度是实体门店经营成功的关键。而销售团队作为门店与顾客之间的桥梁，其服务质量和专业水平直接影响顾客的消费体验和满意度。因此，加强销售团队建设对于提升顾客满意度和忠诚度具有重要意义。

首先，优秀的销售团队能够提供个性化的服务。每位顾客都有其独特的需求和偏好，而销售团队通过与顾客的深入沟通和交流，能够准确把握顾客的需求和期望，并提出个性化的购物建议。这种有针对性的服务能够增强顾客的购物体验，提高顾客的满意度。

其次，销售团队还能够通过专业的产品知识和销售技巧，帮助顾客解决购物过程中的问题。他们能够为顾客提供专业的产品介绍、使用方法和售后保障等信息，使顾客放心和满意。这种专业的服务能够增强顾客对门店的信任和依赖，提高顾客的忠诚度。

最后，销售团队还能够通过积极主动的服务态度和关怀，增加顾客的购物愉悦感。他们能够以热情友好的态度接待顾客，关注顾客的需求和感受，及时回应顾客的反馈。这种关怀式的服务能够提升顾客对门店的好感，提高顾客的回购率和口碑传播意愿。

综上所述，加强实体门店销售团队建设是提升门店经营效率与竞争力、增强顾客满意度与忠诚度的关键举措。门店应该重视销售团队的建设工作，通过选拔优秀的销售人才、提供系统的培训和发展机会、建立完善的激励机制和考核体系等方式，不断提高销售团队的专业素质和综合能力，为门店的持续发展奠定坚实的基础。

二、销售团队建设的主要内容

（一）建立高效销售团队的步骤

1. 确定销售团队的职责与定位

在实体门店中，销售团队是企业生存和发展的核心力量。为了构建高效的销售团队，首先需要明确团队的职责与定位。销售团队的职责不仅在于完成销售目标，更在于为顾客提供优质的产品和服务，树立门店的良好口碑。

具体来说，销售团队需要关注以下几个方面。一是深入了解市场需求和顾客需求，为门店的经营提供有力的市场支撑；二是积极与顾客沟通，解答顾客疑问，提供个性化服务；三是拓展市场渠道，挖掘潜在客户，提高门店的市场占有率；四是与门店其他部门协作，共同提升门店的运营效率和顾客满意度。

在定位上要明确，销售团队应被视为门店的重要资产和核心竞争力。团队成员应具备良好的职业素养、专业技能和团队协作能力，能够快速适应市场变化，把握顾客需求，为门店创造更多的价值。

2. 制订团队建设与培训计划

为了建立高效的销售团队，需要制订详细的团队建设与培训计划。

首先，在人员选拔方面，应注重候选人的专业能力、沟通技巧和团队协作精神。通过严格的面试和试用期考核，筛选出符合要求的优秀人才。

其次，在团队文化方面，应倡导积极向上的价值观，强调团队协作和顾客至上的服务理念。通过定期的团队建设活动，增进团队成员之间的了解和信任，营造和谐的工作氛围。

最后，还需要制订有针对性的培训计划。通过内部培训、外部学习和实践锻炼等多种方式，提升团队成员的专业技能和职业素养。同时，鼓励团队成员参加各种行业交流和研讨会，了解行业动态和最新趋势，为门店的发展提供有力的支持。

3. 建立激励机制与考核体系

为了激发团队成员的积极性和创造力，需要建立合理的激励机制与考核体系。

首先，在薪酬方面，应确保团队成员的薪酬与其贡献相匹配，实现按劳分配、多劳多得。同时，可以设立绩效奖金、提成奖励等激励措施，鼓励团队成员积极开拓市场、提升销售业绩。

其次，在职业发展方面，应为团队成员提供广阔的职业发展空间和晋升机会。通过设立晋升通道、开展职位竞聘等方式，让优秀的团队成员在实现自我价值的同时也为门店的发展贡献更多力量。

最后，在考核方面，应建立科学、公正的考核体系。通过设定明确的考核指标和评价标准，对团队成员的业绩、能力、态度等方面进行综合评价。同时，注重考核结果的反馈和沟通，帮助团队成员了解自身的优势和不足，以便制订有针对性的改进计划。

总之，建立高效销售团队是“命运共同体”裂变的基础。通过明确团队的职责与定位、制订团队建设与培训计划、建立激励机制与考核体系等措施，可以打造出一支具备专业素养、团队协作精神和创新能力的销售团队，为门店的发展提供强有力的支持。

（二）增强团队凝聚力

1. 建立良好的团队沟通与协作机制

建立良好的团队沟通与协作机制是增强团队凝聚力的基础。

首先，团队内部应建立有效的沟通渠道，确保信息畅通无阻。团队成员之间应定期召开会议，分享工作进展、交流心得体会，共同解决问题。此外，利用现代通信工具，如企业微信、钉钉等，实现即时沟通和信息共享。

其次，团队应明确分工，确保每个成员都明晰自己的职责和任务。在分工过程中，应充分考虑每个成员的专业能力和兴趣特长，使其能够充分发挥自己的优势。同时，团队内部应营造相互支持、协作共赢的氛围，鼓励成员之间互相帮助、共同进步。

最后，团队应建立激励和约束机制，对团队成员的表现进行定期评估。通过表彰先进、鼓励后进，激发团队成员的积极性和创造力。同时，对违反团队纪律或损害团队利益的行为，应给予相应的惩罚，以维护团队的稳定和健康发展。

2. 提升团队成员的职业素养与技能水平

提升团队成员的职业素养与技能水平是增强团队凝聚力的关键措施之一。

首先，团队成员应不断提高自身的专业能力。具体包括学习和掌握本领域的知识、技能和经验，不断提升自己的业务水平和综合素质。同时，团队成员还应关注行业动态和市场变化，及时调整自己的思路和方法，以适应不断变化的市场需求。

其次，团队成员应具备良好的职业道德和职业素养。具体包括诚实守信、遵守纪律、尊重他人、善于沟通等。只有具备这些良好品质，才能更好地融入团队，为团队的发展和“命运共同体”裂变作出贡献。

最后，团队还应定期组织培训和交流活动，提升团队成员的技能水平和综合素质。通过邀请行业专家进行授课、组织内部经验分享等方式，团队成员能够不断学习和进步，从而为团队的发展提供有力支持。

3. 加强团队文化建设，营造积极向上的氛围

加强团队文化建设是增强团队凝聚力的重要途径之一。一个积极向上、充满活力的团队文化能够激发团队成员的归属感和自豪感，增强团队的凝聚力和向心力。

首先，团队应树立共同的价值观和理念，以体现团队的核心精神和价值追求，并成为团队成员共同遵守的行为准则。通过宣传和推广这些价值观和理念，使团队成员能够形成共同的目标和追求，为团队的发展提供强大的精神动力。

其次，团队应营造积极向上的工作氛围。具体包括鼓励团队成员积极参与、勇于创新、敢于担当等。通过举办各类团建活动、庆祝活动等，增强团队成员之间的友谊和信任，营造和谐融洽的团队氛围。

最后，团队应重视激励和奖励机制的建设。通过设立各类奖项、评选优秀成员等方式，表彰和激励为团队作出贡献的团队成员，树立榜样和典型，激发团队成员的积极性和创造力。

通过建立良好的团队沟通与协作机制、提升团队成员的职业素养与技能水平以及加强团队文化建设等措施，可以不断提升团队的凝聚力和向心力，为实体门店的发展奠定坚实的基础和提供有力的支持。

三、销售团队建设中的顾客裂变机制设计与实施

（一）设计合理的顾客裂变路径与激励措施

在销售团队建设中，设计合理的顾客裂变路径与激励措施是至关重要的。顾客裂变机制旨在通过激励现有顾客推荐新客户，从而扩大顾客群体，增加销售额。

首先，门店需要明确裂变路径。裂变路径的设计应充分考虑顾客的消费行为和社交习惯，通过明确的路径引导顾客进行裂变。例如，门店可以设定一系列任务，如邀请好友注册、分享产品至社交媒体平台等，完成任务后即可获得相应的奖励。这样的设计既能激发顾客的参与热情，又能确保裂变过程的顺利进行。

其次，门店需要设计有效的激励措施。激励措施的选择应基于顾客的需求和喜好，以激发其裂变动力。常见的激励措施包括折扣优惠、积分兑换、礼品赠送等。门店可以根据实际情况灵活选择，确保激励措施与裂变路径相匹配，形成有

效的激励闭环。

最后，门店还应注重顾客自身的个性化需求。不同的顾客群体有不同的需求和偏好，门店应根据目标顾客的特点进行定制化设计，以提高裂变效果。

（二）通过社交媒体、线下活动等途径引导顾客裂变

社交媒体和线下活动是引导顾客裂变的重要途径。充分利用这些渠道，实体门店可以有效地扩大顾客群体，提高品牌影响力。

在社交媒体方面，门店可以利用微信、微博、抖音等平台的社交属性和传播优势，发布裂变活动信息，引导顾客进行分享和传播。门店可以设立专门的裂变活动页面或小程序，方便顾客参与和分享。同时，门店还可以通过与网络博主合作，利用其影响力推动裂变活动的传播。

在线下活动方面，门店可以举办各类促销活动、会员日活动等，吸引顾客参与并邀请好友一同前来。通过线下活动的互动性和体验感，门店可以增进与顾客的关系，提高顾客的裂变意愿。

除了社交媒体和线下活动外，门店还可以通过其他途径引导顾客裂变，如合作推广、口碑传播等。通过多方面的渠道和方式，门店可以有效地扩大裂变范围，提高裂变效果。

（三）定期评估裂变效果，优化裂变策略

定期评估裂变效果并优化裂变策略是确保裂变机制持续有效的关键。实体门店需要设定明确的评估指标，如新增顾客数量、销售额增长率等，以衡量裂变效果的好坏。

在评估过程中，门店需要对裂变路径、激励措施以及传播渠道等方面进行细致的分析。通过收集顾客反馈、分析数据等方式，了解裂变机制中存在的问题和不足，从而有针对性地制订优化方案。

优化裂变策略的过程需要紧密结合门店实际情况和顾客需求。门店可以根据评估结果调整裂变路径和激励措施，以适应市场变化和顾客需求的变化。同时，门店还可以尝试新的传播渠道和方式，以拓展裂变范围和提高裂变效果。

通过定期评估和优化裂变策略，门店可以不断完善裂变机制，提高裂变效果，从而实现销售团队的持续发展和业务增长。

四、团队裂变能力的提升策略

（一）定期组织团队培训与技能提升

在销售团队建设中，提升团队成员的裂变能力至关重要。因此，需要定期组织团队培训与技能提升活动，以提升团队成员的专业素质和裂变能力。

首先，邀请行业内的专家或资深销售人员，为团队成员进行定期的培训。这些培训可以涵盖销售技巧、产品知识、市场趋势等多个方面，帮助团队成员不断提升自己的专业素养。通过培训，团队成员可以更好地了解市场需求和顾客心理，掌握有效的销售技巧，从而提高裂变成功的概率。

其次，开展团队内部的经验分享会。鼓励团队成员分享自己的成功案例、失败教训以及裂变过程中的心得体会。通过相互学习和借鉴，团队成员可以取长补短，不断完善自己的裂变策略和方法。

最后，组织一些团队拓展训练或实践活动，让团队成员在实际操作中提升裂变能力。例如，可以组织一次销售模拟演练，让团队成员在模拟场景中运用所学的知识和技能进行裂变尝试。通过实践，团队成员可以更好地理解裂变机制，掌握实际操作技巧，为日后的裂变工作积累宝贵的经验。

（二）引入竞争机制，激发团队成员潜力

竞争机制可以有效地激发团队成员的积极性和潜力，进一步提高团队的裂变能力。团队可以采取以下措施来引入竞争机制。

首先，设定明确的销售目标，并根据完成情况进行排名和奖励，以激发团队成员的竞争欲望，促使他们更加努力地完成任务。同时，可以设立一些具有挑战性的裂变任务，让团队成员在完成任务的过程中不断挑战自己，提高裂变能力。

其次，营造团队内部的竞赛氛围。通过举办销售竞赛、裂变成果展示等活动，让团队成员在竞争中相互学习、相互激励。同时，设立一些团队奖励，鼓励团队成员之间的协作和配合，实现团队整体裂变能力的提高。

最后，确保竞争机制的公平性和透明性。在设定目标和奖励时，要充分考虑团队成员的实际情况和能力水平，避免出现不公平的现象。同时，要及时公布排名和奖励情况，让团队成员了解自己的能力，从而更好地激发他们的潜力。

（三）设立激励机制，奖励优秀裂变成果

为了进一步激发团队成员的裂变动力，要设立激励机制，对优秀的裂变成果进行奖励。具体包括物质奖励和精神奖励两个方面。

在物质奖励方面，可以根据裂变成果的数量和质量，给予团队成员一定的奖金或提成。这种奖励方式可以直观地反映团队成员的努力和成果，从而激发他们的工作热情。同时，还可以设立一些额外的福利，如旅游、培训等，作为对优秀团队成员的额外奖励。

在精神奖励方面，可以通过颁发荣誉证书、表彰信等方式，对优秀的裂变成果进行肯定和赞扬。这种奖励方式可以满足团队成员的成就感和荣誉感，进一步激发他们的工作动力。此外，还可以组织一些团队建设活动或庆祝活动，让团队成员在轻松愉快的氛围中感受到团队的温暖和关怀。

总之，通过定期组织团队培训与技能提升、引入竞争机制以及设立激励机制等措施，可以有效地提升实体门店销售团队的裂变能力，进而提升门店的经营效率和竞争力，为门店的长期发展奠定坚实的基础。

五、顾客裂变效果的评估与优化

（一）建立顾客裂变效果评估体系

在顾客裂变过程中，建立有效的评估体系是至关重要的。通过评估体系，我们能够更准确地了解裂变活动销售团队建设的效果，从而有针对性地调整和优化策略。具体应包括以下几个方面。

首先，我们需要明确裂变活动的目标。裂变活动的目标可能包括增加顾客数量、提高顾客活跃度、扩大品牌影响力等。只有明确目标，我们才能有针对性地评估裂变效果。

其次，我们需要设定合理的评估指标。评估指标应能够反映裂变活动的实际效果，如新增顾客数量、顾客活跃度提升率、品牌曝光率等。同时，这些指标应具有可量化性，以便我们进行数据的统计和分析。

再次，我们还需要建立数据收集和分析机制。通过收集裂变活动的相关数据，如顾客来源、裂变路径、裂变转化率等，我们可以深入了解裂变活动的具体

情况，并发现其中存在的问题。同时，我们还可以利用数据分析工具对收集到的数据进行深入分析，从而得出更准确的结论。

最后，我们需要定期对评估体系进行回顾和调整。随着时间的推移和市场的变化，裂变活动的目标和评估指标可能会发生变化。因此，我们需要定期回顾评估体系，并根据实际情况进行调整和优化。

（二）定期分析裂变数据，发现问题并优化策略

定期对裂变数据进行分析，以便发现问题并优化策略。具体可以从以下几个方面入手。

首先，关注裂变活动的整体效果。通过对比不同裂变活动的数据，我们可以了解哪种类型的裂变活动更有效，从而在未来的裂变活动中更加注重这种类型。

其次，分析裂变活动的转化率和裂变路径。转化率是评估裂变活动效果的重要指标之一，它反映了顾客从裂变活动到实际购买或关注的转化率。通过分析转化率，我们可以了解顾客在裂变过程中的行为特点和偏好，从而有针对性地优化裂变策略。同时，我们还需要关注裂变路径，即顾客是通过哪些渠道或方式参与裂变活动的。了解这些信息有助于我们更好地了解顾客的需求和习惯，并优化裂变路径的设计。

再次，关注顾客反馈和意见。通过收集顾客的反馈和意见，了解顾客对裂变活动的不足之处，从而有针对性地改进和优化裂变活动。

最后，根据分析结果调整和优化裂变策略。根据数据分析的结果，找出裂变活动存在的问题和不足，并制定相应的优化措施。例如，我们可以调整裂变活动的奖励机制、优化裂变路径的设计、加强与顾客的互动等，以提高裂变活动的效果。

（三）借鉴成功案例，不断提升裂变效果

借鉴成功案例，不断提升裂变效果。成功案例是已经取得显著成果的裂变活动，它们可以为我们的裂变活动提供宝贵的经验和启示。

首先，通过学习成功案例的裂变策略来优化策略。成功案例中的裂变策略可能包括独特的奖励机制、创新的裂变路径设计、有效的顾客互动等。通过借鉴这些策略，可以为裂变活动注入新的活力和创意，以提高裂变效果。

其次，学习成功案例中的顾客管理技巧。成功案例中的企业可能通过精细化的顾客管理来提高裂变效果，如建立完善的顾客数据库、定期与顾客进行互动沟通、提供个性化的服务等。通过借鉴这些技巧，实体门店能够更好地管理顾客资源，提高顾客的忠诚度和满意度。

最后，还需要不断关注市场趋势和行业变化。随着市场环境和消费者需求的变化，裂变活动的策略和方法也需要不断进行调整和创新。因此，实体门店需要保持敏锐的市场洞察力，及时关注市场趋势和行业变化，以便及时调整和优化裂变策略。

综上所述，建立顾客裂变效果评估体系、定期分析裂变数据并优化策略以及借鉴成功案例等方式，可以不断提升顾客裂变的效果，为实体门店的销售团队建设和发展提供有力支持。

六、实体门店团队建设实践

（一）某餐饮门店通过团队建设实现顾客裂变

某餐饮门店通过精心打造团队建设，实现了顾客裂变和业务的稳步增长。

该门店始终秉持“以客为尊”的价值观，在团队内部，通过各种培训活动和激励机制，营造出积极向上、团结协作的工作氛围。团队成员之间形成了深厚的友谊和默契，共同为顾客提供优质的服务和美味的菜品。

为了实现顾客裂变，该门店创新开展了多项互动活动。比如，邀请顾客参与美食制作，不仅增强了顾客的参与感和体验感，还让他们成为品牌的传播者。此外，该门店还利用社交媒体平台，鼓励顾客在享受美食的同时分享自己的用餐体验，通过口碑传播吸引更多新顾客。

在团队建设与顾客裂变的双重作用下，该门店的业绩不断攀升，顾客满意度和忠诚度也得到了显著提升。

（二）某服装门店通过团队建设提升顾客忠诚度

某服装门店通过团队建设，成功地提升了顾客忠诚度，实现了业务的稳定增长。

该门店开业之初就明确了“为顾客提供时尚、高品质的服饰，打造舒适、愉悦的购物体验”的服务理念，门店团队成员积极学习时尚潮流知识，不断提升自己的专业素养和服务水平。同时，该门店还注重营造舒适、温馨的购物环境，让顾客在购物过程中感受到宾至如归的温馨。

为了进一步提升顾客忠诚度，该门店还推出了会员制度，为会员提供专属优惠和个性化服务。通过定期举办会员活动，加强会员与门店之间的情感联系。

（三）某美容美发连锁门店通过团队建设打造口碑传播

某美容美发连锁门店通过团队建设，成功地打造了口碑传播效应，实现了业务的快速发展。

该门店注重培养员工的归属感和团队精神，通过组织各类团建、分享会等活动，加强员工之间的交流与沟通。同时，该门店还建立了完善的激励机制，鼓励员工积极创新、提升服务质量。该门店的员工们始终以饱满的热情和专业的技能为顾客提供优质的服务。他们注重细节，关注顾客的需求和感受，让顾客在享受服务的过程中感受到温馨和舒适。

为了进一步扩大口碑传播效应，该门店还利用互联网思维，通过线上线下相结合的方式吸引新顾客。他们通过微信公众号、小程序等渠道发布优惠活动、分享美容美发知识，吸引更多潜在顾客关注。同时，该门店还鼓励顾客在社交媒体平台上分享自己的服务体验，通过口碑传播吸引更多新顾客。

在团队建设和口碑传播效应的带动下，该美容美发门店的知名度和影响力不断提高。

第二节　“命运共同体”裂变

一、“命运共同体”裂变策略概述

（一）“命运共同体”裂变的核心思想

“命运共同体”裂变的核心思想在于将企业与顾客之间的关系从传统的交易关系转变为更加紧密的“命运共同体”关系。这一理念的提出，不仅是对传统商业模式的颠覆，更是对顾客价值的重新认识和提升。

"命运共同体"裂变策略强调企业与顾客之间的共生共荣。企业与顾客之间存在紧密的依存关系，企业的成功离不开顾客的支持与信任，而顾客的满意和忠诚则是企业持续发展的重要保障。因此，企业需要将顾客视为自己的合作伙伴，通过提供优质的产品和服务，满足顾客的需求和期望，从而赢得顾客的忠诚和口碑传播。

同时，"命运共同体"裂变策略还强调企业与顾客之间的共享共赢。企业应该与顾客共同分享发展的成果和利益，通过建立良好的互动和沟通机制，实现企业与顾客之间的信息共享、价值共创和利益共享。这样不仅可以加强顾客对企业的信任和依赖，还可以促进企业的持续创新和升级，实现双方的共同发展和繁荣。

（二）"命运共同体"裂变策略对门店经营的意义

"命运共同体"裂变策略对实体门店经营具有深远的意义。

首先，它有助于提高门店的顾客忠诚度。通过构建"命运共同体"关系，门店可以与顾客建立更加紧密的联系和信任，使顾客更加愿意选择门店的产品和服务，并愿意向周围的人推荐和分享。这不仅可以提高门店的知名度和影响力，还可以吸引更多的潜在顾客，促进销售业绩的提升。

其次，"命运共同体"裂变策略有助于提升门店的竞争力。在竞争激烈的市场中，门店必须不断创新和提升自己的产品和服务质量。而"命运共同体"裂变策略强调与顾客的共享共赢，可以激发门店的创新精神和市场敏锐度，使其更加关注顾客的需求和变化，及时调整和优化自己的经营策略，从而在市场中保持领先地位。

最后，"命运共同体"裂变策略还有助于提升门店的品牌形象。通过构建"命运共同体"，门店可以向顾客传递出积极、向上、负责任的品牌形象，使顾客对门店产生更加良好的印象和认知。这不仅有助于提高门店的美誉度，还可以为门店赢得更多的商业机会和合作伙伴。

（三）如何将"命运共同体"裂变理念应用于实践

将"命运共同体"裂变策略应用于实体门店经营实践，需要从以下几个方面入手。

首先，实体门店需要树立以顾客为中心的经营理念。这意味着门店需要时刻关注顾客的需求和变化，了解顾客的心理和行为特点，从而为其提供更加精准和贴心的产品与服务。同时，门店还需要积极倾听顾客的反馈和建议，不断改进和优化自己的经营策略，提升顾客的满意度和忠诚度。

其次，实体门店需要加强与顾客的互动和沟通。通过举办各类活动、开展会员计划、建立社交媒体平台等方式，门店可以与顾客建立更加紧密的联系和互动关系，增强顾客对门店的认同感和归属感。同时，门店还可以通过这些渠道收集顾客的信息和反馈，为后续的营销策略制定提供更加有力的支持。

最后，实体门店需要注重品质和服务的提升。具体要求门店在选品、采购、生产、销售等各个环节都要严格控制品质，确保产品的质量和安全性。同时，门店还需要提供优质的服务体验，如快速响应顾客需求、提供便捷的售后服务等，让顾客感受到门店的用心和关怀。

二、“命运共同体”裂变策略中顾客裂变的步骤

（一）设计顾客转化流程与方案

设计顾客转化流程与方案是实施“命运共同体”裂变策略的关键步骤。我们需要明确顾客转化的目标、路径和策略，并制订相应的方案。

首先，确定顾客转化的目标。我们可以将目标设定为增加新顾客、提升老顾客复购率、扩大品牌影响力等。根据门店的实际情况，我们可以设定具体的数值指标，如每月新增顾客数量、老顾客复购率提升百分比等。

其次，设计顾客转化的路径。我们可以通过多种渠道吸引顾客，如社交媒体宣传、线下活动推广等。同时，我们需要建立顾客关系管理系统，将顾客信息整合，并通过数据分析，找出顾客的兴趣点、消费习惯等信息，为后续的顾客转化提供数据支持。

最后，制订顾客转化方案。我们可以根据顾客的购买历史、偏好等信息，为其制订个性化的推荐方案，提高顾客的购买意愿。同时，我们还可以开展会员制度、积分兑换等活动，提高顾客的忠诚度。

（二）制订顾客裂变计划与目标

制订顾客裂变计划与目标是实现“命运共同体”裂变的重要环节。通过制订

裂变计划与目标，我们可以更好地促进顾客之间的传播和分享，实现裂变效果。

首先，明确裂变计划的目标。我们可以设定裂变活动的时间、规模、预期效果等目标，确保计划具有可操作性和可衡量性。

其次，制订裂变活动的具体方案。我们可以设计有趣的裂变活动，如邀请好友注册送优惠、分享购物链接得红包等，激发顾客的参与热情。同时，我们还需要注意裂变活动的传播渠道和方式，选择适合门店特点的推广方式，提高裂变效果。

最后，建立裂变活动的跟踪与评估机制。我们可以通过数据监测、用户反馈等方式，对裂变活动的执行情况进行跟踪和评估，及时发现问题并进行调整。

（三）实施顾客裂变活动

在实施顾客裂变活动时，我们需要关注活动的执行细节和效果评估。

首先，做好活动宣传和推广工作。可以通过社交媒体平台、线下门店等多种渠道进行宣传，吸引更多的顾客参与。同时，利用口碑传播的力量，鼓励顾客在社交媒体平台上分享裂变活动，扩大活动的影响力。

其次，关注裂变活动的执行细节。我们需要确保活动规则清晰明了、易于操作，同时还需要保证活动的公平性和透明性，避免出现作弊行为。此外，我们还需要及时处理顾客在活动中遇到的问题和反馈，提升顾客体验。

最后，对裂变活动的效果进行评估和总结。通过数据分析、用户反馈等方式，对裂变活动的执行情况进行评估，了解活动的成果和不足。同时，总结裂变活动的经验教训，为未来的裂变活动提供参考和借鉴。

在实施顾客裂变活动的过程中，我们需要不断调整和优化裂变策略，确保裂变活动的效果。此外，我们还需要关注顾客的需求变化和市场趋势，及时调整裂变活动的方向和重点，确保"命运共同体"裂变策略能够与时俱进，不断为门店的发展注入新的动力。

三、实体门店成功案例分享

（一）某咖啡店的"命运共同体"裂变实践

某咖啡店坐落于城市的中心地带，以其独特的文化氛围和优质的咖啡产品吸引大量消费者。然而，随着市场竞争的加剧，该咖啡店面临客流量下降和品牌影响力不足的问题。为了突破这一困境，该咖啡店决定采用“命运共同体”裂变策略，以实现顾客转化和销售额的增加。

首先，该咖啡店注重提升顾客体验，通过优化店内环境、提高服务质量等方式，让顾客感受到舒适的氛围。同时，推出了“咖啡师认证”活动，邀请顾客参与咖啡制作的学习与实践，提升顾客对咖啡文化的认识。这不仅增强了顾客的归属感和忠诚度，还促进了口碑传播，吸引了更多新顾客的加入。

其次，该咖啡店积极开展命运共同体裂变活动。制订详细的裂变计划，通过社交媒体平台、线下活动等多种渠道邀请顾客参与裂变活动。活动包括邀请好友一起品尝咖啡、分享咖啡制作技巧等，顾客在完成裂变任务后还可以获得相应的奖励。这些活动有效地激发了顾客的参与热情，推动了顾客数量的快速增长。

通过实施“命运共同体”裂变策略，该咖啡店成功地吸引了大量新顾客，增加了销售额，提高了品牌影响力。同时，他们还积累了大量的顾客数据，为后续的市场拓展和精准营销提供了有力支持。

（二）某书店的“命运共同体”裂变实践

某书店一直致力于推广阅读文化，但在互联网的冲击下，面临客流量下滑的困境。为了改变这一现状，该书店决定实施“命运共同体”裂变策略，以实现顾客转化和业绩提升。

该书店通过精心策划，开展了一系列“命运共同体”裂变活动。他们推出了“读书会”项目，邀请读者分享自己的阅读心得和体验，同时鼓励读者邀请朋友一起参与。此外，该书店还举办了签名售书、文化讲座等活动，为读者提供丰富的文化体验。

这些活动不仅吸引了大量读者参与，还促进了读者之间的交流和互动。读者在分享阅读体验的过程中，不仅加强了与书店之间的情感联系，还通过口碑传播吸引了更多新读者。同时，书店也通过活动收集了读者的阅读习惯和需求信息，为后续的精准营销提供了重要依据。

通过“命运共同体”裂变实践，该书店实现了顾客转化，增加了销售额，提高了品牌影响力。

（三）某餐厅的“命运共同体”裂变实践

某餐厅以其独特的菜品和优质的服务而闻名，但在市场竞争日益激烈的情况下，面临顾客流失和营收下降的问题。为了应对这一问题，该餐厅采用“命运共同体”裂变策略，以提高顾客满意度和忠诚度。

该餐厅首先关注顾客体验的优化，通过提升菜品质量、改善用餐环境、加强员工培训等方式，为顾客提供更加舒适和满意的用餐体验。同时，开展“顾客推荐计划”，鼓励顾客邀请朋友来餐厅用餐，并给予一定的奖励。

这些举措取得了显著成效。该餐厅的客流量明显增加，顾客满意度和忠诚度也大幅提升。通过“命运共同体”裂变策略，该餐厅成功地吸引了大量新顾客，并巩固了与老顾客之间的关系。同时，他们还利用顾客推荐计划收集了大量的顾客信息，为后续的市场营销提供了有力支持。

通过实施“命运共同体”裂变策略，该餐厅不仅实现了顾客转化和业绩提升，还提高了品牌的竞争力和市场地位。该餐厅的成功经验也为其他实体门店提供了有益的借鉴和启示。

四、“命运共同体”裂变策略的推广与实施

（一）制订推广计划与目标

在制订“命运共同体”裂变策略的推广计划时，需要考虑多方面的因素，以确保策略的有效实施和目标的顺利达成。

首先，需要对市场进行深入分析，了解目标顾客的需求和偏好，以及竞争对手的营销策略，从而确定裂变策略的推广方向，并制订相应的营销计划。

其次，需要设定具体的推广目标和指标。这些目标应该具有可衡量性，以便能够及时监测推广效果并进行调整。例如，设定裂变活动的参与人数、裂变顾客的转化率、裂变带来的销售额等指标，以便对推广效果进行量化评估。

最后，还需要考虑推广资源的配置和预算安排。在推广过程中，需要投入一定的人力、物力和财力，以确保裂变策略的顺利实施。因此，应根据实际情况制订详细的预算方案，并合理分配各项资源，以实现最佳的推广效果。

（二）搭建宣传推广平台，扩大影响力

为了有效推广“命运共同体”裂变策略，要搭建多种宣传推广平台，以扩大影响力并吸引更多的潜在顾客。

首先，可以利用社交媒体平台进行推广。通过创建官方账号、发布裂变活动信息、分享成功案例等方式，吸引更多的粉丝关注，并引导他们参与裂变活动。

其次，我们可以利用线下渠道进行推广。通过在门店设置宣传展板、发放宣传册、举办促销活动等方式，吸引更多路过的顾客关注，并激发他们的购买欲望。同时，与其他企业或组织进行合作，共同开展裂变活动，以扩大影响力。

在搭建宣传推广平台的过程中，我们还需要注重内容的质量和创意。通过制作精美、有趣、具有吸引力的宣传素材，提高顾客对裂变策略的关注度和参与度，同时关注顾客的反馈和需求，及时调整推广策略和内容，以更好地满足他们的需求。

（三）加强与顾客的互动与沟通，提高信任度

在推广“命运共同体”裂变策略的过程中，加强与顾客的互动与沟通至关重要。通过与顾客建立良好的关系，提高他们的信任度和忠诚度，从而更有效地推动裂变活动的开展。

首先，需要与顾客保持沟通。通过定期发布活动信息、解答顾客的疑问、收集顾客的反馈等方式，与顾客建立稳定的联系，了解他们的需求和意见，有助于不断改进裂变策略，以满足顾客的需求和期望。

其次，需要提供优质的服务和体验。通过提高产品质量、优化服务流程、提供个性化服务等方式，提升顾客的购物体验，提升他们的满意度和信任度。当顾客对服务和产品感到满意时，他们更愿意参与裂变活动，并推荐给他人。

最后，还可以举办一些互动性强的活动，如线上抽奖、线下体验活动等，以吸引顾客的参与。通过这些活动，增加与顾客之间的互动，让他们更深入地了解裂变策略，并感受到品牌的魅力和价值。

综上所述，通过制订推广计划与目标、搭建宣传推广平台以及加强与顾客之间的互动与沟通等措施，有效地推广“命运共同体”裂变策略，并吸引更多的潜在顾客参与裂变活动。这将有助于提升实体门店的销售额和品牌影响力，增加品

牌竞争优势。

未来，随着消费者需求和市场环境的不断变化，“命运共同体”裂变策略将继续为实体门店的发展注入新的活力和动力。

第三节　利益共同体裂变

一、利益共同体裂变的概念与重要性

（一）利益共同体裂变的定义

利益共同体裂变是指在一个共同利益目标的驱动下，原本单一的利益共同体通过某种方式发生裂变，形成多个更小、更灵活、更紧密的利益共同体。在实体门店经营中，这种裂变可以是团队内部人员的重组，也可以是顾客资源的深度开发和拓展。裂变的结果通常是资源利用更加高效、团队合作更为默契，同时能够有效应对市场变化，提升整体竞争力。

利益共同体裂变并非一蹴而就，它往往需要门店经营者精心策划、持续推动。具体来说，门店经营者需要明确裂变的目标和方向，制订详细的裂变计划，并通过有效的激励机制和沟通渠道，确保裂变过程顺利进行。同时，裂变后的各个小共同体也需要保持紧密的联系和协作，共同维护整体利益。

（二）利益共同体裂变在实体门店经营中的价值

利益共同体裂变在实体门店经营中具有重要的价值，具体体现在以下几个方面。

首先，利益共同体裂变有助于优化团队结构，提升团队协作能力。通过裂变，可以将原有团队按照技能、兴趣等因素进行重新分组，使每个小组内部人员能够发挥各自的优势，实现更好的合作效果。同时，裂变还能促进团队内部的竞争与激励机制完善，激发团队成员的积极性和创造力。

其次，利益共同体裂变有助于拓展顾客资源，提升门店销售业绩。通过裂变，可以将顾客资源进行更精细化的分类和管理，针对不同顾客群体制定不同的营销策略和服务方案。这不仅能提高顾客的满意度和忠诚度，还能有效吸引新顾

客，从而增加门店的市场份额和扩大门店的影响力。

最后，利益共同体裂变还有助于提升门店的创新能力和应对市场变化的能力。在裂变过程中，各个小共同体可以更加灵活地应对市场变化，快速调整经营策略和产品组合。同时，裂变还能激发团队成员的创新思维，推动门店在产品、服务等方面不断推陈出新，以提升市场竞争力。

综上所述，利益共同体裂变对于实体门店经营具有重要意义。它不仅能够优化团队结构、提升团队协作能力，还能够拓展顾客资源、提升销售业绩，并增强门店的创新能力和市场应对能力。因此，门店经营者应该积极探索和实践利益共同体裂变策略，以推动门店的持续健康发展。

二、共同利益分配机制的设计与实施

（一）确定分配原则与方式

设计并实施共同利益分配机制是确保团队成员积极参与、提升团队凝聚力以及推动销售业绩增长的关键环节。在确定分配原则与方式时，我们需要充分考虑团队成员的贡献、能力、角色以及门店的经营状况等多方面因素。

首先，要坚持公平、公正的原则。团队成员的贡献是利益分配的重要依据，应确保每个成员的付出都能得到相应的回报。同时，还需要考虑团队成员的能力差异和角色定位，确保分配方式能够体现每个人的价值。

其次，可以采用多种分配方式相结合的策略。例如，可以设立基本薪资与业绩提成相结合的薪酬体系，既能保障团队成员的基本生活需求，又能激发他们的销售积极性。此外，可以设立团队奖金、季度或年度奖励等形式的额外激励，以鼓励团队成员共同努力实现更高的销售业绩。

最后，要根据门店的经营状况灵活调整分配原则与方式。在销售旺季或节假日等关键时期，适当提高业绩提成的比例，以激发团队成员的斗志和积极性。而在销售淡季或经营困难时期，则需要通过降低提成比例、增加福利保障等方式来稳定团队士气，确保门店的正常运营。

（二）实施利益分配的具体措施

在确定分配原则与方式后，需要制定具体的实施措施来确保利益分配的顺利进行。以下是一些具体措施。

首先，建立明确的业绩考核体系。通过对团队成员的业绩进行定期考核和评估，准确了解每个人的销售表现和贡献大小，为利益分配提供有力依据。同时，考核体系还应包括客户反馈、团队协作等方面的指标，以全面反映团队成员的综合素质和能力水平。

其次，制订详细的利益分配方案。根据考核结果和分配原则，计算出每个团队成员应得的利益份额，并制订具体的分配方案。在方案中明确列出每个人的基本薪资、业绩提成、团队奖金等项目的具体数额和发放时间，确保每个成员都能了解自己的收益情况。

最后，注重分配的及时性和准确性。利益分配应及时进行，避免因拖欠或延迟发放导致团队成员的不满和信任危机。分配过程中要确保数据的准确性和公正性，避免出现计算错误或偏袒某一方的情况。

（三）监督与调整机制的建设

为了确保利益分配机制的有效运行和持续改进，实体门店还需要建立相应的监督与调整机制。

首先，设立专门的监督机构或指定专人负责监督利益分配的执行情况。监督人员要定期检查和审核分配方案的执行情况，确保分配过程的公正、透明和合法。同时，他们还应及时收集团队成员的反馈意见和建议，对分配机制进行持续改进和优化。

其次，建立灵活的调整机制。随着市场环境的变化和门店经营状况的波动，对利益分配机制进行适时的调整。具体包括根据销售业绩的增减调整提成比例、根据团队成员的能力提升调整薪资水平等。通过灵活调整分配机制，确保其与门店的经营目标和团队成员的发展需求保持高度一致。

最后，注重与团队成员的沟通和交流。通过定期的会议、培训等形式，向团队成员解释利益分配机制的设计思路和运作方式，让他们充分理解并认同这一机制。同时，鼓励团队成员提出自己的想法和建议，共同完善和优化利益分配机制。

三、利益共同体裂变的具体实施步骤

（一）分析目标顾客群体与需求

在实施利益共同体裂变策略之前，首先需要深入了解目标顾客群体及其需求。具体包括分析顾客的年龄、性别、职业、收入等基本信息以及他们的消费习惯、购买偏好、购物频率等关键数据。通过市场调研和数据分析，描绘出顾客画像，进而更好地理解他们的需求和行为特点。

同时，还需要关注目标市场的竞争格局，了解竞争对手的优势和不足。这样可以帮助我们更精准地定位自身品牌和产品，找到切入点，从而吸引更多潜在顾客。

此外，我们还可以利用社交媒体平台、线上论坛等渠道收集顾客反馈和意见，了解他们对产品和服务的评价和建议。这些信息可以帮助我们不断优化产品和服务，提高顾客满意度和忠诚度。

（二）设计裂变模式与激励机制

在确定目标顾客群体和需求后，还需要设计裂变模式和激励机制。裂变模式通常包括以老带新、邀请好友等形式，旨在通过现有顾客的口碑传播和推荐，吸引更多新顾客加入。

激励机制是裂变模式成功的关键。根据目标顾客群体的特点和需求，设计具有吸引力的奖励措施。例如，为推荐新顾客的现有顾客提供优惠券、积分奖励或免费产品等福利；为新顾客提供专属优惠和体验活动，以吸引他们尝试和购买产品和服务。

在设计裂变模式和激励机制时，还需要注意以下几点。首先，确保裂变模式和激励机制符合法律法规和道德规范，避免产生不良后果；其次，裂变模式和激励机制应具有可操作性和可持续性，能够长期稳定运行；最后，不断优化裂变模式和激励机制，根据市场变化和顾客反馈进行调整和改进。

（三）执行裂变活动并持续优化

设计好裂变模式和激励机制后，需要执行裂变活动。在执行过程中，我们需要密切关注活动进展和效果，及时收集和分析数据，以便进行后续的优化。

首先，我们需要在适当的时间点启动裂变活动，如节假日、周年庆等特殊时期，以吸引更多顾客的关注。同时，通过线上线下多渠道宣传和推广，提高活动的曝光率和参与度。

其次，我们需要关注活动过程中的顾客反馈和意见，及时回应和解决顾客的问题和疑虑。这不仅可以提高顾客满意度和忠诚度，还可以帮助我们收集宝贵的市场信息和改进建议。

最后，我们需要根据活动数据和顾客反馈进行持续优化。具体包括调整裂变模式和激励机制、优化推广渠道和宣传策略等方面。通过不断的改进和完善，可以不断提升裂变活动的效果和价值。

总之，利益共同体裂变策略的实施需要深入分析目标顾客群体的需求、设计合理的裂变模式和激励机制，以及执行并持续优化裂变活动。只有这样，我们才能有效地吸引和留住更多顾客，提高品牌影响力和市场竞争力。

四、餐饮行业利益共同体裂变实践

（一）案例背景与目标设定

在这个充满变革与创新的时代，餐饮行业面临前所未有的挑战与机遇。传统的经营模式已难以满足消费者的多元化需求，因此，探索新的销售团队建设与裂变模式成为行业的当务之急。

国内某知名的餐饮连锁品牌，一直致力于为消费者提供高品质、具有创意的餐饮体验。然而，随着市场竞争的加剧和消费者需求的不断变化，该品牌面临销售额下滑、顾客流失等问题。为了摆脱困境，该品牌决定进行销售团队建设与利益共同体裂变的尝试。其目标是构建一个高效、稳定的销售团队，并通过裂变模式吸引更多顾客，提高品牌影响力和增加市场份额。

（二）裂变模式的实施过程

在实施裂变模式的过程中，该品牌采取了以下措施。

首先，对销售团队进行了全面梳理和整合。通过选拔优秀人才、加强培训等措施，打造了一支专业、高效的销售团队。同时，该品牌还制定了合理的考核与激励机制，确保团队成员能够充分发挥自己的潜力，为品牌的裂变提供有力支持。

其次，设计了独特的裂变模式。具体来说，该品牌推出了“推荐好友享优惠”活动，鼓励顾客在享受美食的同时，邀请亲朋好友一起品尝并分享优惠。此外，该品牌还通过社交媒体平台等渠道进行裂变传播，吸引更多潜在顾客关注并参与活动。

最后，注重裂变活动的持续优化和跟进。通过对裂变效果的实时监控和分析，及时调整策略和优化活动方案，确保裂变效果最大化。同时，该品牌还加强与顾客之间的互动和沟通，及时了解他们的需求和反馈，以便提供更好的服务。

（三）裂变效果分析与总结

经过裂变实践，该品牌取得了显著的成果。首先，销售额实现了稳步增长，顾客数量大幅增加，品牌的影响力得到了有效扩大。其次，顾客满意度和忠诚度也得到了显著提高。通过提供优质的产品和服务，以及与顾客的良好互动和沟通，该品牌成功地吸引了更多回头客和忠实粉丝。

当然，在实施裂变模式的过程中，该品牌也遇到了一些挑战和困难。例如，如何确保裂变活动的真实性和有效性、如何避免过度营销等问题都需要进一步探讨和解决。该品牌通过不断调整和优化策略，成功克服了这些难题，为餐饮行业树立了典范。

总的来说，通过构建高效稳定的销售团队、设计独特的裂变模式以及持续优化裂变活动等措施，该品牌成功地吸引了更多顾客、提高了品牌影响力、增加了市场份额。这一成功案例为其他餐饮企业提供了有益的借鉴和启示，有助于推动整个行业的持续发展和创新。

五、零售行业利益共同体裂变实践

（一）案例背景与目标设定

为了应对市场内外部挑战，越来越多的零售企业开始探索利益共同体裂变。

某大型连锁超市自成立以来，一直致力于为消费者提供优质的商品和服务。然而，随着市场竞争的加剧，传统的销售模式已经难以满足企业的快速发展需求。为了寻求突破，该超市决定采用利益共同体裂变策略。其目标是通过裂变模式吸引更多顾客参与，提高销售业绩，同时增加顾客与企业的黏性，实现可持续发展。

（二）裂变模式的实施过程

在实施利益共同体裂变模式的过程中，该超市主要采取了以下措施。

首先，明确了裂变模式的具体形式，即鼓励顾客通过推荐朋友、家人或同事等方式，将超市的优惠活动、新品上市等信息分享给更多人。同时，为了激发顾客的参与热情，制定了丰厚的激励机制，如推荐成功后可获得积分、优惠券或折扣等奖励。

其次，利用线上平台，如官方网站、微信公众号等，搭建了裂变平台。顾客可以通过这些平台了解裂变活动的具体信息，并方便地参与分享和推荐。此外，超市还设置了裂变活动专区，为顾客提供详细的参与指南和常见问题解答，确保裂变活动的顺利进行。

再次，超市定期举办裂变活动，如“邀请好友购物，双方享优惠”等。在活动期间，顾客可以通过裂变平台邀请好友参与购物，并享受相应的优惠和奖励。同时，超市还通过线下门店、海报、广告等渠道宣传裂变活动，吸引更多顾客参与。

最后，在裂变活动进行期间，超市对活动数据进行实时跟踪和分析，了解裂变效果及存在的问题，并根据数据分析结果，及时调整裂变模式和激励机制，确保裂变活动的持续优化和提升。

（三）裂变效果分析与总结

通过实施利益共同体裂变模式，该超市取得了显著的成果。

首先，裂变活动吸引了大量新顾客参与，提高了超市的知名度和影响力。同时，通过裂变模式，超市成功地将部分潜在顾客转化为实际购买者，进一步提高了销售业绩。

其次，裂变活动增加了顾客与超市之间的黏性。顾客在参与裂变活动的过程中，不仅享受到了优惠和奖励，还通过分享和推荐，与亲友建立了更紧密的联系。这种联系使顾客更加关注超市的动态和优惠信息，从而提高了顾客的忠诚度和复购率。

最后，通过裂变模式的实施，超市在成本控制方面也取得了良好的效果。由于裂变活动主要依靠顾客的自发传播和推荐，因此超市在宣传和推广方面的成本大大降低。同时，裂变活动带来的新顾客和销售额的增加也为超市带来了更多的收益。

综上所述，利益共同体裂变模式在零售行业具有广阔的应用前景和巨大的潜力。通过不断优化裂变模式和激励机制，零售行业可以进一步提高销售业绩和增加顾客黏性，实现持续健康发展。

六、教育培训行业利益共同体裂变实践

（一）案例背景与目标设定

近年来，随着消费者对个性化服务的需求不断提升，传统的实体门店面临巨大的竞争压力。特别是在教育培训行业中，各个培训机构都竞相争取更多的学生资源。在这样的背景下，位于某市的一家知名英语培训机构决定采用利益共同体裂变策略，以拓展市场份额，提升品牌影响力。

该机构的主要目标客户群体为青少年及其家长，他们对优质英语教育资源有着较高的需求。因此，该机构设定的目标是通过利益共同体裂变，吸引更多的潜在客户，提高品牌知名度，同时提高学生满意度和忠诚度。

（二）裂变模式的实施过程

为了实现上述目标，该机构制订了详细的裂变模式实施计划。

首先，从现有学生中筛选出了一批积极、热情、有影响力的学生，作为裂变的“种子学生”。由于这些学生对机构的优质教育服务十分满意，因此愿意将机构推荐给身边的朋友和家人。

其次，为这些“种子学生”提供了一系列的裂变工具，包括定制的推荐海报、视频、社交媒体素材等，以便他们向周围的人推荐。同时，该机构还设立了一套完善的奖励机制，对成功推荐新学生的“种子学生”给予一定的奖励，如课程折扣、积分兑换等。

最后，该机构积极利用线上线下的渠道进行裂变活动的推广。例如，通过官方微信公众号、官网、社群等平台发布裂变活动的信息，并设置转发有奖等环节，鼓励学生和家长积极参与。同时，该机构还在校区内设置了裂变活动的宣传展板，为现场咨询和报名的学生提供更加直观的了解渠道。

在裂变模式的实施过程中，该机构特别注重裂变效果的监控和调整。通过对“种子学生”的推荐情况进行跟踪和分析，机构能够及时发现裂变活动中存在的问题和不足，并采取相应的措施进行改进和优化。

（三）裂变效果分析与总结

经过一段时间的实施，该机构的裂变活动取得了显著的成果。

首先，在学生数量方面，该机构成功地吸引了大量新学生，学生数量实现了快速增长。这些新学生不仅为机构带来了更多的收入，也提高了机构的市场占有率。

其次，在品牌知名度方面，裂变活动使机构在目标客户群体中的知名度得到了显著提升。越来越多的家长和学生开始关注并了解该机构，这为机构未来的发展奠定了良好的基础。

最后，在学生满意度和忠诚度方面，通过裂变活动吸引的新学生在体验过优质的服务后，大多数都对该机构表示了高度认可和满意。他们不仅在后续学习中继续选择该机构，还积极向身边的人推荐该机构，形成了良好的口碑传播效应。

总的来说，该机构通过利益共同体裂变策略成功地实现了市场拓展和品牌影响力的提升。这一案例充分证明了利益共同体裂变在教育培训行业中的可行性和有效性。随着市场竞争的加剧和消费者需求的不断变化，将会有越来越多的企业，通过利益共同体裂变策略实现快速发展和持续创新。

七、利益共同体裂变中遇到的问题与解决方案

（一）顾客参与度低的问题与对策

顾客参与度低是利益共同体裂变过程中的一大问题。这主要表现在顾客对裂变活动缺乏兴趣，参与度不高。为了提高顾客参与度，我们可以采取以下对策。

首先，深入了解顾客需求。通过市场调研和顾客反馈，了解顾客对产品的期望和需求，制订符合他们需求的活动方案。同时，通过社交媒体、电子邮件等渠道，向顾客传递活动信息和优惠福利，吸引他们参与。

其次，注重活动形式的创新。通过设计新颖、有趣的活动形式，吸引顾客的注意力。例如，举办线上抽奖、限时折扣等活动，激发顾客的参与热情。同时，

利用社交媒体平台进行互动营销，如发起话题讨论、发起投票等，激发顾客的参与欲望。

最后，关注顾客的体验和感受。在活动过程中，提供优质的服务和体验，让顾客感受到被尊重和关怀。例如，设立客服热线或在线客服，随时解答顾客的疑问和提供帮助；在活动现场设置体验区，让顾客亲身体验产品的优势。

（三）持续裂变效果的保障措施

为了保障利益共同体裂变的持续效果，我们可以采取以下保障措施。

首先，建立健全的裂变活动评估机制。定期对裂变活动进行评估和总结，分析活动的成功经验和不足，为后续的裂变活动提供借鉴和改进方向。

其次，持续优化裂变模式。根据市场和顾客需求的变化，不断调整和优化裂变模式，使其更加符合实际情况和市场需求。同时，借鉴其他行业的成功经验和做法，为裂变活动注入新的创意和活力。

最后，加强与其他利益相关者的合作与沟通。与供应商、合作伙伴等建立良好的合作关系，共同推动裂变活动的发展；同时，与顾客保持密切的联系和沟通，了解他们的需求和反馈，为裂变活动的改进和优化提供有力的支持。

总之，通过以上措施，我们可以有效解决利益共同体裂变中遇到的问题，保障裂变活动的持续效果和长期发展。

九、总结与展望

（一）总结利益共同体裂变在实体门店经营中的实践经验

通过对利益共同体裂变策略在实体门店经营中的深入研究和案例分析，我们得出了一系列宝贵的实践经验。

首先，成功实施利益共同体裂变策略的关键在于建立明确的利益分配机制。这一机制需要充分考虑顾客以及企业自身的利益诉求，确保各方都能在裂变过程中获得相应的回报。在实际操作中，根据门店的经营特点和顾客需求，制订合理的利益分配方案，并通过明确的奖励措施激发顾客的参与热情。

其次，团队建设和激励机制也是实现利益共同体裂变的重要保障。实体门店需要招聘和培养具有强烈责任感和团队精神的员工，同时建立完善的考核和激励机制，确保团队成员能够全心全意地投入裂变活动中。此外，加强团队沟通和协作也是提升裂变效果的关键环节，只有通过紧密的团队合作和有效的沟通，才能保证裂变活动的顺利进行。

最后，不断优化裂变模式和提升顾客体验是保持裂变效果持续性的关键。实体门店需要根据市场变化和顾客需求的变化，不断调整和优化裂变模式，确保裂变活动始终能够吸引和留住顾客。同时，提升顾客体验也是增加顾客黏性和提高裂变效果的重要手段。通过提供优质的产品和服务，让顾客在裂变活动中获得更好的体验，可以有效地激发他们参与裂变活动的热情和积极性。

（二）展望未来发展方向与潜力挖掘

展望未来，利益共同体裂变在实体门店经营中将具有广阔的发展前景和巨大的潜力。

随着消费市场的不断升级和数字化时代的发展，实体门店将面临更多的机遇和挑战。通过深入挖掘利益共同体裂变的潜力，实体门店可以实现更加精准的市场定位和更加个性化的服务提供，从而满足消费者日益多样化的需求。

同时，利益共同体裂变也将推动实体门店向更加智能化、数字化的方向发展。通过运用大数据、人工智能等技术手段，实体门店可以实现对裂变活动的实时监控和精准分析，从而更加准确地把握市场动态和顾客需求，为裂变活动的优化提供有力支持。

此外，实体门店还可以通过与其他行业的跨界合作和创新，进一步拓展利益共同体裂变的应用场景和潜力。例如，与电商、社交媒体等平台进行合作，实现线上线下融合发展的新模式；或者与旅游、文化等行业进行合作，打造具有地域特色和文化内涵的裂变活动，从而吸引更多顾客的关注和参与。

总之，利益共同体裂变在实体门店经营中具有重要的实践价值和广阔的发展前景。未来，我们将继续深入研究这一领域的理论和实践，为实体门店的转型升级和可持续发展提供有力的支持和保障。